ジェームズ・クリアー式

複利で伸びる1つの習慣

An Easy & Proven Way to
Build Good Habits & Break Bad Ones

by James Clear

ジェームズ・クリアー 著　牛原眞弓 訳

ATOMIC HABITS :
An Easy & Proven Way to Build Good Habits & Break Bad Ones
by James Clear

Copyright © 2018 by James Clear

All rights reserved including the right of reproduction
in whole or in part in any form.
This edition published by arrangement with Avery,
an imprint of Penguin Publishing Group, a division of Penguin Random House LLC
through Tuttle-Mori Agency, Inc., Tokyo

小さな変化が驚くべき成果をもたらす

Tiny Changes, Remarkable Results

原子的（アトミック）とは

一、ごく小さなもの。より大きな組織内の、それ以上分割できない構成単位。

二、膨大なエネルギーや力の源。

習慣（ハビッツ）とは

一、日常の決まりきった行い。特定の状況に対する無意識の反応。

目次

第一の法則

はっきりさせる

第二の法則

魅力的にする

第三の法則

易しくする

第四の法則

満足できるものにする

さらなる戦略

改善するだけでなく、本物になるには

付録

はじめに

Introduction

わたし自身について

　高校二年生の最後の日、わたしは顔に野球バットの直撃を受けた。クラスメートがフルスイングしたとき、バットが滑って手から離れ、わたしのほうへ飛んできてまともに目に当たった。ぶつかった瞬間のことは覚えていない。

　衝突の力が激しかったので、わたしの鼻は砕けてU字型に曲がった。衝撃のせいで、柔らかい脳細胞が頭蓋の内側に叩きつけられた。たちどころに腫れが頭全体に広がっていく。一瞬のうちに鼻が折れ、頭蓋を複雑骨折し、両方の眼窩が砕けてしまった。

　目をあけると、みんながわたしを見つめたり、助けを呼びにいったりしているのが見えた。見おろすと、服に赤い染みがある。クラスメートのひとりがシャツを脱いで寄こした。わたしはそれで折れた鼻から流れでる血を止めようとした。ショックと戸惑いで、自分のけががどれほど深刻かわかっていなかった。

担任の教師がわたしの肩に腕を回して立たせ、遠くにある保健室まで歩きはじめた。グラウンドを横切り、丘を下り、校舎内へ戻っていく。いろいろな人の手がわたしの脇腹に触れて、身体を支えようとする。わたしたちは時間をかけて、ゆっくり歩いていった。一刻を争う状況だということに誰も気づいていなかった。

保健室に着くと、看護師が一連の質問をした。

「今は何年?」

「一九九八年」とわたしは答えた。本当は二〇〇二年だった。

「アメリカ合衆国の大統領は?」

「ビル・クリントン」。正解はジョージ・W・ブッシュ。

「お母さんの名前は?」

「ああ、ええと」。わたしは口ごもった。一〇秒が過ぎる。

「パッティ」と何気なさそうに答えて、自分の母親の名前を思い出すのに一〇秒もかかったことは無視しようとする。

それが、覚えている最後の質問だ。わたしの身体は脳内の急速な腫れに耐えられなくなり、救急車が着くまえに意識を失った。数分後、学校から地元の病院へ搬送された。

病院へ到着してまもなく、わたしの身体は機能を停止しはじめた。嚥下や呼吸のような基本的な機能も低下する。その日最初の発作が起きる。それから、完全に呼吸が止まった。医師たちは急いで酸素吸入しながら、地元の病院の設備では手に負えないと判断し、シンシナティの大きな病院へ運ぶため、ヘリコプターを要請した。

わたしは緊急処置室のドアから運びだされ、通りを横切ってヘリポートへと向かった。ストレッチャーがでこぼこの歩道の上で揺れる。ひとりの看護師がストレッチャーを押し、もうひとりが手でポンプを押して、ひと呼吸ずつ酸素を入れる。つい先ほど病院に着いたばかりの母が、ヘリコプターのわたしのそばに乗りこむ。わたしは意識がないままで、自分で呼吸もできず、母がその手をずっと握っていた。

母がわたしとヘリコプターに乗っているあいだ、父は弟と妹のようすを見に家へ戻り、事故のことを伝えた。そして涙をこらえながら、その夜の八年生の卒業式には出られないと妹に説明した。弟と妹を家族や友人に預けると、父は母と合流するためシンシナティへ車を飛ばした。

母とわたしが病院の屋上に着陸すると、約二〇人の医師や看護師のチームがヘリポートに走り寄り、わたしを外科病棟へ運んだ。この頃には脳の腫れがひどくなっていて、外傷後発作を繰りかえしていた。骨折の治療が必要だが、手術できる状態ではない。さらにまた発作——その日三度目の発作——が起きたあと、薬で昏睡状態にされて人工呼吸器につながれた。

両親はこの病院が初めてではなかった。その一〇年前、妹が三歳で白血病と診断されたあと、同じ建物の一階に入ったことがある。当時わたしは五歳で、弟はまだ生後六カ月だった。二年半の化学療法治療、脊髄穿刺、骨髄生検ののち、ついに妹はがんを克服し、元気に笑顔で退院した。なのにこの日、一〇年間のおだやかな暮らしののち、両親は別の子どもとともに同じ場所に戻っていた。

わたしが昏睡状態のあいだ、病院は両親を慰めようと、牧師とソーシャルワーカーを手配した。その牧師は、一〇年前、妹ががんだとわかった夜に会った牧師と同じ人だった。

やがて夜になり、わたしはさまざまな機械のおかげでなんとか生きていた。両親は病院のマットレスで眠れぬ夜を過ごした。一瞬、疲労で崩れるように眠りかけても、次の瞬間には不安で目が覚めてしまう。のちに母がよくこう話していた。「人生で最悪の夜だったわ」

回復の過程

ありがたいことに翌朝には呼吸が安定し、昏睡状態から脱しても大丈夫と医師が判断した。ようやく意識が戻ったとき、匂いがわからないことに気づいた。試しに看護師が、鼻をかんでから、りんごジュースのパックを嗅いでみるようにと言った。すると嗅覚は戻ってきたが、みんな驚いたことに、鼻をかむと眼窩のひびから空気が入り、左の眼球を外へ押しだしてしまった。眼球が眼窩から突き出して、瞼と、脳へ繋がる視神経でなんとか支えられている状態だ。

眼科医によれば、空気が抜けていくにつれて目もしだいに元の位置に戻るだろうが、どれくらいかかるかはわからないとのことだった。手術の予定は一週間後なので、それまでにはいくらか回復するだろうと言う。まるでボクシングの試合で負けたような姿だが、退院の許可が出された。鼻がへし折れ、顔を五、六カ所骨折し、左目が突き出した状態で家に帰った。

それからの数カ月は悲惨だった。人生のすべてが停止したように思えた。数週間のあいだ物が二重に見えて、文字どおりまっすぐ見ることができなかった。一カ月以上かかったが、眼球はようやく正常な位置に戻った。発作と眼の症状で、再び車を運転できるまで八カ月かかった。理学療法で、直線に沿って歩くというような基本的な運動パターンを練習した。けがなんかに負けないと決心していたものの、落ちこんだり、打ちのめされたりしたことが何度もある。

一年後に野球のグラウンドへ戻ったとき、さらに遠い道のりがあることを痛感するようになった。野球はいつも生活の大部分を占めていた。父はマイナーリーグでセントルイス・カージナルスの選手だったことがあり、わたしもプロの選手になりたいと夢見ていた。数カ月のリハビリのあと、何よりもしたいことはグラウンドへ戻ることだった。

でも、野球への復帰は順調ではなかった。シーズンが近づくと、三年生でわたしだけが一軍のレギュラーからはずされ、二年生と一緒にプレーするよう二軍に送られた。四歳から野球を続け、このスポーツに長い年月と努力を注いできた者にとって、レギュラーからはずされることは屈辱だった。その日のことは鮮明に覚えている。車のなかで泣きながら、ラジオのチャンネルを次々に変えて、少しでも気分がましになりそうな曲を必死で探していた。

自信喪失の一年が過ぎ、なんとか四年生で一軍のレギュラーに入れたが、試合にはほとんど出られなかった。合計すれば、高校の一軍の試合で一一イニング、せいぜい一試合分しかプレーしていない。

高校での冴えない実績にもかかわらず、わたしは自分がすばらしい選手になれるとまだ信じていた。そして、もし状況がよくなり得るなら、それを引き起こすのは自分の責任だとわかっていた。転機はけがの二年後、デニソン大学に入学したときにやってきた。それは新たなスタートであり、ここで初めて、小さな習慣が持つ驚くべき力を発見した。

どのようにして習慣について学んだか

デニソン大学への入学は、人生で最善の決断のひとつだった。登録リストで新入生の最後尾ではあったが、野球チームに入れてとてもうれしかった。混迷した高校時代にもかかわらず、大学でアスリートになれたからである。

すぐに野球チームで活躍できるとは思っていなかったので、まず生活を整えることに力を注いだ。友人たちが夜遅くまで起きてビデオゲームをしている一方で、わたしは良い睡眠習慣をつけようと毎晩早く床に就いた。大学の寮という乱雑な環境のなか、自分の部屋はいつも片づけて清潔にした。このような改善はささやかなものだが、自分の生活をコントロールしているという感覚を与えてくれた。わたしは自信を取り戻しはじめた。自信がついてくると学業にも影響し、学習習慣が改善したおかげで、一年生のあいだにオールAの成績をとることができた。

習慣とはいつも行う手順や行動のことであり、多くの場合、無意識に行っている。学期が過ぎるごとに小さいけれど着実な習慣が積み重なり、とうとう始めたときには思いもよらない結果を引き起こした。たとえば、生まれて初めて週に何回かウエートリフティングするのを習慣にしたところ、身長一九五センチで七七キロというひょろひょろの身体が、翌年には引き締まった九〇キロの身体になった。

二年生のシーズンがやってくると、先発ピッチャーを任された。三年生になるまでにチームのキャプテンに選出され、シーズンの終わりにはオールカンファレンスチームのメンバーに選ばれた。とはいえ、わたしの睡眠習慣、学習習慣、筋力トレーニングの習慣が本当に実を結びだしたのは、四年生になってからだった。

顔に野球バットの直撃を受けてヘリコプターで病院へ運ばれ、昏睡状態に置かれてから六年後、わたしはデニソン大学の男性トップアスリートに選ばれ、ＥＳＰＮ〔スポーツ番組専門ケーブルテレビ局〕アカデミック全米チームに指名された。これは全国で三三人の選手のみに与えられる名誉だ。卒業する頃には、八種類の学生記録を打ち立てた。そして同年、大学の学業における最高の名誉、学長賞を授与された。

自慢話に聞こえたらお許しいただきたい。正直なところ、わたしのアスリートとしての経歴は伝説的でも歴史的でもない。結局、プロ選手になることはなかった。それでも、この時期を振りかえると、希少なことを成し遂げたのはたしかだと思う。つまり、自分の潜在能力を発揮した。そして本書の内容はきっと、あなたの潜在能力をも発揮させるのに役立つだろう。

誰もがみな人生で試練に遭う。このけがはわたしにとって試練のひとつであり、大切な教訓を与えてくれた経験だ。その教訓とは、はじめは小さくて取るに足らないように見える変化でも、何年も続ければ、やがて驚くような成果をもたらすということである。誰もが挫折を味わうが、長い目で見れば、生活の質は習慣の質によることが多い[1]。同じ習慣を続ければ同じ結果に終わる。でも良い習慣を続ければ、どんなことも可能になる。

もしかしたら、一夜にしてすばらしい成功を収められる人もいるかもしれない。そんな人をわたしは知らないが、自分がそういう人間でないのはたしかだ。医師の手で昏睡状態に置かれてからアカデミック全米チームに選ばれるまでの道のりで、ひとつの決定的瞬間というものはない。むしろ多くの瞬間があった。徐々に進歩したのであり、長きにわたる小さな勝利とささやかな突破の連続だ。わたしが上達できた唯一の方法、つまり唯一の選択肢は、小さなことから始めることだ。そして数年後、自分のビジネスを起ち上げ、本書の執筆に取りかかったときも、同じ戦略をとった。

本書を書いた理由と経緯

二〇一二年一一月、わたしは自身のサイトhttps://www.jamesclear.comに記事を載せはじめた。何年ものあいだ、習慣に関する個人的な経験について書き留めていて、ようやくいくつかを公表する用意ができたからだ。毎週月曜日と木曜日に新しい記事を載せることから始めた。数カ月のうちに、この記事を書くという単純な習慣によって、まず一〇〇〇人のメルマガ購読者を得た。そして二〇一三年の終わりまでに、その数は三万人以上に膨れあがった。

二〇一四年にメルマガ購読者は一〇万人を超え、インターネット上でもっとも早く購読者数を伸ばしたメルマガになった。二年前に書きはじめたときは自分が偽物のように感じたものだが、この頃には習慣についての専門家として知られるようになっていた。この新しい肩書にはわくわくしたが、同時に気恥ずかしいものがあった。自分はこのテーマの精通者などではなく、むしろ読者と一緒にいろいろ試している者と考えていたからだ。

二〇一五年にメルマガ購読者数は二〇万人に達し、ペンギン・ランダムハウス社と出版契約を結んで、今お読みいただいている本書を書きはじめた。読者が増えるにつれ、ビジネスの機会が増える。しだいに一流企業から、習慣形成・行動変化・継続的改善の科学についての講演を依頼されるようになった。気がつけば、アメリカやヨーロッパの会議で基調演説をするようになっていた。

二〇一六年、わたしの記事が「タイム」「アントレプレナー」「フォーブズ」などの主要な雑誌に掲載されるようになった。信じられないことに、その年に八〇〇万人以上の人々がわたしの記事を読んだことになる。NFL（ナショナル・フットボールリーグ）、NBA（ナショナル・バスケットボールアソシエーション）、MLB（メジャーリーグ・ベースボール）のコーチがわたしの著作を読み、チームメンバーに伝えはじめた。

二〇一七年の初めに、ハビッツ・アカデミーを創設した。これは、生活や仕事上で良い習慣を身につけたいと考えている組織や個人のための最高の養成講座となっている。*フォーチュン五〇〇〔ビジネス誌「フォーチュン」が毎年発表する米国の上位五〇〇社〕に名を連ねるような大企業や、

＊ 興味のある方は、ハビッツ・アカデミー https://www.habitsacademy.com で詳細をご覧いただきたい。

成長中の新興企業などが、リーダー格の人材を登録して社員を教育するようになった。総計で一万人以上の指導者、管理職、コーチ、教師がハビッツ・アカデミーを卒業し、わたしも彼らを教えるなかで、習慣を実社会で生かすために必要なものについて非常に多くのことを学んだ。

本書の最後の仕上げをしている二〇一八年、わたしのサイトhttps://jamesclear.com/には毎月数百万回の閲覧があり、五〇万人近くの人が週刊メルマガを購読している。この数字は、始めた頃の予想をはるかに超えるもので、どう考えればいいか自分でもよくわからないほどだ。

本書がどのように役立つか

起業家で投資家のナバル・ラビカントはこう語っている。[2]「すばらしい本を書くには、まず自分がその本どおりにならなければならない」。そもそも、ここで述べているアイデアをわたしが学んだのは、それを実践して生きなければならなかったからだ。けがから立ち直り、ジムで身体を鍛え、野球のグラウンドで見事なプレーをし、作家になり、ビジネスで成功し、そしてふつうに責任感のある大人に成長するためにも、小さな習慣に頼るしかなかった。小さな習慣のおかげで、わたしは潜在能力を発揮することができた。本書を手に取ったあなたも、おそらく潜在能力を発揮したいと考えているだろう。

このあとのページで、良い習慣を身につけるための段階的なプランを紹介しよう。それは数日や数週間ではなく、一生続けるものだ。わたしの著述はすべて科学的に裏付けられているが、本書は学術研究論文ではなく、実践マニュアルである。わかりやすく取り入れやすい方法で習慣を形成したり変えたりするための科学を説明していけば、その中心にある知恵と実際的なアドバイスが見つかることだろう。

参考にしている分野は、生物学、神経科学、哲学、心理学などだが、これらは何年もまえからあるものだ。わたしが提案するのは、賢い人たちがずっとまえに考えついた最高のアイデアと、最近の科学者たちによるもっとも説得力のある発見を統合したものだ。そしてとくに重要なアイデアを見いだし、すぐ実行できる形で結びつけることで役に立ちたいと思う。本書のなかの賢明なものはすべて、先達の多くの専門家たちの手柄である。そして愚かなものはすべて、たぶんわたしの間違いだろう。

本書の根幹をなすものは、習慣の四つのステップ――きっかけ、欲求、反応、報酬――と、このステップから生まれる四つの行動変化の法則である。心理学の知識がある読者なら、これらの言葉がオペラント条件づけからきていることに気づくかもしれない。オペラント条件づけとは、一九三〇年代にＢ・Ｆ・スキナーによって最初に提唱された「刺激、反応、報酬」という学習理論である。[3] また最近では、チャールズ・デュヒッグ著『習慣の力〔新版〕』（早川書房、２０１９年）で「きっかけ、ルーティン、報酬」と紹介されて有名になっている。[4]

スキナーのような行動科学者は、人に適切な報酬と罰を与えれば、ある行動を起こさせることができると考えていた。ただスキナーの実験では、外からの刺激が習慣に与える影響を見事に説明できるものの、わたしたちの思考や、感情、信念が習慣に与える影響についてはうまく説明することができない。気分や感情といった内面の状態も重要である。この数十年、科学者たちは思考、感情、行動の関係を突きとめはじめた。この研究についても本書で触れることにしよう。

要するに、わたしが提案する枠組みは、認知科学と行動科学の統合モデルである。これは、外からの刺激と心のなかの感情が習慣に与える影響を正しく説明する、人間行動についての初めてのモデルだと信じている。用語のなかにはお馴染みのものがあるかもしれないが、内容と、行動変化の四つの法則の適用は、習慣についての新しい考え方を提示しているはずだ。

人間の行動はつねに変化している。状況によって、時によって、刻々と変わっていく。しかし、本書では変わらないものについて述べている。人間行動の基本についての本だ。何年にもわたって信頼できる永続的な原則。それを基にしてビジネスを始め、家庭を築き、人生を切り開けるような考え方である。

良い習慣を身につけるのに唯一の正しい方法などないが、本書ではわたしの知っている最善の方法を紹介する。つまり、どこから始めても、また、変えたいものがなんであろうと効果のある方法である。ここで取りあげる戦略は、目標が健康、お金、生産性、人間関係、もしくはその全部でも、段階的な方法を求めている人なら、誰にでも合うはずだ。人間の行動に関するかぎり、本書はあなたのよきガイドとなるだろう。

基本

THE FUNDAMENTALS

なぜ小さな変化が大きな違いをもたらすのか

Why Tiny Changes Make a Big Difference

第1章 最小習慣（アトミックハビッツ）の驚くべき力

The Surprising Power of Atomic Habits

二〇〇三年のある日、英国自転車連盟の運命は変わった。イギリス国内のプロ自転車競技を統括する同連盟は、その頃新しい監督にデイブ・ブレイルスフォードを起用したところだった。当時、イギリスのプロ自転車競技は一〇〇年近くも成績が振るわないでいた。一九〇八年以来、イギリス人選手はオリンピックの自転車競技でたった一個の金メダルしか取っていなかった。[1] 世界最大のサイクルロードレース、ツール・ド・フランスではさらにひどいありさまで、一一〇年間、イギリス人選手はひとりも優勝していなかった。[2]

いや、それどころか、イギリス人選手の走りがあまりに冴えないため、ヨーロッパのある大手自転車メーカーが、イギリスチームに自転車を売るのを拒否したくらいだ。[3] 他の国のプロ選手が、そのメーカーの自転車をイギリス人選手が使っているのを見たら、買う気をなくすかもしれないと思ったからだ。

ブレイルスフォードが起用されたのは、英国自転車連盟を一新させるためだった。これまでの監督との違いは、彼が提唱する「小さな改善の集まり」という戦略に執拗なまでに打ち込んだことだ。

これは、どんなことにも少しでも改善の余地を見いだそう、という考え方である。ブレイルスフォードはこう語る。「要するにこういうことです。自転車に乗ることに関係するものをできるだけ細かく分けて、それぞれ一パーセントずつ改善したら、全部合わせたときにすばらしい改善になるんです」[4]

ブレイルスフォードと部下のコーチたちは、まず小さな修正から始めた。[5] プロ自転車チームの人間なら誰でも考えつきそうな修正だ。自転車のサドルを座りやすく改良し、タイヤにアルコールを塗って滑りにくくする。選手に電熱ヒーター入りのオーバーパンツをはかせて、走行中の筋肉温度を最適に保つようにする。バイオフィードバック・センサーを使って、あるトレーニングが各選手にどれくらい効果があるか記録する。また、風洞装置でさまざまな生地をテストしたところ、屋内レース用のサイクリングスーツのほうが軽くて空気抵抗が少ないとわかったので、屋外選手も使うようにした。

だが、それだけでは終わらなかった。ブレイルスフォードのチームは、見落としがちで意外なところまで、一パーセントの改善を求めつづけた。さまざまなマッサージジェルを試し、いちばん早く筋肉を回復させるものを見つける。医師にもっとも効果的な手の洗い方を指導してもらい、選手たちが風邪をひかないようにする。夜に熟睡できるように、各選手の枕やマットレスを指定する。さらに、チームトラックの内装の壁を真っ白に塗装して、わずかな埃も見つけられるようにする。ふつうなら気づかないような埃でも、精密に調整された自転車の性能を落としかねないからだ。[6]

この他にも何百という小さな改善を積み重ねていくと、その結果は思いがけないほど早く表れた。

ブレイルスフォードが監督に就任してわずか五年後、英国自転車連盟チームは二〇〇八年の北京オリンピックでロードレースとトラックレースを制覇し、自転車競技に用意された金メダルの六〇パーセントを獲得した。[7] その四年後のロンドンオリンピックでは、イギリス人選手九人がオリンピック記録を、七人が世界記録を樹立〔ＵＣＩ（国際自転車競技連合）サイト https://www.uci.org/track/about-track-cycling より〕して、自転車競技全体の記録を塗りかえた。[8]

同年、ブラッドリー・ウィギンスが、イギリス人選手として初めてツール・ド・フランスで優勝した。[9] 翌年にはチームメートのクリス・フルームが優勝。フルームはその後も二〇一五年、二〇一六年、二〇一七年と勝ちつづけた。こうして、六年間で五回のツール・ド・フランス優勝がイギリスにもたらされた。[10]

二〇〇七年から二〇一七年の一〇年間で、イギリス人の自転車競技選手は、世界選手権で一七八回優勝し、オリンピックとパラリンピックの金メダル六六個を獲得、五回のツール・ド・フランス優勝を果たした。[11] そのなかには、自転車競技における史上最高の走りだと広く認められているものもある。*

どうしてこのようなことが起こるのだろう？　月並みな選手ばかりだったチームが、大して違わない小さな変化によって、どうして世界の王者に変身できたのか。小さな改善が集まると、なぜめざましい結果を生むのか。そして、どうしたらこの方法をわたしたちの生活に活かせるだろうか。

＊　本書が出版される頃に、英国自転車連盟についての新しいニュースが報道された。わたしの意見については以下のウェブサイトをご覧いただきたい。https://www.atomichabits.com/cycling

小さな習慣が大きな変化をもたらす理由

ある決定的な瞬間を過大評価し、日々の小さな改善を過小評価するのはよくあることだ。大きな成功には大きな行動が必要だと、わたしたちは思いこみやすい。体重を減らすこと、会社を起ちあげること、本を書くこと、選手権に優勝することなど、どんな目標であれ、よく話に聞くような劇的な向上が必要だと、自分にプレッシャーをかけてしまう。

一方、一パーセントの改善は目立たないし、気づかれないことさえある。ところが長い目で見てみると、はるかに大きな効果を発揮する。小さな改善が長い時間をかけてもたらす変化は驚くほどだ。計算してみよう。もし毎日一パーセントよくなったら、一年後には三七倍よくなるだろう。[12] 逆に、毎日一パーセント悪くなったら、一年後にはゼロ近くになってしまう。小さな勝利もささやかな敗北も、積み重なればはるかに大きなものになる。

習慣とは、自己改善が複利の利子を生んでいくようなものである。[13] 投資した金が複利で増えるように、習慣の効果も繰りかえすことで大きくなっていく。一日ではほとんど違いがないように見えても、数カ月や数年をかけてもたらされる影響は計りしれない。二年、五年、あるいは一〇年後に振りかえってはじめて、良い習慣による利益と悪い習慣による損失がはっきりと目に見えてくる。

これは普段の生活ではわかりにくいかもしれない。わたしたちは小さな変化を見過ごしがちだ。そのときは重要でないように見えるからである。たとえ今、少し貯金したからといって、まだ億万長者というわけではない。三日続けてジムへ行っても、すぐに体形は変わらない。今夜、中国語の勉強を一時間しても、まだまだ身につかない。少々習慣を変えても結果はすぐには表れないので、いつもの生活に戻ってしまう。

残念なことに、変化が遅いせいで悪い習慣に戻ってしまいやすい。今日不健康な食事をしても、体重はそれほど変わらない。今夜遅くまで働いて家族をほったらかしにしても、家族は許してくれるだろう。ぐずぐずして仕事を明日に延ばしても、たいていはあとで終わらせる時間がある。ひとつの決断を大したことないと片づけるのは簡単だ。

しかし、毎日のようにまずい決断を重ね、小さなミスを繰りかえし、つまらない言い訳をして、一パーセントの過ちを繰りかえしていると、ささやかな選択が有害な結果をもたらしていく。それは多くの間違いの集まり、つまり、あちこちで一パーセント低下することであり、やがて大きな問題を引き起こすようになる。

習慣の変化による影響は、飛行機がほんの少し角度を変えたときの影響によく似ている。ロサンゼルスからニューヨークへ向かう飛行機に乗っているとしよう。もしパイロットが機首の向きを三・五度だけ南にずらしてロサンゼルス国際空港を離陸したら、ニューヨークではなくワシントンDCに着くだろう。そのような小さな変化は離陸時にはほとんど目立たない。機首がほんの数メートル動くだけだ。ところが、アメリカを横断するうちに差が大きくなり、着陸時には何百キロも離れてしまう。*

＊　これについては必死で計算した。ワシントンDCはニューヨークから約三六二キロである。ボーイング747かエアバスA380に乗ると仮定して、ロサンゼルス離陸時に機首方位を三・五度変えると、機首は約二・二〜二・三メートルずれる。ほんの小さな方向のずれにより、目的地が大きく変わる可能性がある。

図１　小さな習慣を長期間積み重ねることで生まれる効果。たとえば、毎日たった１％よくなれば、１年後には約 37 倍の結果を得られる。

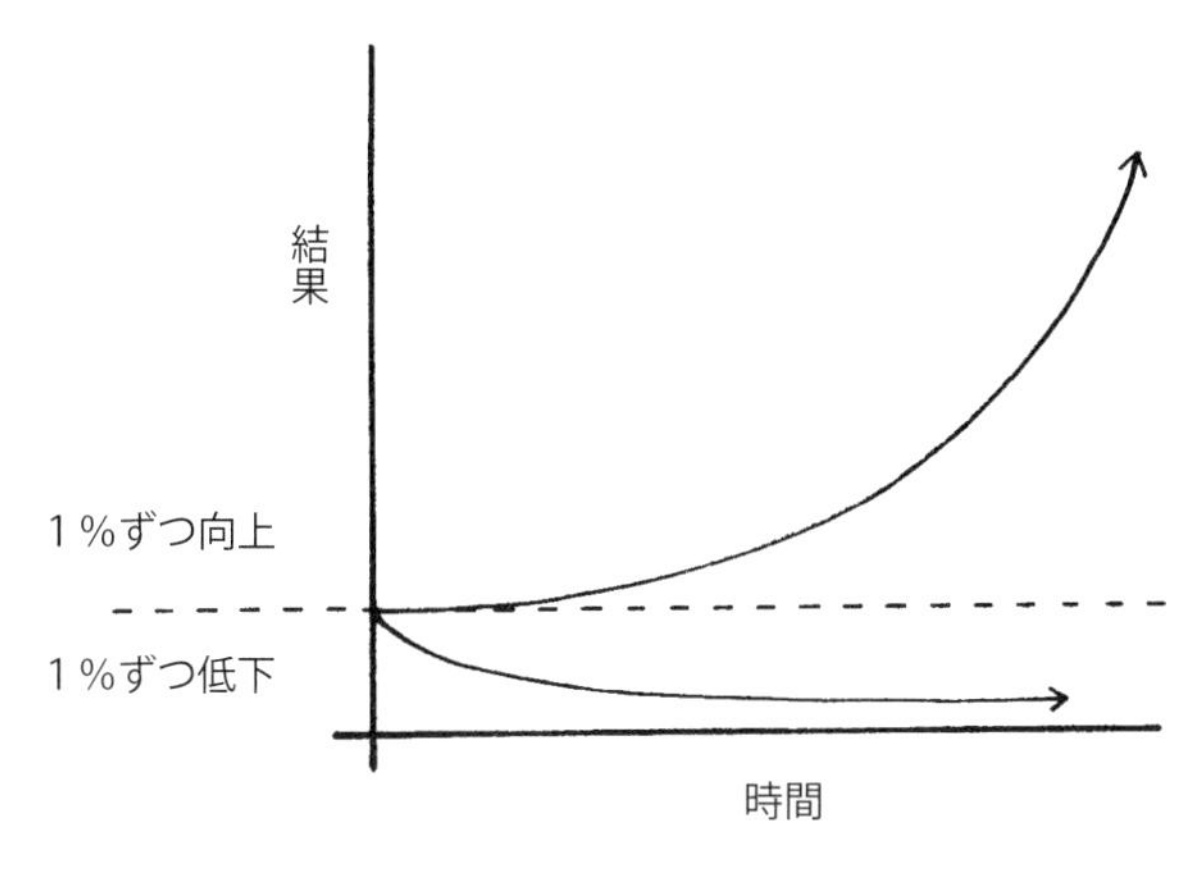

毎日１％よくなるときの効果

１年間、毎日１％悪くなる場合。　0.99 の 365 乗＝ 0.03
１年間、毎日１％よくなる場合。　1.01 の 365 乗＝ 37.78

同じように、日々の習慣のわずかな変化が、人生をまったくちがう目的地へと導きかねない。一パーセントよくなる選択をするか、一パーセント悪くなる選択をするかは、そのときには些細なことに見えるが、人生という長い期間を送るうちに、この選択こそが、自分の現実の姿と、なり得た姿との違いを決定する。成功は日々の習慣の産物であり、一生に一度の大転換などではない。

だから、今成功しているか、そうでないかは問題ではない。重要なのは、習慣が自分を成功へと導いているかどうかである。現在の結果よりも、現在の軌道にもっと関心を持つべきだ。もしあなたが百万長者でも、毎月収入より多くの金を使っていたら、悪い軌道に乗っているということだ。浪費癖を変えなければ、いずれ困ったことになるだろう。逆に、もし破産しても、毎月少しずつ貯金していれば、望んでいるよりゆっくりではあっても、経済的自由へ向けて歩んでいることになる。

結果とは、習慣の影響をあとから測る遅行指数のようなものだ。財産は、金銭習慣の遅行指数。体重は、食習慣の遅行指数。知識は、学習習慣の遅行指数。がらくたは、掃除の習慣の遅行指数。自分が繰りかえしたものを手にすることになる。

自分の人生がどこへ行きつくのか予想したいなら、小さな利益、または小さな損失の曲線をたどって、日々の選択が一〇年後や二〇年後にどんな成果をもたらすか見るだけでいい。毎月の収入より支出のほうが少ないだろうか。毎週ジムに行くようにしているだろうか。毎日本を読んだり新しいことを学んだりしているだろうか。このような小さな闘いがあなたの未来を決めるだろう。

そして時間が、成功と失敗との差を広げていく。与えられたものをなんでも増やすからだ。良い習慣は時間を味方にし、悪い習慣は時間を敵にまわす。

習慣は諸刃の剣だ[14]。悪い習慣は、良い習慣があなたを築きあげるのと同じくらい容易に、あなたを打ちのめす。だからこそ習慣についてよく理解することが大切だ。習慣の作用の仕方や、自分の好みに合うよう習慣を設計する方法を知らねばならない。そうすれば、危険な刃のほうを避けることができる。

習慣は良いものも悪いものも形成できる

良い形成	悪い形成
生産性の形成。余分な作業をひとつ済ませることは、その日の小さな手柄だが、キャリア全体から見れば大きな意味を持つ[15]。昔ながらの作業を自動化したり、新しいスキルを身につけたりできればさらにすばらしい。考えずにできる作業が多いほど、脳に余裕ができて他の分野に集中できる[16]。	**ストレスの形成**。交通渋滞のイライラ。親としての重責。やりくりの不安。血圧が高めであることへの心配。このようなよくあるストレスの原因は、それだけなら対処しやすい。しかし何年も続くと、小さなストレスが深刻な健康問題になっていく。
知識の形成。新しいアイデアをひとつ学んだからといって天才にはなれないが、生涯にわたって学びつづければ大きく変わることができる。また、本を一冊読むたびに新しいことを学ぶだけでなく、以前のアイデアについて新しい見方ができるようになる[17]。ウォーレン・バフェットが語るように「知識はこのように作用し、複利のように増えていく」	**マイナス思考の形成**。自分は価値がなく愚かで不細工だと思えば思うほど、そのような人生へと自分を仕向けるようになる。マイナス思考のループにはまってしまう。同じことが、人に対する考え方にも当てはまる。相手を怒りやすく、不公平で、自分勝手な人だと思う癖がつくと、どこへ行ってもそういう人たちに会うだろう。
人間関係の形成。自分のとった行動が人々から返ってくる。人を助ければ助けるほど、相手も喜んで助けてくれる。会うたびに少しだけ親切にしていると、時がたつにつれて広く強い人脈になり得る。	**激しい怒りの形成**。暴動や抗議や大衆運動が、ひとつの出来事から引き起こされることはめったにない。むしろ、数多くの自覚なき差別や日々の腹立ちが徐々に積み重なり、ついにある出来事をきっかけに、憤怒が野火のように広がる。

進歩とはどのようなものか

目の前のテーブルにひとつの角氷(かくごおり)があると想像してみよう。部屋は寒くて、自分の息が見えるほどだ。現在の室温はおよそ摂氏マイナス四度。ここから非常にゆっくりと部屋が暖かくなっていく。

マイナス三度。

マイナス二・五度。

マイナス二度。

角氷は目の前のテーブルで、ただじっとしている。

マイナス一・五度。

マイナス一度。

マイナス〇・五度。

まだ何も起こらない。

そして、摂氏〇度。氷は解けはじめる。それまでの温度上昇となんの違いもないようなわずか〇・五度の差で、大きな変化が引き起こされる。

飛躍的進歩の瞬間は、それまでにしてきたさまざまな行動の結果であることが多い。それらの行動が、大きな変化を解き放つのに必要な可能性を作りあげる。このパターンはあらゆるところで見られる。がん細胞はその寿命の八〇パーセントを気づかれずに潜伏し、そののち数カ月で人の身体を支配する。[18] 竹は初めの五年間はほとんど目に見えず、地下に広く根をはりめぐらせてから、いきなり外へ突き出して、六週間で約二八メートルの高さに成長する。

同じように習慣も、決定的な境界を超えて新しいレベルの成果を引き出すまで、なんの違いももたらしていないように見えることが多い。どんな目標でも、初期や中期の段階には「失望の谷」がよくあるものだ。直線的な進歩を期待しているので、最初の数日間、数週間、そして数カ月でさえあまり変化が見られないことにがっかりする。なんにもならないように感じられる。それがあらゆる形成過程の特徴であり、もっとも強力な成果は遅れて表れてくるものだ。

これが、長続きする習慣を身につけるのが難しい主な原因のひとつである。わずかに変化しているのだが、明確な成果が見えないのでやめてしまう。あなたはこう考える。「一カ月毎日走ったのに、どうして身体になんの変化もないのだろう?」。いったんこういう考えにとらわれると、良い習慣が途中で挫折しやすい。でも大きな違いを生むためには、この停滞期を打ち破るまで習慣を続ける必要がある。この停滞期を、わたしは「潜在能力のプラトー（停滞期間）」と呼んでいる。

もし良い習慣を身につけることや、悪い習慣を断つことに苦労しているなら、それは進歩する能力がないからではない。たいていは、「潜在能力のプラトー」をまだ超えていないせいだ。懸命に努力しているのに成果が出ないと愚痴をこぼしているのは、温度をマイナス三度からマイナス〇・五度に上げて角氷が解けないと文句を言っているようなものだ。努力は無駄にはなっていない。蓄積されているだけだ。すべての変化は摂氏〇度で起こる。

ついに「潜在能力のプラトー」を打ち破ったとき、まわりの人は一夜にして成功したと言うだろう。世間はもっともドラマチックな出来事だけを見て、それまでの一切は見ようとしない。でもあ

図2　わたしたちは直線的な進歩を期待しがちである。少なくとも、早く進歩したいと思う。実際には、努力の成果は遅れて表れることが多い。それまでの努力の真価に気づくのは、数カ月後や数年後だ。このため「失望の谷」に陥りやすい。数週間や数カ月努力しても成果を感じられず、がっかりしてしまう。しかし、この努力は無駄ではない。蓄積されているだけだ。ずっとあとになってはじめて、それまでの努力の真価がすべて表れる[20]。

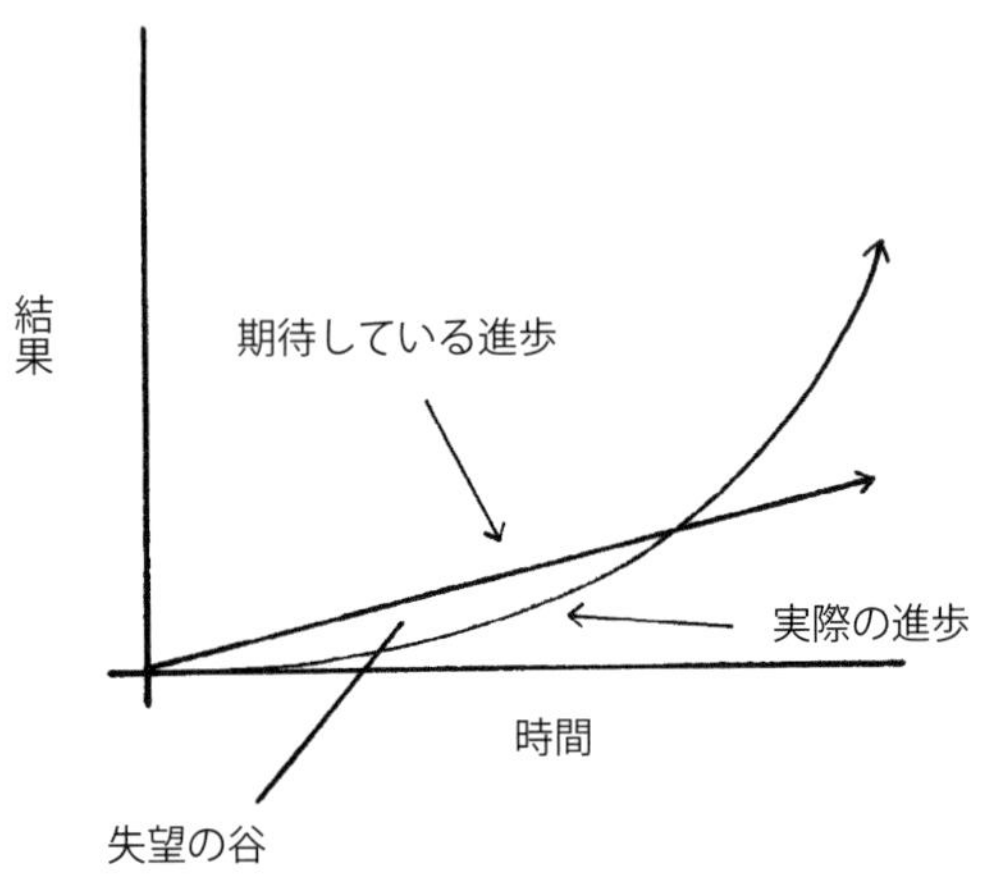

潜在能力のプラトー

なたは、今飛躍できるのはずっとまえの――なんの進歩もないように見えたときの――努力のおかげだと知っている。

　また、地盤の圧力に例えることもできる。ふたつの構造プレートが何百万年も擦れあっていて、そのあいだに緊張が徐々にたまっていく。そしてある日、これまで何年もしてきたようにもう一度擦れあうが、今回は緊張が大きすぎる。ついに地震の発生だ。変化まで何年もかかり、それから突然に起こる。

　技術の習得には忍耐が必要だ。ＮＢＡの歴史上でもっとも優秀なチームのひとつ、サンアントニオ・スパーズのロッカールームには、社会改革主義者ジェイコブ・リースの言葉が掲げられている。「何をやっても無駄に思えるとき、わたしは石工がハンマーで岩を叩き割るのを見にいく。おそらく一〇〇回叩いても、岩にはひびひとつ見られない。ところが一〇一回目に叩いたとき、岩はふたつに割れる。岩を割ったのは最後の一打ちではない――それまでのすべての殴打である[19]」

大きなことはすべて小さなことから始まる。あらゆる習慣の種は、たったひとつの小さな決断だ[21]。だがその決断が繰りかえされると、習慣は芽を出して力強く成長する。根をはり、枝を伸ばしていく。悪い習慣を断つことは、自分のなかにある頑丈なオークの木を引き抜くようなものだ。そして良い習慣を身につけることは、デリケートな花を一日一日着実に育てていくようなものである。

とはいえ、「潜在能力のプラトー」を超えて向こう側へ行きつくまで習慣を続けられるかどうかは、何によって決まるのだろう？　なぜ、ある人々は望まない習慣に陥り、他の人々は良い習慣がもたらす効果を味わえるのだろうか。

目標を忘れて、仕組みに集中しよう

よく知られている知恵によれば、健康、ビジネスでの成功、リラックスと不安解消、友人や家族との時間など、人生で欲しいものを手に入れる最善の方法は、具体的で実行可能な目標を設定することだという。

何年ものあいだ、わたしもこのようにして習慣に取り組んだ。それぞれの習慣には到達すべき目標があった。学校で取りたい成績、ジムで持ち上げたい重量、ビジネスで儲けたい利益。少しは成功したが、その多くは失敗した。そしてようやく、結果は設定した目標とはほとんど関係なく、取り入れた仕組みに左右されると気づくようになった。

仕組みと目標の違いはなんだろう？　その区別を最初に学んだのは、コミック『ディルバート』の作者である漫画家スコット・アダムスからだった。目標は達成したい結果であり、仕組みはその結果へと導くプロセスである。

- あなたがコーチなら、目標は選手権で優勝することかもしれない。その仕組みは、選手の採用方法や、アシスタントコーチの管理の仕方、練習の指導法である。
- あなたが起業家なら、目標は百万ドルのビジネスを起ち上げることかもしれない。その仕組みは、製品アイデアのテスト法や、雇用方法、販売キャンペーンのやり方である。
- あなたがミュージシャンなら、目標は新しい曲を演奏することかもしれない。その仕組みは、練習の量や、難しい旋律を分解してマスターしたり、指導者から意見をもらう方法である。

さて、ここで気になる疑問が出てくる。もし完全に目標を無視して仕組みだけに集中したら、それでも成功するだろうか。たとえば、もしあなたがバスケットボールのコーチで、選手権優勝という目標を無視して、毎日チームが何を練習するかにのみ力を注いでいたら、それでも成果は得られるだろうか。

わたしは、得られると思う。

どんなスポーツでも目標は最高の得点で終わることだが、試合中ずっとスコアボードをにらんでいても無意味だろう。実際に勝つには、毎日上達するしかない。三度のスーパーボウル優勝を果たしたビル・ウォルシュの言葉にあるように、「得点はなるようになる」。人生の他の面でも同じことがいえる。より良い結果を得たいなら、目標の設定は忘れよう。かわりに仕組みに集中しよう。

つまり、どういうことだろう？　目標はまったく無意味なのか？　もちろん、そうではない。目標には方向を定める効果がある。だが、仕組みは進歩するのに最適である。目標について考えるのに時間を費やしすぎて、仕組みを考える時間がないと、いくつかの問題が生じてくる。

問題その一　勝者も敗者も目標は同じ

目標設定は、生存バイアス〔生き残ったもののみを評価する偏った見方のこと〕の影響をとても受けやすい。わたしたちは最後に勝った人、つまり勝者に注目し、野心的な目標が成功をもたらしたと錯覚する。そして、同じ目標を持っていた他の人たちが全員負けたことを見過ごしてしまう。

どのオリンピック選手も金メダルを獲りたいと願っている。また、どの志望者も職を得たいと願う。成功する人としない人の目標が同じならば、目標が勝者と敗者の違いだということはできない。[22]
イギリスの自転車競技選手をその競技の頂点に押し上げたのは、ツール・ド・フランス優勝という目標ではない。おそらく、それまでの毎年の試合にも勝ちたかっただろうし、他のプロチームもみな同じだったはずだ。目標はつねにあった。小さな改善の継続という仕組みを実行してはじめて、異なる成果を獲得した。

問題その二　目標達成は一時的な変化にすぎない

自分の部屋が散らかっているので、きれいにするという目標を立てたとしよう。もし片づける気力を奮い起こせたら、ひとまず部屋をきれいにできるだろう。ところが、もともと部屋が散らかった原因である、だらしなく溜めこむ癖を続ければ、ほどなく新しいガラクタの山を目にして、また片づける気力が湧くまで待つことになる。同じ結果に追われ続けるのは、その裏にある仕組みを変えないからだ。原因に対処せず、症状を抑えただけである。

目標達成は生活を一時的に変えるにすぎない。これは改善について考えるとき、直観に反する考え方だろう。わたしたちは結果を変えなければと思いがちだ。しかし結果は問題ではない。本当に変えなければならないのは、結果をもたらす仕組みである。結果レベルで問題を解決すると、一時的に解決するだけだ。永久に改善するためには、仕組みレベルで問題を解決する必要がある。入力するものを直せば、出力結果は自ずと直るだろう。

問題その三　目標は幸福を制限する

どんな目標にも次のような暗黙の了解がある――「目標に達したら、幸福になれる」。目標第一主義の問題は、目標の次の節目まで幸福を先延ばしにしつづけることだ。わたしも、数えきれないほどこの罠にはまってきた。何年ものあいだ、幸福はつねに未来のものだった。筋肉があと九キロ増えたら、または自分のビジネスがニューヨーク・タイムズに取りあげられたら、そのときやっとくつろげるのだと自分に約束したものだ。

さらに、目標は「二者択一」という対立を生み出してしまう。目標を達成して成功を味わうか、達成できずに失望するかのどちらかである。幸福の意味を狭くして、自分を心理的に閉じこめてしまう。これは間違った考えだ。人生で歩む現実の道が、はじめに思い描いた旅路どおりになることなどありえない。成功への道はたくさんあるのに、ひとつのシナリオどおりでないと満足できないと制限するのは無意味である。

仕組み第一主義なら、それに対処できる。結果よりプロセスを心から大切に思うとき、幸福になるのに待つ必要などない。仕組みが進んでいれば、いつでも満足できる。そして仕組みは、はじめに思い描いたものだけでなく、さまざまな形で成功を収めることができる。

問題その四　目標は長期的な進歩と相容れない

最後に、目標第一主義は「ヨーヨー」現象をもたらすことがある。多くのランナーが数カ月間懸命に努力するが、ゴールしたとたんトレーニングをやめてしまう。動機になっていたレースはもうない。すべての努力がある特定の目標に向けたものなら、それを成し遂げたあとに前へ押してくれるものなど残っているだろうか。これが、多くの人が目標達成のあとに元の習慣へ戻ってしまう理由である。

目標設定の目的はゲームに勝つことだ。一方、仕組みを作る目的はゲームをしつづけることである。本当に長続きする考え方は、目標を抜きにした考え方だ。それは何かひとつの達成だけを目指すものではない。終わりのない改善と継続的な向上のサイクルについて考えることだ。突きつめれば、あなたの進歩を決めるのは、プロセスにしっかり取り組むかどうかである。

最小習慣（アトミックハビッツ）の仕組み

もし習慣を変えるのに苦労しているなら、あなたに問題があるのではない。問題があるのは仕組みである。悪い習慣が勝手に何度も繰りかえすのは、あなたが変えたくないからではなく、変えるための仕組みが間違っているからだ。

目標ばかり追っていてはいけない。仕組みから取りかかろう。[23]

単一の目標ではなく、全体的な仕組みに集中することが、本書の中心テーマのひとつである。それは、最小（アトミック）という言葉の背後にある深い意味でもある。今ではもう、最小習慣（アトミックハビッツ）が、小さな変化、マージナルゲイン（差益）、一パーセントの改善を指すことは理解してもらえただろう。ただし、最小習慣は小さいとはいえ、ただの昔ながらの習慣ではない。大きな仕組みの一部である小さな習慣だ。原子が分子の構成要素であるように、最小習慣は驚くべき成果の構成要素である。習慣は生活の原子のようなものだ。ひとつひとつがあなたの改善全体に貢献する基本単位となっている。はじめのうちは、その小さな繰りかえしは取るに足らないように見えるが、やがて互いに組み合わさって、最初の苦労をはるかに上回るほど大きくなった勝利を引き起こす。それらは小さくて強力だ。「最小習慣（アトミックハビッツ）」という言葉の意味は――小さくて行いやすいだけでなく、信じられないような力の源でもある日常的な練習やルーティンであり、複利的に成長する仕組みの構成要素である。

本章のまとめ

- 習慣は自己改善を複利で積み上げたものである。毎日一パーセントの改善が長期的には大きな改善になる。
- 習慣は諸刃の剣である。役立つこともあれば、足を引っぱることもある。だからこそ、よく理解することがとても大切だ。

- 小さな変化は、決定的な境界を超えるまで、大して違いがないように見えることが多い。形成中のもっとも強力な成果は遅れて表れる。忍耐が必要だ。
- 最小習慣（アトミックハビッツ）とは、より大きな仕組みの一部をなす小さな習慣のことである。原子（アトム）が分子の構成要素であるように、最小習慣（アトミックハビッツ）は驚くべき成果の構成要素だ。
- より良い結果を得たいなら、目標を設定するのは忘れよう。かわりに仕組みに集中しよう。
- 目標ばかり追っていてはいけない。仕組みから取りかかろう。

第2章 習慣がアイデンティティーを形成する（逆もまた真なり）

How Your Habits Shape Your Identity (and Vice Versa)

なぜ悪い習慣を繰りかえすのは簡単で、良い習慣を身につけるのは難しいのだろうか。日々の習慣を改善することほど、生活に大きな影響を与えるものはない。それでも来年の今頃、もっと良いことをしているより、同じことをしている確率のほうが高いだろう。

良い習慣を数日以上続けるのは、まじめに努力したり、たまにやる気を出しても難しいものだ。運動、瞑想、日記、料理など、一日か二日はなんとかできても、それ以降は面倒になってくる。

ところが、いったん習慣が身についたら、永遠に離れそうにない——とくにありがたくない習慣はそうである。よくないとわかっていても、ジャンクフードを食べたり、テレビを見すぎたり、なんでも先延ばしにしたり、煙草を吸ったりという不健康な習慣をやめるのは不可能に思える。

習慣を変えるのが難しいのには、ふたつの理由がある。（一）変えようとするものが間違っている。（二）習慣を変えるための方法が間違っている。本章では、ひとつ目のポイントに取り組む。次章で、

図3　行動変化には３つの層がある。結果の変化、プロセスの変化、アイデンティティーの変化。

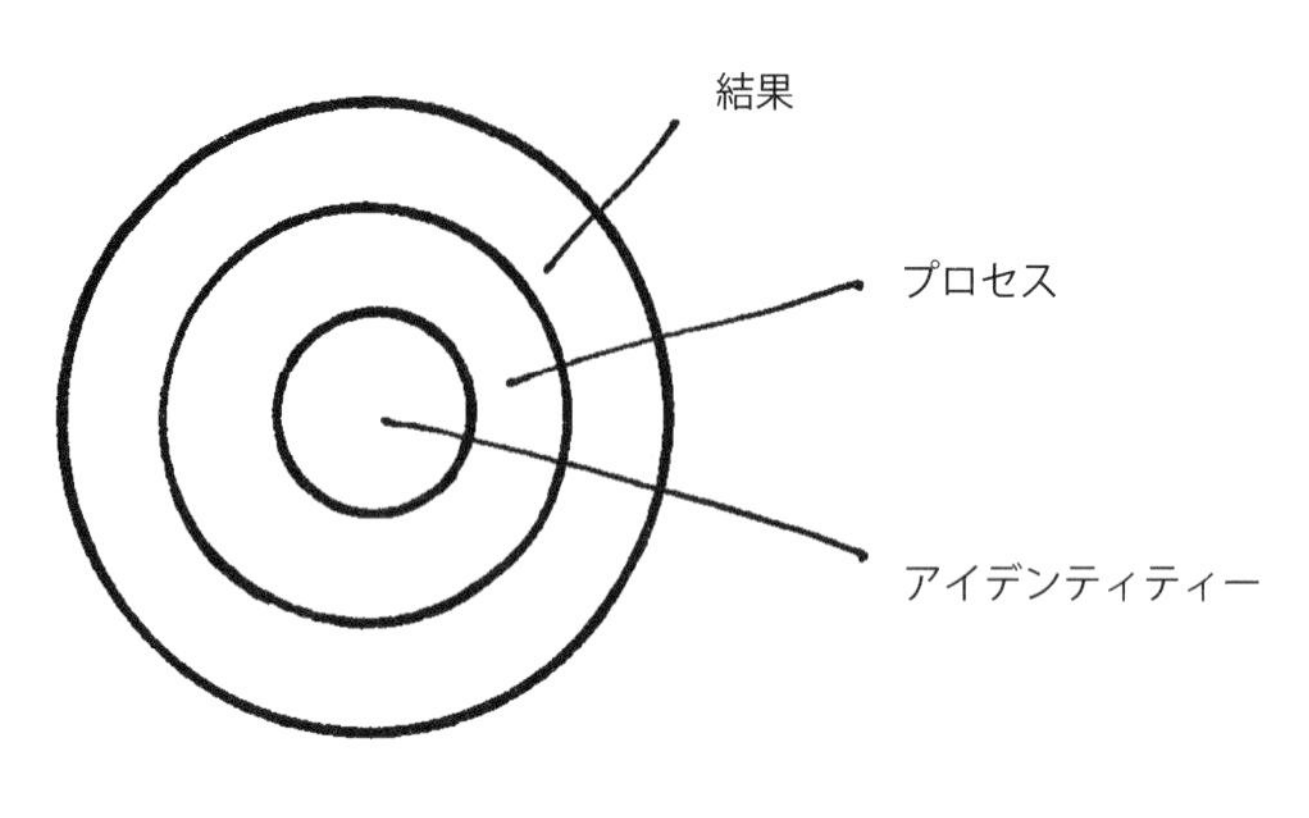

行動変化の三つの層

ふたつ目のポイントに答えることにしよう。

最初のミスは、変えようとするものを間違っていることだ。この意味を理解するために、変化が起こる三つの段階を考えてみよう。たまねぎの皮のようなものだと想像すればいい[1]。

第一層は結果の変化である。この段階は成果の変化に関係している。体重減少、本の出版、選手権優勝などだ。設定する目標のほとんどが、変化のこの段階にあたる。

第二層はプロセスの変化である。この段階は習慣と仕組みの変化に関係している。ジムで新しいルーティンを実行する、作業しやすいように机の上を片づける、薬の飲み方を変えるなどだ。身につく習慣のほとんどがこの段階にあたる。

もっとも深い第三層は、アイデンティティー（自己同一性）の変化である。この段階は信念の変化に関係している。世界観、セルフイメージ（自己像）、自分自身や他人への評価などだ。自分が持つ信念、思いこみ、偏見のほとんどがこの段階にあたる。

結果はあなたが獲得するもの、プロセスはあなたが行うこと、アイデンティティーはあなたが信じているものである。長続きする習慣を身につけること、つまり、一パーセントの改善の仕組みを築くことに関していえば、問題は、ひとつの段階が他より「いい」とか「悪い」とかではない。すべての段階の変化がそれぞれに役立つ。問題は変化の方向である。

多くの人は、何を達成したいかを意識して習慣を変えようとする。これは結果ベースの習慣になりやすい。別の方法は、アイデンティティーベースの習慣を身につけることだ。この方法では、どのような人になりたいかに意識を向けて変化に着手する。

禁煙中の人がふたりいるとしよう。煙草をすすめられたとき、ひとり目はこう言う。「結構です。やめようとしているので」。もっともな返答に聞こえるが、この人はまだ自分が喫煙者だと信じていて、他の何かになろうとしている。信念は同じままで、行動が変わることを望んでいる。

ふたり目は、「結構です。わたしは煙草を吸いませんので」と言って断る。わずかな違いだが、この発言はアイデンティティーの変化を示している。喫煙は過去の生活の一部であり、現在の生活とは関係ない。もう自分を喫煙者だとは思っていない。

改善を始めようとするとき、ほとんどの人がアイデンティティーの変化について考えもしない。ただこう思うだけだ。「やせたいなあ（結果）。このダイエットを続けたら、やせるだろう（プロセス）」。目標を設定し、その達成のために取るべき行動を決めはするが、自分の行動を操っている信念につ

図４　結果ベースの習慣では、何を達成したいかを意識する。アイデンティティーベースの習慣では、どのような人になりたいかを意識する。

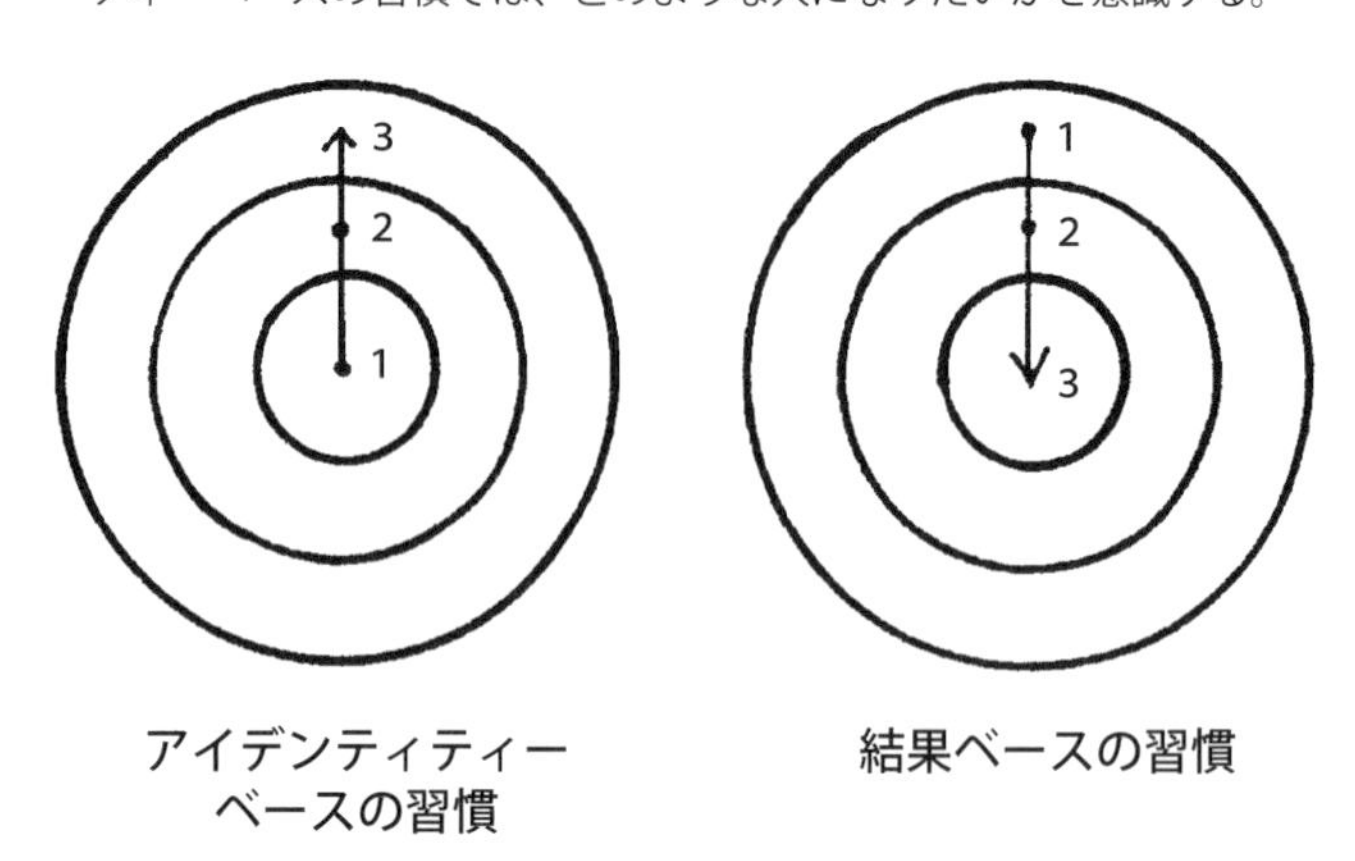

いては考えもしない。自分自身への見方を変えないし、古いアイデンティティーが新しい変化の計画を妨害することにも気づかない。

あらゆる行動の仕組みの背後には、信念の仕組みがある。民主主義の仕組みは、自由、多数決原理、社会的平等という信念に基づいている。独裁国家の仕組みには、絶対権力と完全な服従という、まったく違う一連の信念がある。民主主義のもとでは、より多くの人に投票させる方法をいろいろと考えられるが、独裁国家では、そのような行動変化は実現しないだろう。それは独裁システムのアイデンティティーと相容れないからだ。投票は、ある種の信念のもとでは不可能な行為となる。

個人や組織や社会について考えても、同じような例がある。仕組みを形づくる信念や思いこみがあるように、習慣の背後にはアイデンティティーがある。

自身と矛盾する行動は長続きしない。もっと豊かになりたくても、もしあなたのアイデンティティーが収入以上に消費するような人なら、稼ぎより多く使いたくなるだろう。健康になりたくても、達成感より快適さを優先しつづけるなら、トレーニングよりのんびりするほうに惹かれるだろう。過去の行動に引きこもうとする根本的な信念を変えなければ、習慣を変えるのは難しい。新しい目標や計画を立てても、自分の人となりはそのままだからだ。

コロラド州ボールダーの企業家ブライアン・クラークの話が、よい例になるだろう。「覚えているかぎり、わたしはずっと爪を噛んでいました」と、クラークはわたしに話してくれた。「幼い頃に神経症的な習癖として始まり、やがてみっともない身づくろいの習慣になってしまったのです。ある日、爪が少し伸びるまで噛むのをやめようと決心しました。そして、ひたすら意志の力だけで、なんとかやり遂げました[2]」

それから、クラークは驚くようなことをした。

「妻に頼んで、生まれて初めてマニキュアの予約を入れてもらいました。爪の手入れにお金をかけたら、もう噛まないだろうと思ったからです。するとうまくいきましたが、お金をかけたからではありませんでした。何が起きたかというと、マニキュアのおかげで、わたしの爪が初めて本当にきれいに見えたのです。そのうえネイリストから、噛んでいることを別にすれば、わたしの爪はじつに健康で魅力的だとまで言われたのです。わたしは突然、自分の爪を自慢に思うようになりました。そんなこと願ってもいなかったのですが、おかげですっかり変わったのです。それ以来、わたしは爪を噛んでいません。思わず噛みそうになったことさえ一度もありません。それは、今では爪をきちんと手入れしていることを誇りにしているからです」
本質的なやる気が最高の形で表れるのは、習慣がアイデンティティーの一部になるときだ。自分は「これが欲しいタイプの人だ」というのと、「このようなタイプの人だ」というのでは、意味がまったくちがう。

アイデンティティーのある側面に誇りを持てば持つほど、それに関する習慣を続けようというやる気が湧いてくる。もし美しい髪が自慢なら、それを保つためのあらゆる習慣が身につくだろう。もし上腕二頭筋の大きさが自慢なら、上半身のトレーニングをさぼらないようにするだろう。もし編んだマフラーが自慢なら、毎週何時間も編もうとするだろう。自尊心が関わってくると、必死で習慣を続けようとするものだ。

本当の行動変化は、アイデンティティーの変化である。やる気があれば習慣を始められるかもしれないが、その習慣を続けられるのは、自分のアイデンティティーの一部になったときだけである。誰でも一、二回はジムへ行ったり、健康的な食事をしようと自分に言いきかせたりすることはできるが、その行動の背後にある信念が変わらなければ、長期的な変化を続けるのは難しい。自分の人となりの一部となるまでは、その改善は一時的なものにすぎない。

- 目標は本を読むことではなく、読書家になることである
- 目標はマラソンに出ることではなく、ランナーになることである
- 目標は楽器の演奏を習うことではなく、音楽家になることである

行動は、たいていアイデンティティーの反映だ。あなたがすることは、意識的であれ、無意識であれ*、自分はこういうタイプの人間だと信じていることを示している。研究によれば、人は自分のアイデンティティーのある側面をいったん信じたら、その信念に合うように行動しがちだという[3]。たとえば、「自分は有権者だ」と思っている人は、ただ「投票したい」と言っている人より、投票する確率が高い。同様に、運動がアイデンティティーの一部である人は、トレーニングするよう自分に言いきかせる必要がない。正しいことをするのは簡単だ。つまり、行動がアイデンティティーと完全に一致すれば、もう行動変化を追い求めなくてもいい。これが自分だと信じているタイプの人らしく、行動するだけだ。

習慣形成のあらゆる面と同じく、これも諸刃の剣である。益になるよう働けば、アイデンティティーの変化は自己改善の大きな力になる。しかし不利に働けば、アイデンティティーの変化が災いの元になるだろう。あるアイデンティティーを選んだら、それに固執してしまい、変化の可能性に影響を及ぼしやすい。多くの人が意識もせず盲目的に、アイデンティティーに組みこまれた基準に沿って生きている。

＊「無自覚」「無意識」「潜在意識」という用語はすべて、自覚や思考がないことを示すのに使われる。学者たちのあいだでさえ、これらの用語は大して詮索されることなく、よく入れ替えて使用される（これは珍しいことだ）。わたしが「無意識」という用語を使うのは、それが広い意味を持ち、意識してつかめない心の変化と、ただ周囲に無関心なときの両方を含むことができるからだ。「無意識」とは、意識的に考えていないあらゆるものをさす言葉である。

・「わたしはひどい方向音痴だ」
・「わたしは朝型人間ではない」
・「わたしは人の名前を覚えるのが苦手だ」
・「わたしはいつも遅刻する」
・「わたしは技術的なことに弱い」
・「わたしは数学が大の苦手だ」

……他にも、さまざまなものがある。

このようなことを何年も自分に繰りかえし聞かせていたら、たやすく心理的な型にはまり、事実だと思ってしまう。そのうちに、「自分はそういう人間じゃない」という理由で、ある行動を拒むようになる。セルフイメージや行動を自分の信念と一致させようと、内部から圧力がかかる。[4]自分自身との矛盾をできるかぎり避けようとする。

考え方や行動がアイデンティティーに深く結びついているほど、変えるのは難しい。自分のまわりが信じているもの（グループのアイデンティティー）を信じたり、セルフイメージを支えているもの（個人のアイデンティティー）に合うよう行動したりすることは、たとえ間違っていても、楽に行える。個人、チーム、社会など、どんなレベルでも、好ましい変化をもっとも邪魔するものは、アイデンティティーとの矛盾である。良い習慣が理にかなっているとわかっていても、アイデンティティーと矛盾するなら、実行することはできないだろう。

あなたは毎日のように、忙しいからとか、疲れているからとか、悩んでいるからとか、その他多くの理由で、習慣を身につけられずにいるかもしれない。でも長い目で見れば、習慣を続けられない本当の理由は、セルフイメージが邪魔をしていることだ。そのせいで、アイデンティティーのひとつのバージョンにどこまでも固執してしまう。進歩するには忘れることが必要だ。最高のバージョンの自分になるためには、つねに信念を修正し、アイデンティティーの向上と拡大に努めなければならない。

このことで、ある重要な疑問が湧いてくる。信念や世界観が、行動にそれほど大きな影響を及ぼすのなら、そもそもそれらはどこからやってきたのだろうか。あなたのアイデンティティーは、いったいどうやって形成されたのか。そして、アイデンティティーの役に立つ新しい側面を強め、邪魔になる側面を消していくには、どうしたらいいのだろう?

アイデンティティーを変えるための二段階のプロセス

アイデンティティーは習慣から生まれる。人は生まれつき信念を持っているわけではない。自分自身についての信念も含めて、あらゆる信念は経験を通して学び、調整したものだ。*

* たしかにアイデンティティーには、背が高い人や低い人というように、時がたっても変わらない側面もある。だが、もっと変わらない人柄や性格でさえ、肯定的に見るか否定的に見るかは、人生での経験によって決まる。

もっと正確にいえば、習慣はアイデンティティーを体現する方法だ。毎日ベッドを整えるとき、あなたは几帳面な人というアイデンティティーを体現している。毎日文章を書くとき、創造的な人というアイデンティティーを体現している。毎日トレーニングするとき、スポーツマンというアイデンティティーを体現している。

行動を繰りかえせば繰りかえすほど、その行動に関係するアイデンティティーが強められていく。じつは、「アイデンティティー」という言葉は、もともとラテン語で「存在」という意味の「エッセンティータス」と、「繰りかえし」という意味の「イーデンティーディム」を語源としている。つまり、アイデンティティーとは、文字どおり「繰りかえす存在」のことである。[5]

現在のアイデンティティーがなんであろうと、それを信じているのは証拠があるからだ。二〇年間も毎週日曜日に教会へ行っているなら、信心深い人だという証拠になる。毎晩一時間、生物学の勉強をしているなら、勉強家だという証拠になる。雪の日でもジムに行くなら、健康管理に熱心な人だという証拠になる。証拠が多いほど、その信念をさらに強く信じるようになる。

もっと若い頃、わたしは自分が作家だなんて思っていなかった。もしわたしの高校の先生や大学の教授に尋ねたら、作文ではせいぜい平均的な成績だったと言われるだろう。大して目立たなかったのはたしかである。書くことを仕事にしてから、最初の数年間、毎週月曜日と木曜日に新しい記事を発表した。証拠が増えるにつれて、自分は作家だというアイデンティティーも育っていった。わたしは作家として始めたのではない。習慣によって作家になったのである。

もちろん、習慣だけがアイデンティティーに影響を与える行動ではないが、習慣は何度も繰りかえすので、もっとも重要なものになりやすい。人生のどんな経験もセルフイメージを変えていくが、ボールを一回けったからといって、自分はサッカー選手だと思えないし、一枚の絵をさっと描いたくらいで画家だとは思えないだろう。しかし、こういう行動を繰りかえしていると、証拠（エビデンス）が集まってセルフイメージが変わりはじめる。一度かぎりの経験は消えてしまいがちだが、習慣の効果は時とともに強化されていく。つまり、アイデンティティーを形づくる証拠のほとんどは習慣だ。このように、習慣形成のプロセスは、じつはあなた自身になるためのプロセスである。

この進化はゆっくりしたものだ。指をパチンと鳴らし、一瞬で新しい人になろうと決心しても、変われるわけではない。少しずつ、一日一日、習慣を行うごとに変化していく。[6] 継続的に自己の小さな進化を経ていくのである。

それぞれの習慣は、「おや、もしかしたら自分はこういう人かもしれないぞ」と提案するようなものだ。本を読み終えるなら、読書好きな人かもしれない。ジムに行くなら、運動好きな人かもしれない。ギターの練習をするなら、音楽好きな人かもしれない。

それぞれの行動は、なりたいタイプの人へ一票を投じるようなものだ。ひとつの実例では信念は変わらないが、票が集まれば、新しいアイデンティティーへの証拠も集まる。だから、有意義な変化には劇的な変化など必要ない。小さな習慣が新しいアイデンティティーの証拠となって、有意義な違いをもたらすことができる。そして変化が有意義なら、実際には大きな変化となる。これが小さな改善のパラドックスである。

つまり、習慣はアイデンティティーを変える道だといえる。あなたの人となりを変えるもっとも効果的な方法は、行動を変えることだ。

- 一ページ書くたびに、あなたは作家になる
- バイオリンの練習をするたびに、あなたは音楽家になる
- トレーニングを始めるたびに、あなたはアスリートになる
- 従業員を励ますたびに、あなたはリーダーになる

どの習慣も成果を生むだけではなく、はるかに重要なことを教えてくれる。それは、自分自身を信じることだ。実際にこういうことができると信じられるようになってくる。票が集まり、証拠が変わりはじめると、自分に語りかける言葉も変わりだす。

もちろん、これは逆の方向にも働く。悪い習慣を選ぶたびに、そういうアイデンティティーに一票を投じることになる。ただありがたいことに、あなたは完璧でなくてもいい。どんな選挙でも、両方のサイドに票が入るものだ。選挙に勝つには、満場一致ではなく過半数の票が必要なだけだ。よくない行動や無意味な習慣に数票入れてしまってもかまわない。目標は、そのときの大部分を勝ち取ることだ。

新しいアイデンティティーには新しい証拠が必要だ。いつもと同じ票を入れつづけていれば、いつもと同じ結果を得るだろう。何も変えなければ、何も変わらない。

以下がシンプルな二段階のプロセスである。

一、どのようなタイプの人になりたいかを決める
二、小さな勝利で、自分自身に証明する

まず、どのような人になりたいかを決めよう。これには、個人として、チームとして、コミュニティーとして、国としてなど、あらゆるレベルが含まれる。あなたは何を支持したいだろうか。主義や価値観は？　どんな人になりたい？

これは大きな問題なので、どこから始めたらいいのかわからない人も多いだろう。とはいえ、どういう成果を得たいかはわかっている——たくましく割れた腹筋を持つこと、不安を解消すること、収入を倍増すること。それでかまわない。そこから始めて、欲しい成果から、そういう成果を得られるタイプの人へと遡ってみよう。「自分が欲しい成果を得られるのは、どんなタイプの人だろう」と自分に訊いてみよう。体重を二〇キロも落とせるのは、どんなタイプの人か？　新しい言語を習得できるのは、どんなタイプの人か？　成功する新規事業を経営できるのは、どんなタイプの人か？

たとえば、「本を書けるのはどんなタイプの人か」考えてみよう。おそらく堅実で信頼できる人物だ。そこで焦点を、本を書くこと＝結果ベースから、堅実で信頼できる人になること＝アイデンティティーベースへ変えてみる。

このプロセスによって、次のような信念が引き出されるだろう。

- 「わたしは生徒のために問題に立ち向かうような教師だ」

・「わたしはどの患者にも時間と共感を惜しまないような医師だ」
・「わたしは従業員を擁護するような経営者だ」

いったんなりたいタイプを把握したら、望んでいるアイデンティティーを強めるために、少しずつ歩みだすことができる。わたしの友人は、こう自問することで体重を四五キロも落とした。「健康な人なら、どうするかしら？」。一日中、この質問を基準にして暮らした。健康な人なら歩く？　それともタクシー？　健康な人ならブリートを注文する？　それともサラダ？　もし長いあいだ健康な人のように行動したら、いつか同様になれるだろうと彼女は考えた。その考えは正しかった。

アイデンティティーベースの習慣という考え方は、本書のもうひとつの主要テーマである、フィードバックループ〔循環〕の最初の入り口でもある。習慣がアイデンティティーを形成し、アイデンティティーが習慣を形成する。つまり、双方向の関係だ。あらゆる習慣形成はフィードバックループだが（この考え方は次章で詳しく説明する）、価値観や主義やアイデンティティーによって、成果よりもループを引き出すことが大切である。ある結果を得ることよりも、そのようなタイプの人になることに、いつも意識を向けるべきだ。

習慣が大切である本当の理由

アイデンティティーの変化は、習慣の変化にとって北極星のように指針となるものだ。本書ではこのあと、あなた自身や家族、チーム、会社、その他なんであれ、どうしたら良い習慣を身につけられるか、段階的に説明していく。ただし本当の問題は、「あなたはなりたいタイプの人になっているか」だ。第一段階は、何が欲しいかでも、どうなりたいかでもなく、どのような人になりたいかである。自分がなりたいタイプを知ることが必要だ。そうしなければ、変化への探求は、舵のない舟のようにさまよってしまう。だからこそ、ここから始めるのである。

あなたには、自分について信じていることを変える力がある。アイデンティティーは不変ではない。いつでも選ぶことができる。今日の習慣を選ぶことによって、今日強めたいアイデンティティーを選ぶことができる。そうすることで、本書にこめられた深い目的と、習慣が大切である本当の理由にたどりつけるだろう。

良い習慣形成とは、いわゆる仕事術をやみくもに取り入れることではない。毎晩歯をフロス（糸ようじ）で掃除することでも、毎朝冷たいシャワーを浴びることでも、毎日同じ服を着ることでもない。もっと稼いだり、体重を減らしたり、ストレスを軽減したりというような、目に見える成功を達成することでもない。習慣はこれらを達成するのに役立つが、本来は、何かを手に入れるためにするのではない。習慣は、誰かになるためにするものだ。

突きつめれば、習慣が大切なのは、なりたいタイプの人になるのに役立つからだ。習慣は、自身についての深い信念を育てるための手段である。まさに文字どおり、あなたが習慣になるのである。

本章のまとめ

- 変化には三つの段階がある——結果の変化、プロセスの変化、アイデンティティーの変化。
- 習慣を変えるのにもっとも効果的な方法は、達成したいものではなく、なりたい人に意識を向けることだ。
- アイデンティティーは習慣から生まれる。あらゆる行動が、なりたいタイプの人へ一票を投じることになる。
- 最高のバージョンの自分になるには、つねに信念を修正し、アイデンティティーの改善と拡大をする必要がある。
- 習慣が大切な本当の理由は、良い成果を得られるからではなく（得ることはできるのだが）、自身についての信念を変えることができるからだ。

第3章 シンプルな四つのステップで良い習慣を身につける

How to Build Better Habits in 4 Simple Steps

心理学者エドワード・ソーンダイクが一八九八年に行った実験は、習慣の作られ方や、行動を導く法則について理解するうえで基礎となるものだ。[1] ソーンダイクは動物の行動研究に興味を持ち、ネコによる実験を始めた。

彼は問題箱(パズルボックス)という装置にネコを一匹ずつ入れた。箱は、「ひもの輪を引く、レバーを押す、板を踏むというような簡単な行動によって」、ネコがドアから逃げられるように作られている。[2] たとえば、ひとつの箱にはレバーがあり、それを押すと箱の側面のドアが開く。ドアが開くと、ネコは飛び出してエサ入りのボウルへ走っていくことができる。

ほとんどのネコは、箱に入れられるとすぐに逃げ出そうとした。隅に鼻を突っこんだり、隙間に前足を入れたり、なかに置いてあるものを引っかいたりする。数分間あれこれと探索したあと、たまたま魔法のレバーを押すとドアが開き、ネコは逃げ出した。

ソーンダイクは何度も実験し、それぞれのネコの行動を観察した。はじめのうち、ネコは無作為に箱のなかを動きまわっている。ところが、レバーを押してドアが開いたとたん、学習プロセスが始まる。しだいにどのネコも、レバーを押すという行動と、箱から逃げてエサにありつくという報酬を結びつけるようになった。

二〇～三〇回実験すると、この行動は自動的で習慣的なものとなり、ネコは数秒で逃げられるようになった。たとえば、ソーンダイクが記しているように、「一二番のネコが逃げ出すのに要した時間は以下のとおりである。一六〇秒、三〇秒、九〇秒、六〇秒、一五秒、二八、二〇、三〇、二二、一一、一五、二〇、一二、一〇、一四、一〇、八、八、五、一〇、八、六秒、六秒、七秒」

最初の三回の実験では、ネコは逃げ出すのに平均一・五分かかった。最後の三回は、平均約六秒で逃げ出している。練習によって、どのネコも失敗が減り、行動がすばやく自動的になっていく。同じミスを繰りかえすよりも、まっすぐ解決へと向かうようになる。

この研究から、ソーンダイクは学習プロセスについて次のように説明している。「満足できる結果につながる行動は繰りかえされやすく、不快な結果を生む行動は繰りかえされにくい」[3]。生活上の習慣形成について考えるとき、彼の研究は完璧な出発点となる。そして、習慣とは何か？ いったいなぜ脳はわざわざ習慣を形成するのか？ というような根本的な疑問への答えをも与えてくれる。

脳が習慣を形成する理由

習慣とは、自動的に行うまで何度も繰りかえす行動のことである。習慣形成のプロセスは、試行錯誤から始まる。人生で新しい状況に出合うと、脳は決断をしなければならない。「これにどう対処しようか？」。最初に問題にぶつかったときは、解決法がわからない。ソーンダイクのネコのように、何が役立つかいろいろ試してみるしかない。

脳内の神経活動のレベルは、この時期に高くなる。[4] 状況を慎重に分析し、どう行動するべきか意識的に決断する。新しい情報をたくさん取り入れ、すべてを理解しようとする。脳はもっとも効果的な行動方針を学ぶのに忙しい。

ときどき、レバーを押したネコのように、偶然に解決を見いだすことがある。不安を感じているとき、ランニングにいくと落ち着くのを発見する。長い一日の仕事で精神的に疲れきっているとき、ビデオゲームをするとリラックスできるのを発見する。探して、探して、探して、そしてようやく、「あった！」。報酬だ。

思いがけない報酬を見つけたあと、次からは戦略を変更する。脳はただちに、報酬のまえに起こった出来事をリストに載せる。「あれ、待てよ。さっきはいい感じだったぞ。その直前に何をしたんだったかな？」

これは、人間のあらゆる行動の背後にあるフィードバックループ——試行、失敗、学習、別の方法で試行——というループである。練習によって、不要な動きは消えていき、役に立つ行動が強化される。これが習慣形成だ。

問題に直面するたびに、脳は解決のプロセスを自動化しはじめる。習慣とは、つねに出くわす問題やストレスを解決するための、自動的な一連の解決法である。行動科学者のジェイソン・リアはこう書いている。「習慣とは、簡単にいえば、自分の周囲で繰りかえす問題への、信頼できる解決法である」[5]

習慣が作られると、脳の活動レベルは下がっていく。[6] 成功をもたらすきっかけを確定し、他のものはすべて無視するようになる。同じ状況がこれから先に起こっても、何を探せばいいかよく知っている。もう、状況をあらゆる角度から分析しなくていい。脳は試行錯誤のプロセスを飛ばして、心のなかでルールを作る――こうすれば、こうなる、というように。このような経験的知識によるシナリオが、ふさわしい状況になるといつも自動的に用いられる。今では、ストレスを感じるたびに走りたくなる。仕事から家に帰るとすぐ、ビデオゲームを始める。かつては努力を要した選択が、今や自動的に行える。習慣が形成されたのである。

習慣は、経験から学んだ心のショートカットである。ある意味で、習慣とは問題解決のため過去に採用したステップの記憶にすぎない。条件が合うたびに、この記憶を利用して、自動的に同じ解決法を当てはめる。脳が過去を記憶する主な理由は、未来に何が役立つかをうまく予測するためだ。[7]

習慣形成が非常に役立つのは、意識が脳の重荷になっているからだ。[8] 意識は一時にひとつの問題にしか注意を払えない。そのため、脳は重要な作業すべてに意識的注意を保とうと、つねに働いている。すると意識はできるだけ作業を無意識に追いやって、自動的に行わせようとする。[9] これこそまさに、習慣が形成されるときに起こっていることだ。習慣は認知的負荷を減らし、心の能力を解放するので、他の作業に注意を向けられるようになる。[10]

これほど効率がいいのに、習慣の利点をまだ疑っている人もいる。その意見はこうだ。「習慣のせいで生活が退屈なものになるだろう？　つまらないライフスタイルに自分をはめこみたくない。ルーティンばかりだと、生活の活気や自発性がなくなるんじゃないか？」。そんなことはない。この疑問ではふたつのものを対峙させているが、それは間違いだ。これを聞けば、習慣を身につけるか、自由を得るかのどちらかを選ばなければならないと思うだろう。実際は、このふたつは互いに補完しあっている。

習慣は自由を制限しない。自由を作りだしている。それどころか、習慣をうまく活かせない人の多くは、自由がほとんどない。良い金銭習慣がなければ、いつもお金に困っているだろう。良い健康習慣がなければ、いつも元気がなさそうに見えるだろう。良い学習習慣がなければ、いつも後れをとっているように感じるだろう。また、いつ運動したらいいか、どこに書けばいいのか、いつ支払いをすればいいかなど、些細なことでいつも決断を迫られていれば、自由のための時間が少なくなってしまう。基本的な生活を簡単にすることでのみ、自由な思考や創造性に必要な心の余裕を持つことができる。

逆にいえば、習慣をうまく調整して基本的な生活を送れるようにしたら、心が自由になって、新しい課題に集中したり、次にやってくる問題に対処したりできる。今習慣を身につけることで、将来したいことを、もっとたくさんできるようになる。

習慣の働き方の科学

習慣形成のプロセスは、シンプルな四つのステップに分けることができる――きっかけ、欲求、反応、報酬である。* このように基本的な要素に分解することで、習慣が何であり、どのように働き、どう改善すればいいか理解しやすくなる。

この四つのステップのパターンは、あらゆる習慣の根幹であり、脳は毎回同じ順番でこのステップを踏んでいく。

まず、きっかけがある。きっかけが脳に行動を起こさせる。それは報酬を予測させるわずかな情報だ。有史以前の祖先たちは、食物、水、セックスの相手など、原始的な報酬の在り処を示すきっかけに注意を払っていた。現代では、金や名声、権力や地位、賞賛や承認、恋や友情、または個人的な満足感など、二次的な報酬を予測させるきっかけを知るために、わたしたちは多くの時間を費やしている（もちろん、これらを求めることで、間接的に生き残りや繁殖がしやすくなる。生き残りと繁殖は、わたしたちの全行動の背後にある深い動機だ）。あなたの心は絶えず報酬の在り処の手がかりを求めて、心のなかやまわりの環境を分析している。というのも、きっかけは、報酬が近くにあるという最初の兆候であり、それが欲求を自然に引き起こすからだ。

＊『習慣の力』を読んだことのある人なら、これらの用語に見覚えがあるだろう。チャールズ・デュヒッグの本はすばらしい。わたしの意図は、彼が省略した部分を取りあげることであり、この四つのステップを、生活や仕事で良い習慣を身につけるのに応用できるシンプルな四つの法則にまとめることだ。

図5　どの習慣も同じ順番で４つのステップを踏む――きっかけ、欲求、反応、報酬。

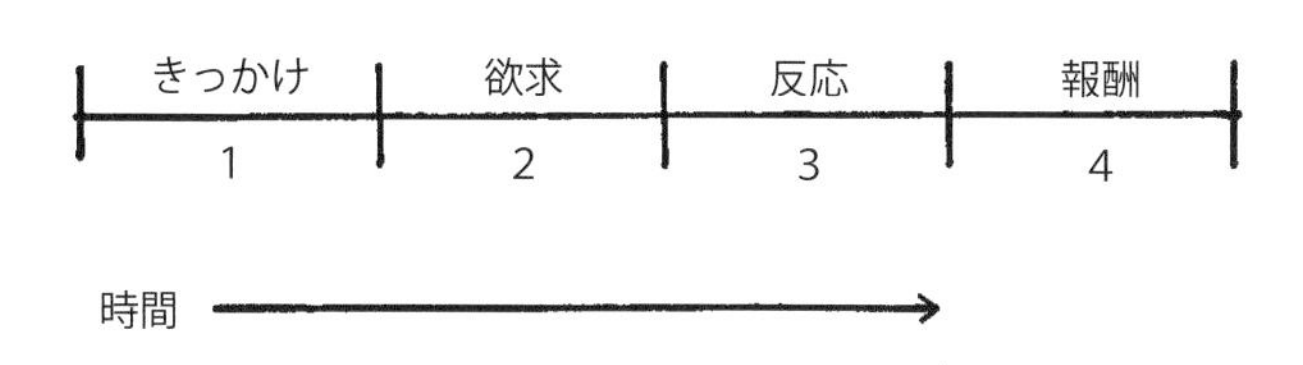

欲求は第二のステップであり、あらゆる習慣の原動力である。ある程度の動機や願望がなければ、つまり変化への欲求がなければ、行動する理由がない。求めているものは習慣そのものではなく、習慣によってもたらされる状態の変化だ。煙草を吸うことを求めているのではなく、煙草によって気持ちが落ち着くことを望んでいる。歯を磨きたいから磨くのではなく、口のなかをさっぱりさせたいから磨く。テレビをつけたいわけではなく、楽しみたいからつける。どの欲求も、心の状態を変えたいという願望とつながっている。これは重要なポイントなので、のちに詳しく見ていくことにしよう。

欲求は人によって異なる。理論上は、どんな情報でも欲求を引き起こせるが、人々は同じきっかけで動機づけられるわけではない。ギャンブラーにとっては、スロットマシンの音が、激しい欲望を引き起こす強力な引き金になるだろう。めったにギャンブルをしない人にとっては、カジノのにぎやかな鐘の音もただの雑音にすぎない。きっかけは解釈されるまで無意味である。それを見た人の思考、感覚、感情が、きっかけを欲求へと変換する。

第三のステップは、反応である。反応は実際に行う習慣であり、思考や行動の形をとる。反応が起こるかどうかは、どれだけやる気になったか、また、その行動をするのにどれくらい抵抗を感じるかによる。もしある行動が、思ったよりも肉体的または精神的な努力を必要とするなら、きっと行わないだろう。反応するかどうかは、あなたの能力にもよる。あたりまえに思えるかもしれないが、それをする能力がなければ習慣は起こらない。バスケットボールをダンクシュートしたくても、ゴールに届く高さまでジャンプできなければ、うまくいくはずがない。

最後に、反応は報酬をもたらす。報酬はあらゆる習慣の最終目標である。きっかけは、報酬に気づくことだ。欲求は報酬を欲しがること、反応は報酬を獲得することである。報酬を追い求めるのは、ふたつの目的を満たしてくれるからだ。(一) 満足と (二) 学習である。

報酬の最初の目的は、とにかく欲求を満たすことだ。そう、報酬そのものが利益をもたらす。食物と水は、生きるのに必要なエネルギーを与えてくれる。昇進すれば、高給と尊敬を得られる。身体を鍛えれば、健康になるし、デートできる可能性も高まる。だがもっと即時的な効果は、食べたい、地位や承認を得たいという欲求を報酬が満たしてくれることだ。少なくともしばらくのあいだは、報酬は欲求を満たし、鎮めてくれる。

第二に、報酬は、どの行動が今後も覚えておく価値があるか教えてくれる。脳は報酬探知機だ。日々生活しながら、どの行動が願望を満たし、喜びをもたらすか、あなたの感覚神経はつねに監視している。喜びや失望などの感情は、脳が必要な行動と不要な行動を区別するためのフィードバック機構の一部だ。[11] 報酬がフィードバックのループを閉じると、習慣のサイクルが完成する。

もし、ある行動が四つのステップのどれかを満たしていなければ、それは習慣にならない。きっ

図6　習慣の4つのステップは、フィードバックループで説明するとわかりやすい。これは終わりのないサイクルで、生きているあいだつねに回っている。この「習慣ループ」は、周囲を絶え間なく観察し、次に何が起きるか予測し、いつもとちがう反応を試し、その結果から学んでいる。（この図では、チャールズ・デュヒッグとニール・イヤールから影響を受けたことを心より感謝したい。この説明図は、デュヒッグ著『習慣の力』で一般に普及した言葉と、イヤール著『Hooked ハマるしかけ』（翔泳社、2014年）で普及した図案を組み合わせたものである）

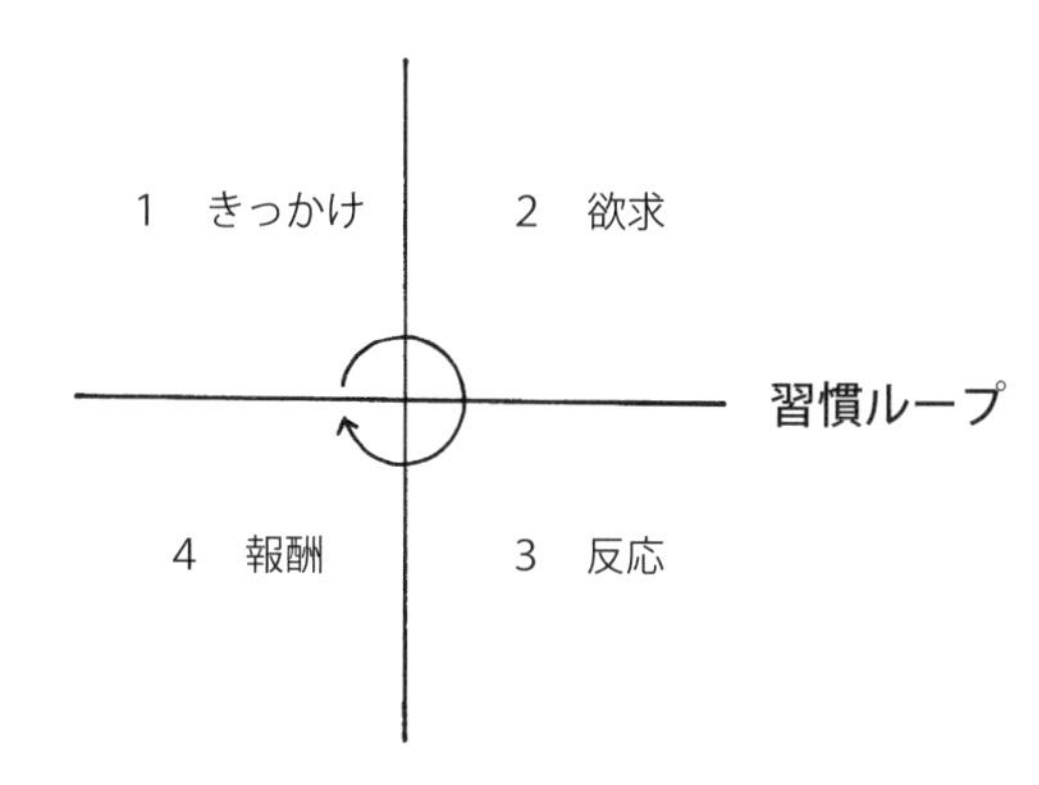

かけを除けば、習慣はけっして始まらないだろう。欲求を弱めれば、行動する気にならない。行動を難しくすれば、行えない。そして、報酬が願望を満たせなければ、今後それを行う理由がなくなる。最初の三つのステップがなければ、行動は起こらない。四つのステップすべてがなければ、行動は繰りかえされない。

要約すれば、きっかけが欲求を引き出し、欲求が反応を起こさせ、反応が報酬を与え、報酬が欲求を満たし、そして最終的に、きっかけに結びつく。このように四つのステップが、「きっかけ、欲求、反応、報酬」、再び「きっかけ、欲求、反応、報酬」、という神経系フィードバックループを形づくり、結果として自動的に習慣ができあがる。このサイクルは「習慣ループ」として知られている。

この四つのステップのプロセスはときどき起きるものではない。生きているあいだ、今このときも、つねに回っている終わりのないフィードバックループである。脳は絶えず周囲を観察し、次に起こることを予測し、いつもと違う反応を試し、その結果から学んでいる。プロセス全体はほんの一瞬のうちに行われる。わたしたちは過去の瞬間に詰めこまれたものを意識することなく、何度もこのプロセスを使っている。

この四つのステップはふたつの段階に分けることができる。問題の段階と、解決の段階である。問題の段階には、きっかけと欲求が含まれ、何かが変わらなければならないと気づくときだ。解決の段階には、反応と報酬が含まれ、行動を起こして望む変化を手に入れるときである。

問題の段階		解決の段階	
1 きっかけ	2 欲求	3 反応	4 報酬

あらゆる行動は、問題を解決したいという願望によって引き起こされる。ときには、何か良いものを見つけて手に入れたいと思うことが、問題になるだろう。またときには、痛みを感じ、和らげたいと思うことが、問題となる。いずれにせよ、すべての習慣の目的は、直面している問題の解決である。

以下の表は、これが実生活でどう見えるか、例を挙げたものだ。

問題の段階		解決の段階	
1　きっかけ	2　欲求	3　反応	4　報酬
スマートフォンがブーンと鳴り、新しいメッセージが届く。	メッセージの内容を知りたい。	スマートフォンを手にとり、メッセージを読む。	メッセージを読みたいという欲求が満たされる。スマートフォンを手にとることが、スマートフォンのブーンという音と結びつくようになる。
メールへの返事を書いている。	ストレスを感じだし、仕事に圧倒されそうになる。落ち着きたい。	爪を噛む。	ストレスを軽減したいという欲求が満たされる。爪を噛むことが、メール返信と結びつくようになる。
目が覚める。	頭をはっきりさせたい。	コーヒーを飲む。	頭をはっきりさせたいという欲求が満たされる。コーヒーを飲むことが、目を覚ますことと結びつくようになる。
オフィス近くの通りを歩いていると、ドーナツ店の匂いがする。	ドーナツを食べたくなる。	ドーナツを買って、食べる。	ドーナツを食べたいという欲求が満たされる。ドーナツを買うことが、オフィス近くの通りを歩くことと結びつくようになる。
仕事のプロジェクトで障害にぶつかる。	行き詰まりを感じ、憂さ晴らししたくなる。	スマートフォンを取り出し、ソーシャルメディアをチェックする。	気分を晴らしたいという欲求が満たされる。ソーシャルメディアをチェックすることが、仕事で障害にぶつかることと結びつくようになる。

問題の段階		解決の段階	
1 きっかけ	2 欲求	3 反応	4 報酬
暗い部屋へ入る。	見えるようにしたい。	電気のスイッチを入れる。	見たいという欲求が満たされる。電気のスイッチを入れることが、暗い部屋へ入ることと結びつくようになる。

暗い部屋へ入り、電気のスイッチを入れるようすを思い浮かべてみよう。このシンプルな習慣は何度も行ったことがあるので、考えることなく引き起こされる。四つのステップすべてを、ほんの一瞬で行う。行動への衝動が、勝手に生まれてくる。

わたしたちは大人になるまで、自分の生活を動かしている習慣について、ほとんど気づくことがない。毎朝いちばんに同じ靴のひもを結んだり、トースターを使ったあと必ずプラグを抜いたり、仕事から帰るといつも普段着に着替えたりする事実について、じっくり考える人など、ほぼいないだろう。何十年も心に組みこまれてきたので、無意識のうちにこの思考と行動のパターンに陥るのである。

行動変化の四つの法則

次章以降で、きっかけ、欲求、反応、報酬の四つのステップが、毎日の行動にどう影響するか、もう一度ゆっくりと見ることにしよう。だがそのまえに、この四つのステップを、良い習慣を作り、悪い習慣を除くのに使える実践的な形に変える必要がある。

わたしはこれを「行動変化の四つの法則」と呼んでいる。これは、良い習慣を身につけ、悪い習慣を断つためのシンプルな法則である。どの法則も、人間の行動に影響を与える梃子のようなものだ。梃子が正しい位置にあれば、習慣を身につけることが楽になる。間違った位置にあれば、ほとんど不可能になるだろう。

	良い習慣の身につけ方
第1の法則（きっかけ）	はっきりさせる
第2の法則（欲求）	魅力的にする
第3の法則（反応）	易しくする
第4の法則（報酬）	満足できるものにする

これらの法則を逆にすれば、悪い習慣の断ち方もわかる。

	悪い習慣の断ち方
第1の法則の逆（きっかけ）	見えないようにする
第2の法則の逆（欲求）	つまらなくする
第3の法則の逆（反応）	難しくする
第4の法則の逆（報酬）	満足できないものにする

この四つの法則は、人間のあらゆる行動変化に使える完全な法則とまでは言えないにしても、それに近いとわたしは思う。すぐにわかるように、「行動変化の四つの法則」は、スポーツから政治、芸術から医学、コメディーから会社経営まで、ほぼあらゆる分野に応用できる。どんな問題に直面していても、この法則を使える。習慣によって異なる戦略など必要ない。

行動を変えたいときはいつも、自分にこう訊けばいい。

一、どうしたらはっきりする？
二、どうしたら魅力的になる？
三、どうしたら易しくなる？
四、どうしたら満足できるものになる？

これまでに、こう思ったことはないだろうか。「どうしてわたしは、自分がすると言ったことをしないのだろう。減量も、禁煙も、老後のための貯蓄もせず、副業も始めないのは、どうしてだろう。こういうことが大切だと言いながら、そのための時間を作らないのは、どうしてなんだろう」。この疑問への答えは、この四つの法則のどこかで見つかるだろう。良い習慣を身につけ、悪い習慣を断つための秘訣は、この基本的な法則を理解し、それを自分に合わせて修正する方法を知ることだ。どんな目標も、その人の性質にそぐわないものは必ず失敗する。

習慣は生活内の仕組みによって形づくられる。次章では、この法則ひとつひとつを考察したうえで、良い習慣が自然に生まれ、悪い習慣が消えていくような仕組みを作るために、この法則をどのように利用すればいいかを説明しよう。

本章のまとめ

- 習慣とは、自動的に行うようになるまで、何度も繰りかえした行動である。
- 習慣の最大の目的は、人生の問題をできるだけ少ないエネルギーと努力で解決することである。
- どの習慣も、きっかけ、欲求、反応、報酬という四つのステップを含むフィードバックループに分解することができる。

- 「行動変化の四つの法則」は、良い習慣を身につけるために利用できるシンプルな法則である。つまり、(一)はっきりさせる、(二)魅力的にする、(三)易しくする、(四)満足できるものにする。

第一の法則

THE 1ST LAW

はっきりさせる

Make It Obvious

第4章 人は正しく見ていない

The Man Who Didn't Look Right

心理学者のゲイリー・クラインが、家族の集まりに出た女性の話を聞かせてくれた。[1] 彼女は救急救命士として数年間働いたことがあり、その場に着いて義父の顔を一目見たとたん、とても心配になった。

「見た感じ、なんだかいやな予感がするわ」

義父は身体になんの不調も感じなかったので、冗談で返した。「そうかい、わたしだっておまえの見た目にいやな予感がするよ」

「そうじゃないの。すぐ病院へ行かなくちゃ」と、彼女は強く勧めた。

数時間後、義父は救命手術を受けていた。検査で主幹動脈に閉塞があることがわかり、いつ心臓発作が起きてもおかしくない状態だったという。もし義理の娘がピンときていなければ、彼は死んでいたかもしれない。

救急救命士の彼女は何を見たのだろう。心臓発作が起こりそうなことを、どうやって予測したのだろうか。

主幹動脈が閉塞すると、身体は主要な臓器へ血液を送ろうとするため、皮膚表面の抹消部位への血流が減る。その結果、顔での血液分配のパターンが変わる。女性は心不全の患者を何人も見てきたため、いつのまにかこのパターンを一目で見分けられるようになっていた。義父の顔のどこが異常なのか説明できないが、何かがおかしいとわかった。

同じような話は他の分野でもある。たとえば軍事アナリストは、レーダースクリーン上の輝点を見て、どれが敵のミサイルで、どれが味方の艦隊の飛行機かを見分けられる。[2] たとえ同じ速度と高度で飛んでおり、スクリーン上ではほとんど同じように見えても、区別することができる。湾岸戦争中、マイケル・ライリー少佐はミサイルを撃ち落とすよう命じて戦艦を救った。だがスクリーン上では、味方の飛行機とそっくりに見えていた。彼の決断は正しかったが、どうやって判断したのか、上官でさえ説明できなかった。

博物館の学芸員は、どこが変なのか正確に言えなくても、本物の芸術品と、巧妙に作られた贋作を見分けられることで知られている。[3] 経験豊富な放射線技師は、脳の断層写真を見ると、はっきりした兆候がまだ映っていなくても、脳卒中が起こりそうな場所を予測できる。[4] また、美容師は髪の感触だけで、客が妊娠しているかどうかがわかるという。

人間の脳は予測マシンだ。[5] 絶えず周囲の状況を観察し、見つけた情報を分析している。何かを繰りかえし経験するたびに、たとえば救急救命士が心臓発作の患者の顔を見たり、軍事アナリストがレーダースクリーンでミサイルを見たりするたびに、脳は何が重要かに気づき、それぞれを分類し、関係するきっかけに注目し、今後のためにその情報をリストアップする。

十分に練習することで、意識して考えることなく、ある結果を予測させるきっかけを捉えられるようになる。脳は経験を通して学んだ教訓を、自動的に符号化する。何を学んでいるのか説明できなくても、学習はずっと行われている。そして、特定の状況に関係するきっかけに気づく能力が、ひとつひとつの習慣の基礎となる。

自分の脳と身体がどれほど多くのことを考えずに行えるか、わたしたちは過小評価しがちだ。髪に伸びろとは言わないし、心臓に動けとか、肺に息をしろとか、胃に消化しろとは言わない。それでも、身体は自動的にこれらすべてを、いや、もっと多くのことを行っている。あなたは自覚している以上の存在だといえる。

空腹について考えてみよう。いつ空腹なのか、どうやって知るのだろう。カウンターのクッキーを見なくても、あなたは食事の時間だと気づくことができる。食欲と空腹は、無意識に管理されているからだ。身体にはさまざまなフィードバックループがあって、そろそろまた食べる時間だと知らせたり、周囲や体内で何が起きているかチェックしたりしている。そして体内をめぐるホルモンや化学物資によって、欲求が引き起こされる。どういう仕組みか知らなくても、いつのまにか空腹になる。

このことは、習慣について驚くべきことを教えてくれる。習慣が始まるためのきっかけに気づく必要はない、ということだ。意識的に注意を払うことなく、機会をとらえて行動できる。だからこそ、習慣は役に立つ。

また、だからこそ、習慣は危険でもある。習慣が形づくられるとき、あなたは無意識な心の指示に従って自動的に行動している。何が起きているか気づくまえに、古いパターンに陥ってしまう。誰かが指摘してくれるまで、笑うたびに手で口を隠したり、質問するまえにあやまったり、人の話を途中で遮ったりする癖があることに気づかない。そしてこのパターンを繰りかえせば繰りかえすほど、自分は何をしているのか、なぜしているのかと自問することがなくなっていく。

ある店員の話を聞いたことがある。その店員は、客がギフトカードの残高を使いきったらそのカードを切断するよう指示されていた。ある日、ギフトカードで買い物をした数人の客の清算を続けて行っていた。そして次の客がレジに来ると、まったく何も考えずに、その客のクレジットカードを機械に通し、はさみを取りあげ、半分に切ってしまった。唖然とした客の顔を見てはじめて、何が起きたのか気づいたという。[6]

調査で出会った別の女性は、元幼稚園教諭で、会社勤めに転職していた。今では大人と働いているのに、以前の癖が出て、トイレに行ったあと手を洗ったかと同僚に訊いてしまうそうだ。[7] また、プールの監視員として何年も働いた男性の話もある。彼は子どもが走るのを目にするたびに、「歩きなさい!」と怒鳴ってしまうという。[8]

時とともに習慣を引き起こすきっかけが、ごくありふれたものになり、事実上見えなくなってくる。キッチンカウンターの上のおやつ、ソファーの横のリモコン、ポケットのなかのスマートフォン。これらのきっかけは深く符号化されているので、行動への衝動はどこからともなく湧いてくるように感じられるだろう。だからこそ、はっきりと意識しながら、行動変化のプロセスを始めなければならない。

新しい習慣を効果的に身につけるには、まず現在の習慣を把握する必要がある。これは思ったより困難かもしれない。というのも、いったん習慣が生活に根付いたら、それはたいてい無意識で自動的なものだからだ。何も考えずに習慣を行っていては、改善できないだろう。心理学者のカール・ユングはこう語っている。「無意識を意識しないかぎり、それはあなたの人生を支配し、あなたはそれを運命と呼ぶだろう」[9]

習慣得点表

日本の鉄道システムは世界最高とされている。もし東京で電車に乗ったら、車掌が一風変わった習慣を行っていることに気づくだろう。

各運転士も電車を運転しながら、さまざまなものを指さし、声に出して確認するという決まった行動をとる。列車が信号に近づくと、運転士はそれを指さして「信号よし」と言う。列車が駅を出入りするたびに、速度計を指さして正確な速度を読みあげる。出発時は、時刻表を指さして時刻を告げる。プラットフォームでも、他の駅員が同じ動作を行っている。各列車が発車するまえに、駅員たちはプラットフォームの端に沿って指さしながら、「ドア、ホーム、よし!」と宣言する(指差(しさ)

喚呼の方式には鉄道会社によって違いがある」。あらゆる点が確認され、指さされ、喚呼される。*

指差喚呼として知られるこのプロセスは、ミスを減らすための安全システムだ。ばかげているように見えるが、信じられないほど効果がある。指差喚呼によって、ミスは最高八五パーセント減少し、事故は三〇パーセント減少する。[10] ニューヨークのMTA（ニューヨーク州都市交通局）の地下鉄では、「指さしのみ」という修正版を採用したが、「実施した二年間、地下鉄が停車位置を間違える事故は五七パーセント減少した」という。[11]

指差喚呼がそれほど効果的なのは、無意識な習慣から意識的なものへと、認識レベルを上げるからだ。運転士は目、手、口、耳を使わなければならないので、何か不具合が起こるまえに問題に気づきやすい。

わたしの妻も同じことをしている。旅行へ出かける用意をしているとき、妻は大事なものをバッグに詰めたかどうか口に出して確認する。「鍵は持った。財布も眼鏡も持った。夫も持ったわ」

行動が自動的になればなるほど、それについて意識して考えなくなる。そして何かを千回も繰りかえしているうちに、ものごとを見落としはじめる。次もまえと同じようになるだろうと思ってしまう。いつもどおりにするのに慣れてしまい、果たしてそれが正しいかどうか、立ちどまって考え

* わたしが日本を訪れたとき、この方法で女性の命が救われたのを目にした。女性の小さな息子が新幹線に乗ったとき、ちょうどドアが閉まった。彼女はプラットフォームに残され、息子をつかんだ腕がドアに挟まれた。列車は彼女の腕を挟んだまま発車しようとしたが、発車直前に駅員が指差喚呼で安全確認しながらプラットフォームに沿ってやってきた。五秒とたたないうちに駅員は女性に気づき、あわてて列車を止めた。ドアが開き、彼女は泣きながら息子のもとへ走りよった。そして一分後、列車は安全に出発した。

ることもしない。成果における失敗の多くは、おおむね自覚の欠如によるものだ。

習慣を変えるための最大の課題のひとつは、自分の実際の行動を意識しつづけるということだ。これによって、なぜ悪い習慣の結果が忍び寄ってくるのか説明できるようになる。個人の生活にも「指差喚呼」の仕組みが必要だ。「習慣得点表」はこれを基にしたもので、自分の行動に気づくための簡単な作業である。自分用の得点表を作るため、毎日の習慣をリストアップしてみよう。

リストアップの例を挙げると、

- 目を覚ます
- 目覚まし時計を止める
- スマートフォンをチェックする
- トイレへ行く
- 体重を測る
- シャワーを浴びる
- 歯を磨く
- フロスで歯を掃除する
- 体臭防止剤（デオドラント）をつける
- タオルを干す
- 服を着る

・紅茶を入れる

……などがある。

全部リストアップできたら、各行動を見て、自問してみよう。「これは良い習慣かな？　悪い習慣？　そのどちらでもないかな？」。良い習慣には「＋」を、悪い習慣には「－」を、良くも悪くもない習慣には「＝」を書く。

たとえば、このリストだと、次のようになる。

・目を覚ます＝
・目覚まし時計を止める＝
・スマートフォンをチェックする－
・トイレへ行く＝
・体重を測る＋
・シャワーを浴びる＋
・歯を磨く＋
・フロスで歯を掃除する＋
・体臭防止剤（デオドラント）をつける＋
・タオルを干す＝

・服を着る＝
・紅茶を入れる＋

どの習慣にどの印をつけるかは、あなたの状況や目標による。体重を減らそうとしている人にとっては、ピーナツバターつきのベーグルを毎朝食べることは悪い習慣だろう。だが増量して筋肉をつけようとしている人にとっては、良い習慣かもしれない。すべては、あなたが何を目指しているかによる。[*]

習慣に得点をつけることは、他の理由からも少し複雑になってくる。「良い習慣」や「悪い習慣」というレッテルは、やや不正確だろう。良い習慣や悪い習慣など存在しない。あるのは効果的な習慣だけだ。つまり問題解決に効果的ということだ。すべての習慣が、たとえ悪い習慣でも、なんらかの形で役に立つ。だから繰りかえすのである。この作業では、長い目で見て利益があるかどうかで習慣を分類しよう。一般的にいえば、良い習慣は最終的に良い結果をもたらし、悪い習慣は最終的に悪い結果をもたらす。煙草を吸うことは、今のストレスを軽減するかもしれない（そういう形で役立っている）が、長期的には健康的な行動とはいえない。

もし、どれかの習慣の採点を決めかねているなら、次のように自問してみよう。「この行動は、なりたいタイプの人になるのに役立つかな？　この習慣は、望んでいるアイデンティティーへの賛成

＊　興味のある方は、習慣得点表をつくるためのテンプレートを以下のサイトで入手していただきたい。https://jamesclear.com/atomic-habits/scorecard

票になる？　それとも反対票？」」。望んでいるアイデンティティーを強固にする習慣は、たいてい良い習慣だ。望んでいるアイデンティティーと相容れない習慣は、たいてい悪い習慣である。

習慣得点表を作成するとき、はじめから何かを変えようとしなくていい。目的はただ、実際に何が起きているか気づくことだ。判断や批判はせずに、自分の思考や行動を観察してみよう。自分の欠点を責めてはいけない。長所を褒めてもいけない。

もし毎朝チョコレートバーを食べているなら、まるで他の誰かを観察しているように、それを認識しよう。「へえ、こんなことをしてるなんて、おもしろいな」という具合だ。もし過食しているなら、必要以上のカロリーを摂取していることに、ただ気づこう。インターネットで時間を無駄にしているなら、望ましくない形で自分の人生を使っていることに、とにかく気づこう。

悪い習慣を変えるための第一歩は、それを監視することだ。さらに助けが必要だと感じたら、生活で指差喚呼を利用すればいい。これからしようとしている行動とその結果を、声に出して言ってみよう。ジャンクフードを食べる習慣を減らしたいのに、またクッキーをつまんでしまったら、こう言おう。「今このクッキーを食べようとしている。でも必要ないんだ。食べたら体重が増えるし、健康にも悪いぞ」

悪い習慣が声に出されるのを聞くと、結果が現実的に感じられる。その行動の重みが増し、古い習慣に知らぬ間に陥るのを防いでくれる。この方法は、やること（ＴｏＤｏ）リストの仕事を覚えるときにも役に立つ。「明日、昼食のあとに郵便局へ行かなきゃ」と声に出して言うだけで、実際にそれを行う確率が上がる。行動する必要を自分に認識させると、見違えるほど効果がある。

行動変化のプロセスは、つねに自覚から始まる。指差喚呼や習慣得点表のような戦略の目的は、自分の習慣に気づき、それを引き起こすきっかけを認識することだ。それによって、自分の益となるよう反応できる。

本章のまとめ

- 十分に練習することで、脳は意識して考えることなく、ある結果を予測させるきっかけを捉えられるようになる。
- 行動が自動的になると、自分が何をしているのか注意を払わなくなる。
- 行動変化のプロセスは、つねに自覚から始まる。自分の習慣に気づかなければ、変えることはできない。
- 指差喚呼という方法を使えば、行動を口にすることによって、無意識な習慣を意識的なものへと変えることができる。
- 習慣得点表をつけるという簡単な作業で、自分の習慣に気づくことができる。

第5章 新しい習慣を始める最善の方法

The Best Way to Start a New Habit

二〇〇一年、イギリスの研究者たちが二四八人の人々に協力してもらい、二週間で良い運動習慣を身につけるという実験をした。[1] 被験者は三つのグループに分けられた。

第一グループは、基準となるグループである。どれぐらい運動したか記録するようにとのみ指示された。

第二グループは、「モチベーション」グループである。被験者は運動を記録するだけでなく、運動の効果についての資料を読むように言われた。また研究者から、運動によって冠動脈性心疾患のリスクが減少し、心臓が健康になるという説明を受けた。

最後に、第三グループ。被験者は第二グループと同じ説明を受けたので、モチベーションのレベルは同じである。ただし、いつ、どこで運動するか、翌週中の計画を立てるようにと言われた。とくに、各自で次の文を作らされた。「翌週、〈何日〉の〈何時〉に〈どこ〉で、少なくとも二〇分間激しい運動をする」

第一と第二のグループでは、三五～三八パーセントの人が、少なくとも週に一回運動した（興味深いことに、第二グループが受けたモチベーションを上げるための説明は、効果がなかったようだ）。ところが第三グループでは、九一パーセントの人が少なくとも週に一回運動した。ふつうの二倍以上である。

彼らが作った文は、研究者が「実行意図」と呼ぶもので、いつ、どこで行うか、あらかじめ立てておく計画である。つまり、ある習慣をどのように行うつもりかということだ。

習慣を引き起こすきっかけは、さまざまな形でやってくる。ポケットで震えるスマートフォンだったり、チョコチップクッキーの匂いだったり、救急車のサイレンの音だったりする。しかし、もっともよくあるふたつのきっかけは、時間と場所である。実行意図はこれらきっかけの力を強めてくれる。

おおまかにいえば、実行意図を作るための公式は、「Xという状況が起こるとき、わたしはYという反応をする」である。

多くの研究により、実行意図は目標達成に効果的だとわかっている。[2] インフルエンザの予防接種の日時をメモすることでも、結腸内視鏡検査の予約時間を書きとめることでも効果がある。[3][4] リサイクルや、勉強、早寝、禁煙といった習慣も続けやすくなる。

さらに、次のような質問をして実行意図を作らせると、投票率が上がることもわかっている。[5]「投票所へはどうやって行きますか。何時に行くつもりですか。どのバスで行きますか」。また政府計画の成功例では、市民に税金を期限どおり納入する明確な計画を立てさせることや、交通反則金を追納する日時と場所を指導することなどがある。[6]

結論ははっきりしている。いつ、どこで新しい習慣を行うか明確な計画を立てる人は、最後までやり通す可能性が高い、ということだ。[7] この基本的な点をはっきりさせずに、習慣を変えようとする人があまりにも多い。「もっと健康的な食事をしよう」「もっと文章を書こう」と自分に言い聞かせながら、いつ、どこで、その習慣を始めるのかは言おうとしない。「思い出したらやろう」とか、適切なときにやる気になるだろうとか、チャンスや希望にまかせている。実行意図は、「もっと運動したい」「もっと成果をあげたい」「投票しなければ」という曖昧な考えを一掃し、具体的な行動計画に変えるものだ。

モチベーション不足だと感じるとき、じつは足らないのは明確さであることが多い。いつ、どこで行動するか、たいていはっきりしていない。なかには、改善するのにふさわしいときを一生待っている人もいる。

いったん実行意図が決まると、やる気がわいてくるのを待つ必要はない。「今日、一章分書くか、やめておこうか？　今朝、瞑想しようか、それとも昼休みにしようか？」などと、そのたびに決める必要もない。あらかじめ立てた計画にただ従うだけだ。

この方法を習慣に適用するには、次の文を完成させるだけでいい――わたしは〈いつ〉〈どこで〉〈何を〉する。

- 瞑想。わたしは午前七時に、台所で、一分間瞑想する。
- 勉強。わたしは午後六時に、寝室で、二〇分間スペイン語を勉強する。
- 運動。わたしは午後五時に、ジムで、一時間運動する。
- 結婚生活。わたしは午前八時に、台所で、夫（または妻）に紅茶を入れる。

もし、いつ始めたらいいかわからないなら、週や月や年の最初の日に始めてみよう。そういう日はいつもより希望に満ちているので、行動に移しやすい。[8] 希望があれば、行動する理由になる。新しいスタートというのは、やる気になるものだ。

実行意図にはもうひとつの利点がある。自分は何が欲しいのか、どう達成したいのかを明確にすると、進歩を妨げるものや、注意をそらすもの、コースから引き離すものに対して、ノーと言えるようになる。くだらない願望についイエスと言ってしまうのは、かわりに何をするべきか、はっきりしていないからだ。夢が曖昧だと、一日中小さな例外を正当化してしまい、成功のためにするべきことに少しも取りかかれない。

あなたの習慣に、この世界で生きる時間と場所を与えよう。目標は、時間と場所を明確にして何度も繰りかえすことによって、ふさわしいときに、理由もなくふさわしい行動をしたくなることだ。作家のジェイソン・ツバイクはこう語っている。「たしかに、意識せずに運動するようなことはない。しかし、ベルの音を聞いてよだれをたらす犬のように、いつもの運動の時間が近づいたら、そわそわすることはあるだろう」[9]

実行意図を生活や仕事に利用する方法はたくさんある。なかでもわたしが好きな方法は、スタンフォード大学教授B・J・フォッグから学んだもので、「習慣の積み上げ」と呼んでいる戦略である。[10]

習慣の積み上げ――習慣を点検するためのシンプルな計画

フランスの哲学者ドゥニ・ディドロは、若い頃からずっと貧しかったが、一七六五年のある日、すべてが一変した。[11]

自分の娘が結婚を控えていたのに、ディドロには婚礼費用をまかなう余裕がなかった。それほど貧しいものの、彼は当時のもっとも大きな百科事典のひとつ、『百科全書』の共同編纂者・執筆者として有名だった。ロシアの女帝エカテリーナ二世は、ディドロが経済的に困っていると聞いて同情した。彼女は本好きで、彼の百科事典の愛読者だったからだ。そこで、ディドロの蔵書を一〇〇〇フラン、現在の一五万ドルに相当する額で買いとろうと提案した。* 一夜にして、ディドロは必要な金を手にした。また、その金で婚礼費用を支払っただけでなく、自分用に真紅のローブも買うことができた。[12]

＊ エカテリーナ二世は、ディドロから蔵書を買い取ったうえ、自分が必要になるまで本を持っておくことをゆるし、さらに図書館員として年棒を払うと申し出た。

ディドロの真紅のローブは美しかった。むしろ美しすぎて、自宅の平凡な家具に囲まれていると、どれほど場違いかありありとわかった。豪華なローブと自分の持ち物とのあいだには、「協調もなく、統一感もなく、美しさもない」と彼は書いている[13]。

やがて、自分の持ち物をもっと高級なものにしたくなってきた。カーペットをダマスカス産の絨毯に取りかえた。高価な彫像を家に飾った。鏡を買ってマントルピースの上に置き、上等なキッチン・テーブルを買った。麦わらの椅子を捨てて、革の椅子を置いた。ドミノ倒しのように、ひとつ買えば、次を買いたくなった。

ディドロの行動は珍しいものではない。じつは、ひとつの購入がさらなる購入を呼ぶ傾向には、ディドロ効果という名前がある。ディドロ効果とは、新しいものを手に入れると、しばしば消費のスパイラルが生まれ、さらに買いたくなることをさす[14]。

このパターンはあらゆるところで見られる。ドレスを買ったら、それに合う新しい靴やイヤリングを買わなければならない。ソファを買ったら、突然リビングルーム全体のようすが気になってくる。子どもにおもちゃを買ったら、やがてその付属品をすべて買う羽目になる。購入の連鎖反応である。

人間の行動の多くはこのサイクルに従っている。次に何をするかは、やり終えたことに基づいて決めることが多い。トイレへ行けば、手を洗って、タオルで拭く。すると、汚れたタオルを洗濯しなければと思い、洗濯用洗剤を買い物リストに加える、という具合だ。どの行動も単独では起こらない。それぞれの行動が、次の行動を引き起こすきっかけになる。

図7　習慣の積み上げは、新しい行動を古い行動の上に積み上げることで、習慣を続けやすくする。このプロセスを繰りかえすと、さまざまな習慣がつながって、各習慣が次の習慣のきっかけとなる。

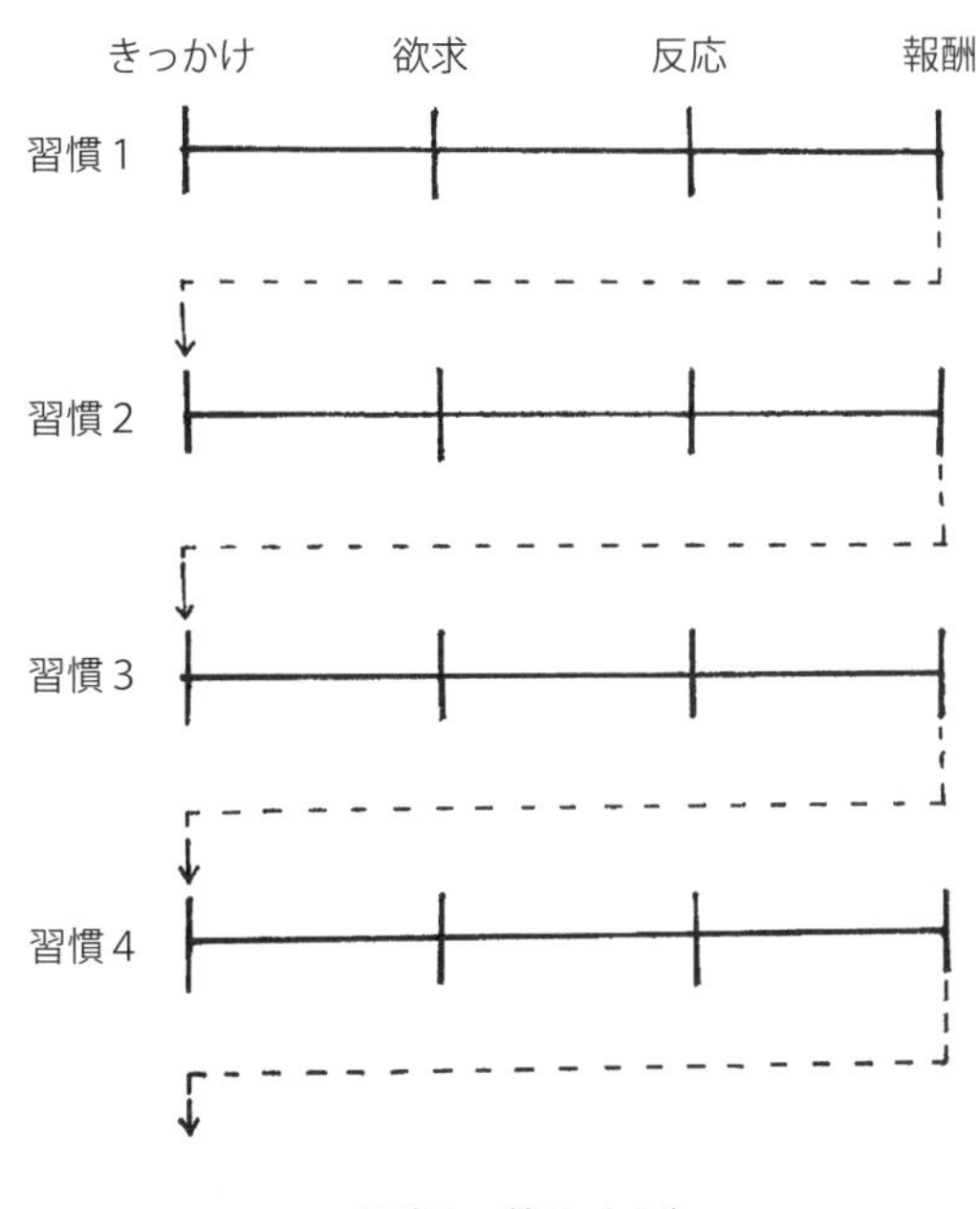

習慣の積み上げ

なぜ、これが重要なのだろうか。

新しい習慣を身につけるという点から見れば、この行動の結びつきをうまく利用することができる。新しい習慣を身につける最善の方法は、すでに毎日行っている現在の習慣を確認し、その上に新しい習慣を積み上げることだ。これを「習慣の積み上げ」と呼ぶ。

習慣の積み上げは、実行意図の特殊な形だ。新しい習慣を特定の時間や場所と組み合わせるかわりに、現在の習慣と組み合わせる。この方法は、B・J・フォッグが「小さな習慣 Tiny Habits」プログラムの一部として創案したもので、ほとんどすべての習慣の明確なきっかけとして利用できる[15]（フォッグはこの方法を「小さな習慣の秘訣」と呼んでいるが、本書では習慣の積み上げの公式と呼ぶことにする）。

習慣の積み上げの公式は――「〈現在の習慣〉をしたら、〈新しい習慣〉をする」。

例を挙げよう。

- 瞑想。毎朝コーヒーをカップに注いだら、一分間瞑想する。
- 運動。仕事用の靴を脱いだら、すぐ運動服に着替える。
- 感謝。夕食の席に着いたら、今日の出来事で、ありがたかったことをひとつ言う。
- 結婚生活。夜ベッドに入ったら、夫（または妻）にキスをする。
- 安全。ランニングシューズを履いたら、友人か家族にスマートフォンでメッセージを送り、ランニングの場所と走る時間を知らせる。

大事なコツは、身につけたい習慣を、すでに行っている習慣と結びつけることだ。この基本的な構造をマスターしたら、小さな習慣をつなげていくことで、もっと大きな習慣の山が積み上がるようになる。すると、ひとつの行動が次の行動を招くという自然の勢いを利用することができる。つまり、ディドロ効果のポジティブ版である。

毎朝の習慣の山は、次のようになる。

一、コーヒーをカップに注いだら、六〇秒間瞑想する。
二、六〇秒間瞑想したら、その日のやること（ＴｏＤｏ）リストを書く。
三、その日のやることリストを書いたら、すぐ最初の作業に取りかかる。

また、夜の習慣の山も考えてみよう。

一、夕食を終えたら、すぐに食器を洗浄機に入れる。
二、食器を片づけたら、すぐにカウンターを拭く。
三、カウンターを拭いたら、翌朝のためにコーヒー用のマグカップを用意する。

新しい行動を、現在の習慣のなかに入れこむこともできる。たとえば、あなたにはすでに次のような朝の習慣があるかもしれない。目が覚める→ベッドを整える→シャワーを浴びる。仮に、毎晩もっと読書する習慣をつけたいとする。そこで、習慣の山を大きくして、こうしてみる。目が覚める↓ベッドを整える↓枕の上に本を置く↓シャワーを浴びる。さあこれで、毎晩ベッドに入ったら、本がそこであなたに読んでもらうのを待っているだろう。

このように、習慣の積み上げによって、今後の行動を導く簡単な法則を作ることができる。次に何をするかという行動計画を、つねに持っているようなものだ。この方法に慣れたら、ふさわしい状況のときにつねに導いてもらえるように、さまざまな習慣の山を作ることができる。

- 運動。階段を見たら、エレベーターに乗らずに階段を使う。
- 社交。パーティーへ行ったら、まだ知らない人に自己紹介する。
- 家計。一〇〇ドル以上のものを買いたくなったら、買うまえに二四時間待つ。
- 健康的な食事。自分で食事を用意するとき、まず野菜を皿にのせる。
- ミニマリズム。新しいものを買ったら、何かを手放す（ひとつ増えたら、ひとつ手放す）[16]。
- 気分。電話が鳴ったら、出るまえに深呼吸をひとつして微笑む。
- 物忘れ。公共の場所を去るとき、テーブルや椅子を見て、忘れ物がないか確かめる。

どんな使い方であれ、うまくいく習慣の山を作る秘訣は、ものごとを引き起こす正しいきっかけを選ぶことだ。行う時間と場所を具体的に決める実行意図とちがって、習慣の積み上げの場合、時間と場所は習慣のなかに組みこまれている。毎日のルーティンのうち、どの時間と場所を選んで習慣を入れこむかが、大きな違いを生む。瞑想を朝のルーティンに加えようとしても、朝はいつもドタバタしていて、子どもたちが部屋に走りこんでくるようなら、その時間と場所は間違っているのかもしれない。いつどこでならいちばんうまくいきそうか、よく考えよう。他のことで忙しくなりそうなときに、無理に習慣を入れこむのはやめよう。

また、身につけたい習慣と同じくらいの頻度が、きっかけにも必要だ。毎日その習慣を行いたいのに、毎週月曜日にしか起こらない習慣の上に積み上げるのは、良い選択とはいえない。

習慣の山のための正しいきっかけを見つけるには、現在の習慣を思いつくままリストアップするのがいい。前章の習慣得点表を手始めに利用しよう。または、ふたつの欄があるリストを作ることもできる。ひとつ目の欄には、毎日欠かさず行う習慣を書く。*

例を挙げよう。

- ベッドから出る
- シャワーを浴びる
- 歯を磨く
- 服を着る
- コーヒーを入れる
- 朝食をとる

* 例とアドバイスがもっと必要な方は、次のサイトで習慣の積み上げのテンプレートをダウンロードしていただきたい。
https://jamesclear.com/atomic-habits/habit-stacking

・子どもを学校へ送る
・仕事を始める
・昼食をとる
・仕事を終える
・仕事着を脱いで着替える
・夕食の席に着く
・明かりを消す
・ベッドに入る

リストはもっと長くなるかもしれないが、感じはつかめたと思う。ふたつ目の欄には、毎日必ず起こることを書く。

・日が昇る
・スマートフォンにメッセージが届く
・聞いている音楽が終わる
・日が沈む

このふたつのリストを使えば、新しい習慣をライフスタイルのどこに入れこめばいいか、もっともいい場所を見つけることができるだろう。

習慣の積み上げは、きっかけが具体的で、すぐ実行できるときが、いちばんうまくいく。でも多くの人が曖昧なきっかけを選んでしまう。わたしが腕立て伏せを習慣にしたいと思ったとき、考えた習慣の山は「昼休みになったら、腕立て伏せを一〇回する」だった。一見すると、理にかなっているように思える。だがまもなく、そのきっかけは曖昧だと気がついた。昼食のまえに腕立て伏せをするのか？　それとも食べたあと？　どこでする？　数日悩んだあと、わたしは習慣の山を次のように変えた。「昼食のためにパソコンを閉じたら、机の横で、腕立て伏せを一〇回する」。これで曖昧さが消えた。

「もっと本を読む」とか「もっと健康的な食事をする」という習慣は、目的は立派だが、いつ、どのように行うのかという指示がない。もっと具体的にして、はっきりさせよう。ドアを閉じたら。歯を磨いたら。テーブルの席に着いたら。このように具体的であることが大切だ。新しい習慣が具体的なきっかけにしっかり結びついているほど、行う時間がきたことに気づきやすくなる。

行動変化の第一の法則は、「はっきりさせる」だ。実行意図や、習慣の積み上げのような戦略は、習慣のための明らかなきっかけを作ったり、いつ、どこで行うかという、わかりやすい計画を考えたりするのに、もっとも役立つだろう。

本章のまとめ

- 行動変化の第一の法則は、「はっきりさせる」である。
- もっともよくあるふたつのきっかけは、時間と場所である。
- 実行意図を作れば、新しい習慣と、具体的な時間や場所を組み合わせることができる。
- 実行意図の公式――わたしは〈いつ〉〈どこで〉〈何を〉する。
- 習慣の積み上げとは、新しい習慣と、現在の習慣を組み合わせるという方法である。
- 習慣の積み上げの公式――〈現在の習慣〉をしたら、〈新しい習慣〉をする。

第6章 モチベーションを過大評価せず、環境を重視する

Motivation Is Overrated; Environment Often Matters More

ボストンにあるマサチューセッツ総合病院の一次診療医、アン・ソーンダイクは、とんでもないアイデアを抱いていた。[1] 何千人もの病院スタッフや来院者の食習慣を、意志やモチベーションを少しも変えずに改善できると信じていた。しかも、相手にはまったく知らせないようにしていた。

ソーンダイクと同僚たちは、病院のカフェテリアの「選択の構成」を変えるという、六カ月にわたる実験計画を立てた。まず、室内の飲み物の配置を変えることから始めた。もともと、カフェテリアのレジの横にある冷蔵庫には、炭酸飲料しか入っていなかった。そこで、各冷蔵庫に水を入れて選べるようにした。さらに水のボトルを籠に入れて、部屋中の料理コーナーのそばに置いた。炭酸飲料は冷蔵庫に入ったままだが、水はあらゆるところで飲めるようになった（図8参照）。

その後の三カ月で、病院で炭酸飲料が売れた本数は、一一・四パーセント減った。その間、水のボトルは二五・八パーセント増えた。カフェテリアの料理でも同じ方法をとり、同じ結果が出た。そこ

図8　これは、環境を変えるまえ（左）と、変えたあと（右）のカフェテリアのようすである。色の濃い部分は、いつでも水が飲める場所だ。環境における水の量が増えると、モチベーションを高めなくても、行動は自然に変化する。

で食べている人には、誰も何も指示しなかったのにである。

人はものを選ぶとき、それが何かというより、そこにあるからという理由で選ぶことが多い。[2] もしわたしがキッチンに入って、カウンターの上にクッキーがあるのを見たら、そんなつもりはなく、空腹でなくても、半ダースほどつかんで食べはじめるだろう。もしオフィスで、共同テーブルにいつもドーナツやベーグルが置かれていたら、しょっちゅう手を出さずにいられないだろう。習慣は、あなたがいる部屋や、目の前にあるきっかけによって変化する。

環境は、人間の行動を形づくる見えざる手だ。人はそれぞれ性格が異なっても、ある環境のもとでは、ある行動が何度も起こりやすい。教会では、人はささやき声で話すものだ。暗い夜道では、誰もが用心深くなる。このように、もっともよくある変化の形は内的ではなく、外的なものだ。わたしたちはまわりの世界によって変えられる。どの習慣も背景に左右されている。

一九三六年、心理学者クルト・レビンは大きな意味を持つシンプルな方程式を書いた。行動(B)とは、環境(E)における人(P)の機能である。つまり、B＝f(P、E)となる。[3]

まもなくレビンの方程式はビジネスで試されるようになった。一九五二年、経済学者ホーキンス・スターンが「誘発的衝動購買」[4]と呼ぶ現象を、「客が初めて商品を見て、必要だと思ったときに引き起こされる」と説明した。いいかえれば、その商品が欲しいからではなく、どのように見せられたかによって買うということだ。

たとえば、目の高さにある商品のほうが、足元にある商品よりよく売れる。だから、高価なブランド品は、店の棚のなかでも手の届きやすい場所に陳列されている。利益のほとんどはこれらがもたらすからだ。一方、安い商品は手の届きにくい場所にしまいこまれている。エンドディスプレーという店内通路の端にある陳列棚でも、同じことがいえる。この棚は小売店にとって売上製造機のようなものだ。多くの客が通りかかってその棚を見るからだ。たとえば、コカ・コーラの売り上げの四五パーセントは、通路の端の棚からきている。[5]

商品やサービスがよく目につくほど、それを試してみたくなる。人々がバドライト〔バドワイザーのライトビール〕を飲むのは、どのバーにもあるからだし、スターバックスへ行くのは、どの街角にもあるからだ。[6] わたしたちは自分で自分をコントロールしていると思いがちだ。炭酸飲料より水を選んだら、自分がそうしたいからだと考えるだろう。ところが本当のところ、わたしたちの毎日の行動は、目的のある動因や選択ではなく、もっとも目につく選択肢によって決められている。

どんな生物でも、世界を感知するための独特な方法を持っている。ワシには驚くほど遠くまで見える視力がある。ヘビは非常に敏感な舌で「空気を味わう」ように匂いを嗅ぐ。サメは、近くにいる魚が生じるわずかな電流や水の揺れを感じとる。バクテリアでさえ、化学受容器という小さな感覚細胞を持っていて、周囲の有害化学物質に気づくことができる。

人間の場合、知覚は感覚神経系によってもたらされている。わたしたちは視覚、聴覚、嗅覚、触覚、味覚を通して世界を感知する。でも、刺激を感じる他の方法もある。なかには意識的なものもあるが、その多くは無意識だ。たとえば、嵐のまえの気温の低下に「気づく」ことができる。腹痛のとき、内臓に痛みを感じる。岩だらけのところを歩くと、バランスを崩してよろめく。体内の受容体がさまざまな内的刺激をとらえることで、血液中の塩分量や、のどが渇いているときに水分をとる必要があることにも気づける。

しかし、もっとも強力な感覚能力は視覚である。人間の身体には、約一一〇〇万の感覚受容体がある。[7] そのうち約一〇〇〇万個は見ることに使われている。脳の半分が視覚に使われていると推測する専門家もいる。[8] わたしたちが他の感覚より視覚に頼っていることを考えれば、目に見えるきっかけが行動をもっとも強く促すのは当然だろう。だからこそ、見えるものを少し変えると、行うことが大きく変わるようになる。つまり、生産的なきっかけが多く、非生産的なきっかけの少ない環境で仕事や生活をすることが、どれほど大切かわかってもらえるだろう。

ありがたいことに、この点でいいニュースがある。環境の犠牲になる必要はない。あなたは環境を作る人にもなれるからだ。

成功する環境の作り方

一九七〇年代、中東の原油禁輸措置によるエネルギー危機のとき、オランダの研究者が国内のエネルギー消費の調査をはじめた。するとアムステルダム近くの郊外で、電気の使用量が近隣より三〇パーセントも少ない家を何軒か発見した。家の大きさも、電気料金も同じなのにである。

調べてみると、この地域の家はどれもほとんど同じだが、ひとつだけ違いがあることがわかった。それは、電気メーターの場所である。ある家では、地下にメーターがあった。他の家では二階の中央廊下だ。予想がつくだろうが、中央の廊下にメーターがある家では、電気の使用量が少なかった。使用量がはっきり見えて確認しやすかったため、行動を変えたというわけだ。[9]

どの習慣もきっかけによって始まる。そして、目立つきっかけには気づきやすい。残念なことに、行動を引き起こすきっかけが目立たないために、生活や仕事の環境がその行動をしにくくしてしまうことがある。ギターがクローゼットにしまいこまれていれば、練習する気にならない。本棚が客間の隅にあれば、本を読もうと思わない。ビタミン剤が食料棚の見えないところにあれば、飲もうとしない。習慣を引き起こすきっかけが、ほんのわずかだったり、隠れていたりしたら、無視するのは簡単だ。

これに対して、はっきり見えるきっかけを作ると、望ましい習慣へと注意を向けさせることができる。一九九〇年代初頭、アムステルダムにあるスキポール空港の清掃員が、男性用小便器の真ん中あたりに、ハエに見えるシールを貼った。便器に向かった男性たちは、それが虫だと思って狙ったらしい。シールのおかげで狙いが定まり、便器まわりの「こぼれ」が大幅に減った。さらに分析すると、シールのおかげで、トイレ掃除のコストが年八パーセント減少したことがわかった[10]。

わたしも日々の暮らしのなかで、目に見えるきっかけの力を経験したことがある。店でリンゴを買って、冷蔵庫のいちばん下にある野菜室に入れたまま、忘れてしまうことがよくあった。思い出したときには、リンゴはいつも傷んでいる。見えなかったので、食べようとしなかった。

ついに、わたしは自分のアドバイスに従って、環境を作りなおすことにした。大きな飾り鉢を買い、キッチンカウンターの真ん中に置いた。次にリンゴを買ったとき、その鉢へ入れて、見えるようにしておいた。すると魔法のように、わたしは毎日リンゴを食べるようになった。ただはっきり見えるという理由だけで。

環境を作りかえて、好ましい習慣のきっかけをはっきり見えるようにする方法を、いくつか挙げてみよう。

- 毎晩忘れずに薬を飲みたいなら、薬のびんを洗面所の蛇口のすぐそばに置こう

- もっとギターの練習をしたいなら、リビングルームの真ん中にギタースタンドを置こう
- 忘れずにもっとお礼のカードを送りたいなら、机の上にカードの山を置いておこう
- もっと水を飲みたいなら、毎朝数本のボトルに水を入れて、家のいつもの場所に置こう

生活の大部分を占める習慣を身につけたいなら、そのきっかけが環境の大部分を占めるようにしよう。いつまでも続く行動には、たいてい複数のきっかけがある。喫煙者がどれほど多くのきっかけで煙草を取り出したくなるか、考えてみよう。車を運転すること、友人が吸っているのを見ること、仕事でストレスを感じることなど、たくさんある。

同じ方法が、良い習慣でも応用できる。引き金となるものを周囲に散りばめることで、一日中その習慣のことを考えていられるだろう。最善の選択肢を、いちばん目立たせよう。良い習慣のきっかけが目の前にあれば、良い決断をすることは自然で易しいものになる。

環境作りが効果的なのは、周囲との関わり方に影響するからだけではなく、誰もが環境作りなどめったにしないからだ。ほとんどの人が、他人が作ってくれた世界に生きている。でも、あなたは生活や仕事の場所を作りかえて、ポジティブなきっかけに触れる機会を増やし、ネガティブなきっかけに触れる機会を減らすことができる。環境作りによって、主導権を取りもどし、自分の人生を設計することができる。世界を消費するだけでなく、自分の世界の設計者になろう。

背景がきっかけとなる

習慣を引き起こすきっかけは、最初は具体的なものが多い。でも時とともに、習慣はひとつの引き金よりも、その行動にまつわる背景全体と関係するようになる。

たとえば、社交的な場で飲むほうが、ひとりで飲むより酒が進む人が多い。ただひとつのきっかけが引き金であることは稀であり、むしろその状況全体が引き金になっている。友人が酒を注文するのを目にすること、バーに流れる音楽を聞くこと、樽から注がれる生ビールを見ることなどだ。

わたしたちは心のなかで習慣を、家や会社やジムなど、それが起こる場所に結びつけている。それぞれの場所が、習慣やルーティンとの結びつきを持つようになる。あなたは机の上のものや、キッチンカウンターの上の道具や、寝室に置いてあるものと特別な関係を築いていく。

行動は環境にあるもので決まるのではなく、ものとの関係で決まる。じつはこれは、環境が行動に及ぼす影響についての、とても役立つ考え方だ。環境を、ものがたくさんあるところと考えるのはやめよう。関係がたくさんあるところだと考えよう。まわりの世界との関わり方という視点から見よう。ある人にとって、ソファは毎晩一時間、本を読む場所だ。でも他の人にとっては、仕事のあとでテレビを見ながらアイスクリームを食べる場所かもしれない。人それぞれに、同じ場所と結びつくさまざまな思い出がある。同じように、さまざまな習慣もある。

いいニュースはないかって？　じつは、ある習慣を決まった背景と結びつけるよう訓練することができる。

ある研究で、科学者たちは不眠症患者に、疲れたときだけベッドに入るよう指示した。もし眠れなかったら、眠くなるまで別の部屋ですわっているようにと言った。やがて被験者は、ベッドと睡眠という行動を結びつけるようになり、ベッドに入るとすぐに眠れるようになった。その部屋で起こる行動は、スマートフォンでインターネットを見ることでも、テレビを見ることでも、時計を見つめることでもなく、眠ることだけだと脳が学習したからだ。[11]

背景の持つ力を考えると、効果的な戦略も出てくる。つまり、新しい環境のほうが習慣を変えやすいということだ。[12] そこなら、今の習慣へと促す引き金やきっかけを避けられる。新しい場所へ行こう。いつもとちがうコーヒーショップ、公園のベンチ、めったに使わない部屋の隅でもいい。そこで新しいルーティンを作ろう。

新しい習慣と新しい背景を結びつけるほうが、矛盾するきっかけの前で新しい習慣を身につけようとするより簡単である。寝室で毎晩テレビを見ていたら、早く寝るのは難しいだろう。リビングルームでいつもビデオゲームをしていたら、そこで気を散らさずに勉強するのは難しい。でも、いつもの環境から一歩出たら、その行動の傾向から去ることができる。[13] もう古い環境が持つきっかけと闘わなくていい。邪魔されることなく、新しい習慣を形づくれる。[14]

もっとクリエイティブに考えたい？　では、もっと大きな部屋や、屋上のテラス、開放的な建築物などへ行ってみよう。日々の仕事場から少し離れよう。仕事場も今の思考パターンと結びついているからだ。

もっと健康的な食事をしたい？　あなたはたぶん、いつものスーパーマーケットで何も考えずに買い物をしているはずだ。新しい食料品店へ行ってみよう。脳が反射的に不健康な食品の置き場を見つけられなければ、買わずにすむだろう。

まったく新しい環境へ行くことができないときは、今の環境を見直したり、配置を変えたりしてみよう。仕事、勉強、運動、娯楽、料理のための場所を分けるのがいい。効果的なモットーは、「ひとつの場所に、ひとつの使い方」である。

わたしが起業家として仕事を始めた頃、ソファやキッチンテーブルで仕事をすることが多かった。そのため夜になっても、仕事をやめるのが難しかった。仕事の終わりと、プライベートな時間の始まりに区切りがなかったからだ。キッチンテーブルはオフィスだろうか、それとも食事をとる場所？ソファはリラックスする場所だろうか、それともメールを送る場所？　すべてが同じ場所で起こっていた。

数年後、ようやくオフィス用の部屋がある家を買うことができた。すると、仕事は「その部屋のなか」で起こるものになり、プライベートな生活は「その部屋の外」で起こるものになった。仕事と家庭とのあいだにはっきりした境界線があれば、脳の職業的な部分のスイッチを切りやすい。どの部屋にも主な使い道ができた。キッチンは料理するところ、オフィスは働くところだ。

できればいつでも、ひとつの習慣の背景と他のものとが混ざらないようにしよう。背景が混ざると、習慣も混ざりはじめる。そして、やりやすい方が勝ってしまう。現代テクノロジーの多用途性に長所と短所があるのも、これが理由である。スマートフォンはさまざまな使い方ができる強力なデバイスだ。でも、なんでもできる機器を使っていると、ひとつの作業と結びつけるのが難しくなる。生産的でありたいのに、見るたびにソーシャルメディアを眺めたり、メールをチェックしたり、ゲームをしたりする癖がついてしまう。きっかけが、ごちゃ混ぜになっているからだ。

あなたはこう思うかもしれない。「わかってないな。ニューヨークに住んでるんだぞ。アパートはスマートフォン並みに狭いんだ。どの部屋もいろんな使い方をするしかないよ」。なるほど、そのとおりだろう。では、場所が限られているときは、部屋を活動によって区分けしよう。椅子は読書するところ、机は書くところ、テーブルは食事するところ、という具合だ。デジタル機器の環境でも同じことができる。わたしの知っている作家は、パソコンは執筆だけ、タブレットは読書だけ、スマートフォンはソーシャルメディアやメッセージだけに使っているという。どの習慣にも、それを行う場所が必要だ。

この戦略を続けられたら、それぞれの背景が特定の習慣や考え方と結びついてくるだろう。習慣は、このような予測できる状況のもとで育っていく。仕事用の机にすわっていたら、集中力が自然に湧いてくる。リラックス用と決めた場所にいたら、リラックスしやすい。寝室は眠るだけの場所にしておけば、すぐに寝つけるだろう。安定した予測できる習慣が欲しければ、安定した予測できる環境を作らなければいけない。

それぞれに場所と目的がある安定した環境は、習慣が形成されやすい環境である。

本章のまとめ

- 背景の小さな変化によって、時とともに行動を大きく変えることができる。
- どの習慣もきっかけによって始まる。わたしたちは目立つきっかけに気づきやすい。
- 良い習慣のきっかけを、環境のなかで目立つようにしよう。
- 習慣はしだいにひとつの引き金だけでなく、行動を取りまく背景全体と結びついてくる。すると、その背景がきっかけとなる。
- 新しい環境のほうが、新しい習慣を身につけやすい。古いきっかけと闘わずにすむからだ。

第7章 自制心を保つコツ

The Secret to Self-Control

一九七一年、ベトナム戦争が一六年目に入る頃、コネティカット州のロバート・スティールとイリノイ州のモーガン・マーフィーというふたりの下院議員による発見が、アメリカ国民を愕然とさせた。ふたりは軍隊を訪問中、そこに駐屯するアメリカ兵の一五パーセント以上がヘロイン中毒だと知った。その後の調査で、ベトナムへ派遣された兵士の三五パーセントがヘロインを使用したことがあり、二〇パーセントもの兵士が中毒だとわかった。つまり、はじめにふたりが考えていたより事態は深刻だった。[1]

この発見により、米国政府はあわてて対策を講じた。そのひとつとして、ニクソン大統領により「薬物乱用防止対策局」が設立され、防止とリハビリを推進し、中毒だった兵士を帰国後も調査した。[2]

リー・ロビンスはその調査を任された研究者のひとりである。ロビンスの調査によると、依存症についての通説を覆すように、ヘロイン使用者だった兵士が家に帰ってから、一年以内に再び中毒になったのはたった五パーセントだった。三年以内でも、再発は一二パーセントだけである。いいかえれば、ベトナムでヘロインを使用した兵士のおよそ一〇人から九人が、一夜にして中毒から抜け出したわけだ。[3]

この調査結果は当時の一般的な見解とは合わなかった。ヘロイン中毒は永遠に治らないという見解だ。かわりにロビンスは、環境がすっかり変われば、中毒は自然に治るということを明らかにした。ベトナムでは、兵士は一日中、ヘロイン使用を促すきっかけに囲まれていた。手に入りやすいし、戦争の絶え間ないストレスに囲まれているし、友情で結ばれた戦友もヘロイン使用者だ。しかも家からは一万キロ以上も離れている。ところがアメリカに帰ると、自分のまわりは、そのようなきっかけがまったくない環境だ。背景が変わると、習慣も変わる。

この状況を、典型的な麻薬常用者の状況と比べてみよう。ある人が家で、または友人とともに中毒になり、病院へ行って治療を受ける。病院には、薬物習慣を促すような環境的刺激がまったくない。その後、地元へ帰る。そこは、もともと中毒になったきっかけが全部そろっている場所だ。ベトナムの調査とは真逆の数値になるのも無理はない。一般に、ヘロイン使用者の九〇パーセントが、更生施設から家に帰ると再び中毒になる。[4]

ベトナムでの調査結果は、悪い習慣についての文化的信念に反するものだった。不健康な行動は道徳的な弱さと関係があるという、昔からの考え方と合わないからだ。太りすぎていたり、煙草を吸っていたり、依存症だったりしたら、それは自制心がないからだと一生言われつづける。ひょっとしたら、悪人だとさえ言われるかもしれない。ほんの少しの自制心があれば、問題はすべて解決するという考えが深く根付いている。

ところが最近の研究では、ちがう結果が示されている。非常に自制心がありそうな人々を分析すると、そのひとりひとりは、自制できずに苦しんでいる人と大して違いがないことがわかった。そのかわり、「自制心のある」人は、たいそうな意志や自制心がいらないように、生活を設計することに長けていた。[5] いいかえれば、誘惑的な状況には、なるべく身を置かないということだ。

もっとも自制心のある人は、たいていもっとも自制心を使わない人だ。自制心は、あまり使わなくていいときに練習しやすい。[6] そう、たしかに、忍耐力や根性や意志の力は成功するのに不可欠だ。だが、こういう資質を向上させる方法は、もっと自制心のある人間になりたいと願うことではなく、規律正しい環境を作ることである。

この考え方は直観に反するかもしれないが、脳で習慣が形成されるときに何が起こるかを理解したら、なるほどと思えるだろう。脳内で符号化された習慣は、ふさわしい状況が起こればいつでも使える状態にある。[7] テキサス州オースティン出身のセラピスト、パティ・オーウェルが煙草を吸いはじめた頃、友人と乗馬中に煙草に火をつけることが多かった。でもようやく禁煙して、何年も吸わなかった。乗馬もやめてしまった。そして何十年かたって再び馬に乗ったとき、まさに数十年ぶりに煙草が吸いたくなった。きっかけがまだ自分の一部になっていたからだ。ただ長いあいだ、それに接しなかっただけである。[8]

習慣が符号化されると、環境内のきっかけが再び現れるたびに、行動したいという衝動にかられる。このため、行動変化のテクニックが逆効果になることもある。肥満の人に減量についての説明をして恥ずかしい思いをさせると、ストレスを感じ、その結果多くの人が好きな対処法に戻ってしまう。つまり、大食いである。[9] 真っ黒な肺の写真を喫煙者に見せると、ひどく不安になり、多くの人が煙草に手をのばす。[10] きっかけは慎重に扱わないと、やめたいはずの習慣そのものを引き起こしかねない。

悪い習慣は自己触媒する。つまり、そのプロセスが悪習をさらに強めていく。そして無感覚になろうとする。気分が悪いから、ジャンクフードを食べる。ジャンクフードを食べるから、気分が悪くなる。テレビを見ていると自分が怠け者に思える。すると、何をする気も起こらないので、もっとテレビを見てしまう。自分の健康について心配すると、不安になり、不安を鎮めるために煙草を吸う。するとさらに健康を害し、もっと不安に感じるようになる。これは悪循環、つまり悪い習慣の暴走列車である。

研究者はこの現象を「きっかけが誘発する欲求」と呼ぶ。これは、外的な誘因によってやむにやまれぬ欲求が起こり、悪い習慣を繰りかえすことだ。いったん何かに気づいたら、欲しくなってくる。このプロセスはいつも起こっていて、自分では気づかないことも多い。科学者の実験によると、中毒患者にコカインの写真をたった〇・〇三三秒見せただけで、脳内の報酬経路が刺激され、欲求が生じたという。[11] こんなに短時間では、脳は意識的に記録できないので、患者は何を見たのか自分でもわからない。それでも同じように薬物が欲しくなる。

結論はこうだ。習慣を断つことはできるが、忘れることはできない。いったん習慣の精神的な溝が脳内に刻みこまれたら、すっかり取り除くことはほぼ不可能である。たとえ、しばらくのあいだ使っていなくても消えることはない。だから、ただ誘惑に抵抗するというのは効果的な戦略とはいえない。雑念だらけの生活のなかで、「禅の心」を持ちつづけるのは難しい。とんでもなく気力がいるはずだ。短期的には、誘惑に勝てるかもしれない。だが長期的にみると、自分が住んでいる環境に左右されてしまう。はっきりいえば、ネガティブな環境でポジティブな習慣をずっと続けている人を、わたしは見たことがない。

それより確実なのは、悪い習慣を元から断つことだ。悪い習慣をやめる実際的な方法は、習慣を引き起こすきっかけを避けることである。

- 仕事ができそうになければ、スマートフォンを数時間、別の部屋へ置こう。
- つねに満たされていないように感じるなら、ソーシャルメディアで、嫉妬や羨望を感じる人をフォローするのをやめよう。
- テレビを見るのに時間を使いすぎるなら、テレビを寝室から他へ移そう。
- 電子機器にお金を使いすぎるなら、最新のテクノロジー製品のレビューを読むのをやめよう。
- ビデオゲームをしすぎるなら、使い終わるたびにゲーム機のプラグを抜き、クローゼットにしまおう。

このやり方は、行動変化の第一の法則を逆にしたものである。「はっきりさせる」かわりに、「見えないようにする」こともできるわけだ。こんな簡単な変化でどれほど大きな効果があるか、わたしはいつも驚かされている。たったひとつのきっかけを取り除こう。そうすれば、習慣そのものが消えていく。

自制心は短期的な戦略であり、長期的なものではない。一度か二度なら誘惑に勝てるかもしれないが、毎回欲求を抑えるほどの意志力を持つことはできないだろう。正しいことをしたいと思うたびに新たな意志力を奮い起こすかわりに、環境を整えることにエネルギーを使うほうがいい。これが自制心を保つコツである。良い習慣のきっかけははっきり見えるようにし、悪い習慣のきっかけは見えないようにしよう。

本章のまとめ

- 行動変化の第一の法則を逆にしたものは、「見えないようにする」である。
- いったん習慣が形成されると、忘れることができない。
- 自制心のある人たちは、誘惑の多い状況にはなるべく身を置かないようにしている。誘惑に抵抗するより、避けるほうが簡単だ。
- 悪い習慣を断つためのもっとも実際的な方法は、その習慣を引き起こすきっかけをなるべく避けることである。
- 自制心は短期的な戦略であり、長期的なものではない。

良い習慣の身につけ方

第1の法則	はっきりさせる
1.1	習慣得点表をつける。現在の習慣に気づくため、書きだしてみる。
1.2	実行意図を使う。「わたしは〈いつ〉〈どこで〉〈何を〉する」
1.3	習慣の積み上げをする。「〈現在の習慣〉をしたら、〈新しい習慣〉をする」
1.4	環境を作る。良い習慣のきっかけを、はっきり見えるようにする。
第2の法則	魅力的にする
第3の法則	易しくする
第4の法則	満足できるものにする

悪い習慣の断ち方

第１の法則の逆	見えないようにする
1.5	避ける。悪い習慣のきっかけを環境から取り除く。
第２の法則の逆	つまらなくする
第３の法則の逆	難しくする
第４の法則の逆	満足できないものにする

＊この習慣早見表を印刷したい場合は、以下のサイトからダウンロードしていただきたい。https://jamesclear.com/atomic-habits/cheatsheet

第二の法則

THE 2ND LAW

魅力的にする

Make It Attractive

第8章 習慣を魅力的にする方法

How to Make a Habit Irresistible

一九四〇年代、オランダの科学者ニコ・ティンバーゲンが行った実験によって、動機についての理解が大きく変わった。[1] のちにノーベル賞を受賞したティンバーゲンは、北アメリカの海岸沿いでよく目にする灰色と白の鳥、セグロカモメの研究をしていた。

セグロカモメの成鳥のくちばしには小さな赤い斑点がある。卵からかえったヒナが、餌が欲しくなるたびにこの斑点をつつくことに、ティンバーゲンは気がついた。実験のため、彼は厚紙で偽物のくちばしを作った。身体はなく、頭部だけである。親鳥が飛び去ったあと、巣に近づいて、くちばしの模型をヒナに差し出した。見るからに偽物なので、ヒナはきっと拒絶するだろうと彼は思っていた。

ところが、ヒナは厚紙のくちばしの赤い斑点を見ると、母鳥のくちばしと同じように、せっせとつついた。ヒナは明らかに赤い斑点を好んでいた。まるで、生まれたときから遺伝的にプログラムされているかのようだ。やがてティンバーゲンは、赤い斑点が大きいほど、ヒナが速くつつくことを発見した。最後には、大きな赤い斑点が三つもあるくちばしを作った。それを巣の上にかざすと、ヒナは狂喜した。こんな大きなくちばしを見たのは初めてだといわんばかりに、赤い斑点をひたすらつついた。

ティンバーゲンと同僚たちは、他の動物にも同じような行動が見られるのを発見した。たとえば、ハイイロガンだ。これは地上に巣を作る鳥である。ときどき、母鳥が巣の上で動くと、卵がそばの草の上へ転がり出ることがある。そのたびに母鳥はよたよたと卵のところまで歩いていき、くちばしと首を使って卵を巣のなかへ引きもどす。

ティンバーゲンは、ハイイロガンがビリヤードの玉や電球など、そばにある丸いものならなんでも引きもどそうとすることを発見した。[2] しかも、それが大きいほど、ガンの反応は強くなる。あるガンは、必死に努力してバレーボールを巣まで転がし、その上にすわろうとした。カモメのヒナが赤い斑点を反射的につつくように、ハイイロガンも本能的なルールに従っていた――「そばに丸いものがあったら、巣へ戻さなくちゃいけない。それが大きいほど、がんばって戻さなきゃ」

どの動物の脳にも、ある行動のルールが組みこまれていて、誇張されたルールに出くわすと、クリスマスツリーのように輝くらしい。科学者は、この誇張されたきっかけを「超正常刺激」と呼ぶ。超正常刺激とは、赤い斑点が三つあるくちばしや、バレーボール大の卵のように現実を誇張したもので、通常より強い反応を引き起こす。

人間も、誇張された現実に惹かれやすい。たとえば、ジャンクフードはわたしたちの報酬系を熱狂させる。何十万年も自然のなかで狩りをしたり食料を探しまわったりしたため、人間の脳は、塩と糖分と脂肪を重視するよう進化した。そういう食物はたいてい高カロリーだし、古代の祖先たちがサバンナを放浪していた頃には、めったになかった。次はどこで食物が見つかるかわからないとき、できるだけたくさん食べることが、生き残るための最善の策である。

ところが現在、わたしたちは高カロリーのものが多い環境に住んでいる。食料はあふれるほどあるのに、脳は不足しているかのように欲しがりつづける。塩と糖分と脂肪の過剰摂取はもはや健康によくないのに、欲求は根強く残っている。脳の報酬系は約五万年前から変わっていないからだ。現代の食品産業が栄えているのは、旧石器時代の本能が進化という目的を超えて働いているおかげである。[3]

食品科学の主な目的は、消費者にとってより魅力的な製品を作ることだ。袋入り、箱入り、びん入りなどのあらゆる食品が、少し風味を加えただけだとしても、何かしら改良されてきた。[4]ポテトチップスの歯ごたえを最高にするためや、炭酸飲料の泡の量を完璧にするために、企業は何百万ドルもの資金をつぎこむ。全部門が、製品を口に入れたときの食感を最適にしようと全力を尽くす。これは「黄金感覚（オーロセンセーション）」として知られている品質である。たとえばフライドポテトは、外側は黄金色でサクサク、なかは軽くてなめらかという最強のコンビネーションだ。[5]

食感のコントラストを強めた加工食品もある。サクサクやクリーミーというような感覚を組み合わせたものだ。カリッとしたピザ生地の上にのったとろけるチーズの粘っこさ、また、オレオクッキーのサクサク感となかのクリームのなめらかさを思い浮かべてほしい。加工されていない自然の食品だったら、同じ感覚を何度も味わうことが多い。ケールを一七回目に噛むとどんな味がする？数分後には脳が興味を失い、おなかがふくれた気がしてくるだろう。でも食感のコントラストが強い食品は、新鮮で楽しい経験をいつまでも与えてくれるので、もっと食べたくなってしまう。

突きつめれば、このような方法で、食品科学者は各製品の「至福点」を見つけることができる。[6] それは塩と糖分と脂肪のちょうどいいコンビネーションで、あなたの脳を興奮させ、もっと食べたいと思わせつづける。その結果、もちろん食べすぎになる。非常においしい食品は人間の脳にとって魅力的だからだ。食習慣と肥満を専門とする神経科学者ステファン・ギエネが言うとおり、「自分たちの心をつかむのが、うまくなりすぎたのだ」[7]

現代の食品産業と、それが引き起こした過食の習慣は、行動変化の第二の法則「魅力的にする」の一例にすぎない。その機会が魅力的であるほど、習慣になりやすい。

まわりを見てみよう。社会は高度に作りかえた現実でいっぱいで、祖先が進化してきた世界よりも魅力的だ。店は、誇張したヒップとバストのマネキンを店頭に並べて服を売ろうとする。ソーシャルメディアは数分のうちに、会社や家で得られるより多くの「いいね！」や賞賛を与えてくれる。インターネットのポルノは、現実の生活ではありえないほど刺激的なシーンをつなぎ合わせている。広告は、理想的な照明や、プロによるメイク、画像処理ソフトの編集によって作られ、モデルでさえ本人とは思えない画像が出来上がる。これらは現代社会の超正常刺激である。それは自然でも魅力的なものをさらに誇張して、わたしたちの本能を熱狂させ、買いすぎや、ソーシャルメディア漬け、ポルノ視聴、食べすぎ、その他の習慣へと向かわせる。

歴史からみれば、未来は今より魅力的になるだろう。報酬はより濃厚に、刺激はさらにそそるものになっていく。ジャンクフードは自然の食物よりカロリーを濃厚にしたものだ。ウィスキーなどの強い酒は、ビールよりアルコールを濃厚にしたもの。ビデオゲームはボードゲームより楽しみを濃厚にしたもの。自然と比べて、喜びがたくさん詰まった経験には抗いがたい。わたしたちは祖先と同じ脳を持っているが、それは祖先が出合わずにすんだ誘惑を知らない脳である。

行動が起こる確率を上げたければ、その行動を魅力的にする必要がある。第二の法則について考えるなかでの目標は、習慣を魅力的にする方法を学ぶことだ。すべての習慣を超正常刺激に変えられなくても、もっとそそるものにはできる。そのためには、欲求とは何か、また、欲求はどのように働くのかを理解しなくてはならない。

まずはじめに、あらゆる習慣が持つ生物学的特徴、つまりドーパミンスパイク〔ドーパミンの量を示す波形が急激に上昇すること〕について見てみよう。

ドーパミン主導のフィードバックループ

科学者は、ドーパミンという神経伝達物質を計測することによって、欲求が生じる正確な瞬間を確認できる。* ドーパミンの重要性が明らかになったのは、一九五四年、神経科学者のジェームズ・

* ドーパミンは、習慣に影響する唯一の化学物質ではない。どの行動も複数の脳領域や神経化学物質と関わっており、「習慣はすべてドーパミンのせいだ」というよくある主張は、プロセスの大きな部分を見逃している。ドーパミンは習慣形成における重要な役割のひとつを担っているにすぎない。それでも本章でとくにドーパミン回路を取りあげるのは、それによって各習慣の背後にある願望、欲求、モチベーションの生物学的基礎を理解できるようになるからだ。

オールズとピーター・ミルナーが、欲求と願望の背後にある神経プロセスを突きとめる実験を行ったときのことだ[8,9]。科学者は、ラットの脳に電極を埋めこんで、ドーパミンの放出を阻害した。すると驚いたことに、ラットは生きる意欲をすっかり失った[10]。もう食べようとしない。交尾もしない。何も欲しがらない。数日のうちに、ラットは餓死した。

それに続く研究で、他の科学者も、脳内のドーパミンを放出する部分を遮断した。ただしこのときは、砂糖水の小さな水滴を、ドーパミンが激減しているラットの口へ噴きこんでみた。すると、甘みを感じてラットの小さな顔が明るくなり、うれしそうな笑みを浮かべた。ドーパミンが疎外されていても、ラットは以前と変わらず砂糖が好きだった。喜びを感じる能力は残っている。ただしドーパミンがないと、欲望は消えてしまう。そして欲望がないと、動くのをやめてしまう[11]。

他の研究者がこの逆を行い、脳の報酬系をドーパミンで満たすと、ラットは恐ろしいほどの速さで行動した。ある実験では、ネズミが箱に鼻をつっこむたびに、大量のドーパミンを注入した。数分のうちに、ネズミの欲求は強くなり、一時間に八〇〇回も箱に鼻をつっこむようになった[12]（人間も大してちがわない。スロットマシンをする人は、平均で一時間に六〇〇回ルーレットを回すという）[13]。

習慣はドーパミン主導のフィードバックループである[14]。麻薬の摂取、ジャンクフードを食べること、ビデオゲームをすること、ソーシャルメディアを見ることなど、非常に習慣化しやすい行動には、多量のドーパミンが関係している。食事をとること、水を飲むこと、セックスをすること、社交をすることなど、基本的な習慣的行動についても、同じことがいえるだろう。

何年ものあいだ、ドーパミンは喜びだけに関係するものだと考えられていたが、現在では、さまざまな神経プロセスで中心的役割を果たしていることがわかっている。それには、動機づけ、学習と記憶、罰と嫌悪、随意運動などが含まれる。[15]

習慣に関していえば、重要なのは次の点だ。ドーパミンは喜びを経験するときだけでなく、予測するときにも放出される。[16]ギャンブル依存症の人は、勝ったあとではなく、賭けをする直前にドーパミンが急激に増える。コカイン中毒者は、コカインを摂取したあとではなく、粉を見たときにドーパミンが溢れ出る。報酬がありそうだと思うといつも、その予測でドーパミンの量が急増する。そして、ドーパミンが増加すると、行動へのモチベーションも上がる。[17]

わたしたちを動かすのは、報酬の実現ではなく、報酬の予測である。

興味深いことに、報酬を受けたときに脳内で活動する報酬系と、報酬を予測したときに脳内で活動する報酬系は、同じものである。[18]そのため、ある経験の予測が、達成そのものよりうれしいことがよくある。子どもの頃、クリスマスの朝を待つほうが、プレゼントの箱を開けることよりうれしかったものだ。大人になっても、次の休暇について夢想するほうが、実際に休暇を過ごすより楽しかったりする。科学者はこれを、「欲する」と「好む」の違いと呼んでいる。

脳は、「好む」報酬よりも、「欲する」報酬のために、はるかに多くの神経回路を割り当てている。脳内の「欲する」を司る部位は大きい。脳幹や、側坐核、腹側被蓋領域、背側線条体、扁桃体、そして前頭前野の一部だ。それに比べて、「好む」を司る部位はもっと小さい。これは「快楽のホットスポット」と呼ばれるもので、脳内に小さな島のように散在している。たとえば、何かを欲すると

図9　習慣を身につけるまえは（A）、初めて報酬を経験したときに、ドーパミンが放出される。次の数回は（B）、行動のまえに、きっかけを見つけるとすぐドーパミンが増加する。これにより、きっかけを見つけるたびに、行動したいという願望と欲求を感じる。習慣が身につくと、すでに報酬を予測しているので、実際に経験してもドーパミンは増加しない。ただし、もしきっかけを見て報酬を予測したのに、それが得られないと、失望してドーパミンが減少する（C）。ドーパミン反応の感受性は、報酬が遅れて与えられるときに、はっきりと表れる（D）。まず、きっかけを見つけて欲求が生じ、ドーパミンが増加する。次に、反応が起こるが、報酬が思ったほど早くこないので、ドーパミンが減少しはじめる。最後に、報酬が思っていたより少し遅れてやってくると、ドーパミンは再び急増する。まるで脳がこう言っているようだ。「ほらね！　そうだと思った。次も忘れずにこの行動を繰りかえすんだよ」

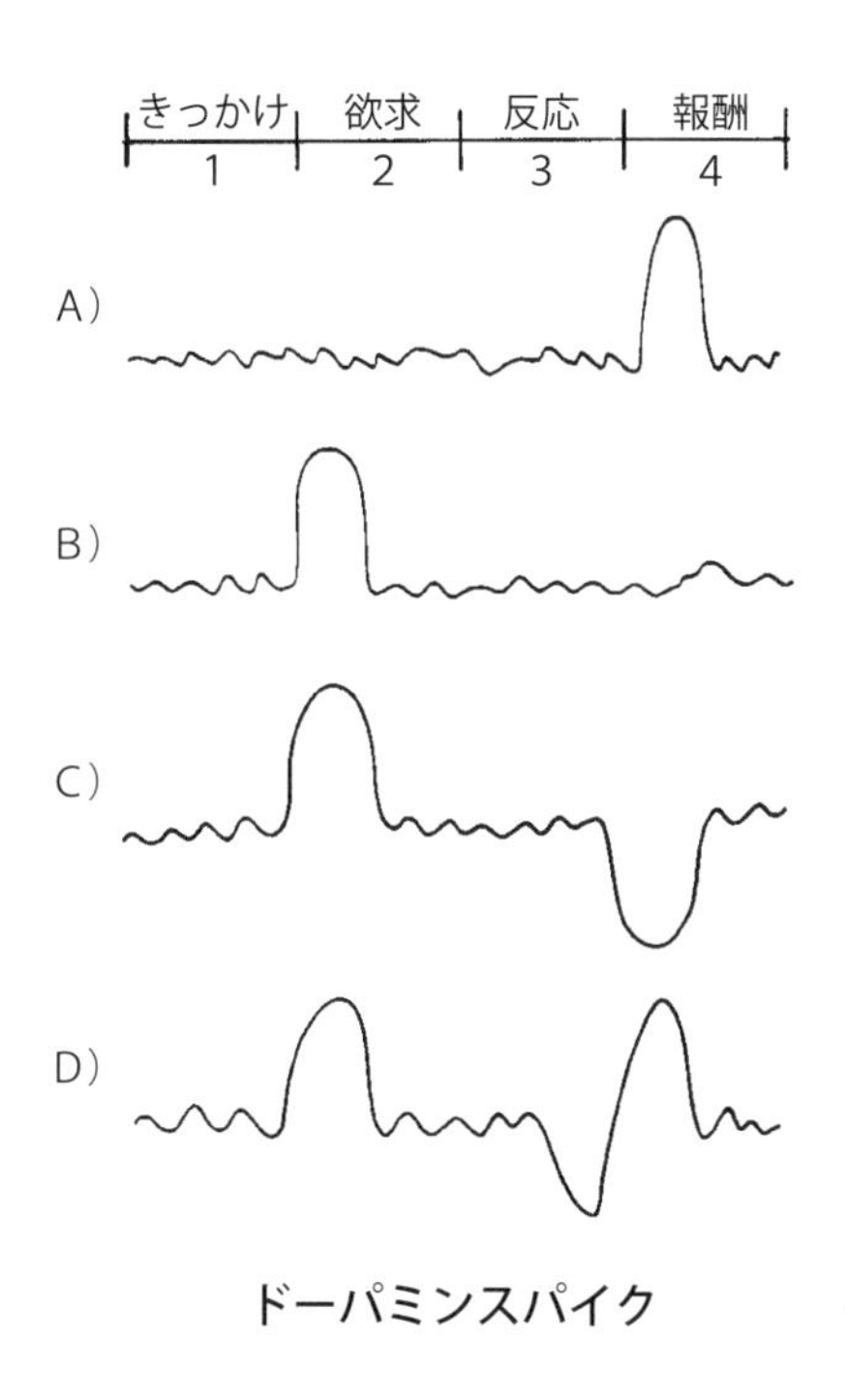

ドーパミンスパイク

きは、側坐核の一〇〇パーセントが活性化することが、研究によってわかっている。[19] 一方、何かを好むときは、その部位の一〇パーセントしか活性化しない。

欲求や願望に関係する部位に、脳がそれほど多くのスペースを割り当てているということから、このプロセスの役割がどれほど重要かよくわかる。願望は行動を駆りたてるエンジンだ。どの行動も、それに先立つ予測のために行われる。反応を導くのは、欲求である。

そのように考えると、行動変化の第二の法則の大切さがわかってくる。わたしたちは習慣を魅力的にする必要がある。そもそも行動する気にさせるのは、報酬となる経験への期待だからだ。これには、誘惑の抱き合わせ（テンプテーション・バンドリング）として知られる戦略が役に立つ。

誘惑の抱き合わせで習慣を魅力的にする

アイルランドのダブリンに住む電気工学科の学生ロナン・バーンは、ネットフリックスで映画やドラマを観るのが好きだったが、運動不足だということも自覚していた。そこで工学のスキルを生かして、サイクリングマシンを改造し、パソコンとテレビに接続した。[20] それからプログラムを作り、サイクリングマシンを一定のスピードでこいでいるときだけ、ネットフリックスの画像が動くようにした。スピードが落ちたままでしばらくたつと、どんな番組を観ていても動画が停止し、再びペダルを踏むまで動かない。あるファンの言葉を借りれば、彼は「肥満解消とネットフリックスの番組を同時に楽しんでいる」[21]。

彼もまた、運動の習慣を魅力的にするために、誘惑の抱き合わせを利用している。誘惑の抱き合わせは、自分がしたい行動と、しなければならない行動をセットにすることで効果を生じる。バーンの場合は、ネットフリックスを見ること（彼がしたいこと）と、サイクリングマシンをこぐこと（しなければならないこと）をセットにしたわけだ。

企業は誘惑の抱き合わせの名人だ。たとえば、放送局のＡＢＣ（アメリカン・ブロードキャスティング・カンパニー）は、二〇一四～一五年シーズンの木曜夜のテレビ番組スケジュールを組むとき、大々的に誘惑の抱き合わせを行った。

毎週木曜日、脚本家ションダ・ライムズによる三本のドラマ『グレイズ・アナトミー　恋の解剖学』『スキャンダル　託された秘密』『殺人を無罪にする方法』を放送した。しかも、それを「ＡＢＣでＴＧＩＴ（「最高の木曜日」をさす略語）」と銘打った。そして番組の宣伝とともに、ポップコーンを作り、赤ワインを飲んで、夜を楽しもうと視聴者に勧めた。

ＡＢＣの企画部長アンドリュー・キュービッツは、このキャンペーンの背後にある考えをこう語った。「わたしたちにとって木曜の夜は視聴率の稼ぎ時です。夫婦でも、独身女性でも、みんなソファにすわってくつろぎ、赤ワインを飲みながらポップコーンを食べて楽しみたいのです」[22]。この戦略のすばらしいところは、ＡＢＣが視聴者にしてもらう必要のあること（ドラマを観ること）と、視聴者がしたいと思っていること（リラックスし、ワインを飲み、ポップコーンを食べること）をセットにした点である。

しばらくすると、人々はＡＢＣの番組を観ることと、くつろいだ楽しい気分を結びつけるようになった。毎週木曜の午後八時に赤ワインを飲んでポップコーンを食べていたら、いずれは「木曜日の午後八時」がリラックスと楽しみを意味するようになるのも当然だ。報酬がきっかけと結びつき、テレビをつける習慣がより魅力的になっていく。

自分の好きなことと同時に行えば、習慣を魅力的に感じやすい。たぶんあなたは有名人の最新のゴシップを聞きたいだろう。でも身体を鍛える必要もある。そこで誘惑の抱き合わせを使って、読むのはタブロイド紙だけにし、テレビのリアリティー番組はジムで観ればいい。もしかしたら、あなたはペディキュアを塗りたいかもしれない。でも受信箱のＥメールを処理しなければいけない。解決法は、返事が遅れている仕事のメールを片づけたときだけ、ペディキュアを塗ることだ。

誘惑の抱き合わせは、「プレマックの原理」として知られている心理学の理論を応用した方法だ。デビッド・プレマック教授の研究にちなんで名づけられたこの原理は、「起こる確率の高い行動は、起こる確率の低い行動を強化する」というものである。[23] いいかえれば、返信が遅れた仕事のメールを片づけるのが嫌でも、それで本当にしたいことができるなら、やろうという気になってくる。

また、誘惑の抱き合わせを、第５章で述べた習慣の積み上げの戦略と組み合わせて、行動を導く一連の法則を作ることもできる。

習慣の積み上げ＋誘惑の抱き合わせの公式は次のようになる。

一、〈現在の習慣〉をしたら、〈必要な習慣〉をする。
二、〈必要な習慣〉をしたら、〈したい習慣〉をする。

ニュースを読みたいけれど、もっと感謝の気持ちを表す必要があるなら、

一、朝のコーヒーを飲んだら、昨日の出来事で感謝していることをひとつ言う（必要なこと）。
二、感謝していることをひとつ言ったら、ニュースを読む（したいこと）。

スポーツを観たいけれど、セールスの電話をする必要があるなら、

一、昼休みから戻ったら、三人の見込み客に電話をする（必要なこと）。
二、三人の見込み客に電話をしたら、ＥＳＰＮ〔娯楽スポーツテレビ放送ネットワーク〕をチェックする（したいこと）。

フェイスブックを見たいけれど、もっと運動する必要があるなら、

一、スマートフォンを取り出したら、バーピー〔五つのステップを基本とする運動。スクワット状態↓　足を延ばす↓　腕立て伏せ↓　スクワット状態に戻る↓　ジャンプして立ちあがる〕

を一〇回する（必要なこと）。

二、バーピーを一〇回したら、フェイスブックを見る（したいこと）。

理想は、やがて三人の見込み客への電話や、一〇回のバーピーが楽しみになることである。そういう行いが最新のニュースを読んだり、フェイスブックを見たりできることを意味するからだ。必要な行動をすることが、したい行動ができることを意味するようになる。

この章では、超正常刺激から話を始めた。これは現実を強化したもので、欲望をかきたてて行動を促す。誘惑の抱き合わせは、したい行動とセットにすることで、習慣を強化する方法だ。本当に魅力的な習慣を作るのは難しいが、ほぼどんな習慣でも、このシンプルな戦略で魅力的にできるはずだ。

本章のまとめ

- 行動変化の第二の法則は、「魅力的にする」である。
- 魅力的なものほど、習慣になりやすい。
- 習慣はドーパミン主導のフィードバックループである。ドーパミンが増えると、行動のモチベーションも上がる。

- 行動へ駆りたてるのは、報酬の実現ではなく、報酬の予測である。予測が大きいほど、ドーパミンが急増する。
- 誘惑の抱き合わせは、習慣を魅力的にするひとつの方法だ。これは、したい行動と、する必要のある行動をセットにする戦略である。

第9章 習慣作りにおける家族と友人の役割

The Role of Family and Friends in Shaping Your Habits

一九六五年、ハンガリー人のラズロ・ポルガーは、クララという女性に風変わりな手紙を何通も送った。

ポルガーは努力の信奉者だった。というより、努力しか信じていなかった。生まれつきの才能という考え方も、完全に否定した。計画的に訓練し、良い習慣を身につければ、子どもはどんな分野でも天才になれると主張した。彼のモットーはこうである。「天才は生まれてくるのではなく、教育と訓練で作られる」[1]

ポルガーはこの考えを固く信じていたので、自分の子どもで試したいと思い、クララに手紙を書いた。「喜んで協力してくれる妻が必要」だからだ。クララは教師であり、ポルガーほど頑固ではないものの、やはり正しい指導があれば誰でもスキルを伸ばせると信じていた。

ポルガーは実験にはチェスの分野がいいだろうと決断し、子どもたちをチェスの天才にするための計画を立てた。子どもたちには、当時のハンガリーでは珍しい家庭内教育（ホームスクール）を受けさせる。家はチェスの本や、有名なチェスプレーヤーの写真で埋めつくす。子どもたちはいつも互いにチェスをして、できるだけいい試合に出て競争する。対戦相手の試合実績を綿密に調べて保管する。家族の生活はすべてチェスに捧げられる。

ポルガーはクララへの求婚に成功し、数年後には、スーザン、ソフィア、ユディトという三人の娘の親になった。

長女のスーザンは、四歳のときにチェスを始めた。そして六カ月のうちに、大人を負かすようになった。

真ん中のソフィアは、さらに上手かった。一四歳までに世界チャンピオンになり、その数年後、グランドマスターになった。

末っ子のユディトは、いちばん優秀だった。五歳までに父親に勝てるようになった。一二歳のとき、世界の一〇〇人のトッププレーヤーのひとりに最年少で選ばれた。一五歳四カ月で、それまでの記録保持者のボビー・フィッシャーを抜いて、最年少のグランドマスターになった。そして二七年間、女性チェスプレーヤー世界第一位の座に君臨した。

ポルガー姉妹の子ども時代は、控えめにいっても、ふつうではなかった。それでも、彼女たちに尋ねたら、自分たちのライフスタイルは魅力的で、おもしろかったとさえ答えるだろう。インタビューで、姉妹は自分たちの子ども時代を、厳しくてつらいものではなく、楽しいものだったと語っている。三人ともチェスが大好きだった。飽きることがなかった。報道によれば、ある日ポルガーは、ソフィアが真夜中にトイレでチェスをしているのを見つけたという。ベッドへ戻るように命じて、「ソフィア、駒を離しなさい！」と言うと、ソフィアはこう答えた。「パパ、駒がわたしを離してくれないの！」

ポルガー姉妹は、チェスを何よりも優先する文化のなかで育った。チェスで賞賛され、チェスで報酬を得た。その世界では、チェスに没頭することはふつうだった。このように、どんな習慣でも自分の文化のなかでふつうなら、それはもっとも魅力的な行動のひとつになる。

社会規範への誘惑

人間は群れを作る動物である。まわりに溶けこみたいし、誰かと仲よくなりたいし、仲間から尊敬や承認を得たい。そういう性向は、生き残るのに不可欠だ。進化の歴史のほとんどを、祖先は群れのなかで暮らしてきた。群れから離れれば、そしてもっと悪いことに追い出されれば、死刑宣告を受けたのと同じだ。「一匹オオカミは死ぬ。だが、群れは生き残る」*

一方で、他人と仲よく協力する人は、より安全になり、結婚でき、食料にありつける。チャールズ・ダーウィンはこう記している。「人間の長い歴史のなかで、協力と適応をもっともよく学んだ者が栄えた」。つまり、人間のもっとも深い願望のひとつは、何かに属することである。そして、この太古からの性向は、現代のわたしたちの行動に大きな影響を及ぼしている。


*『ゲーム・オブ・スローンズ』（ジョージ・R・R・マーティンのファンタジー小説をもとにした人気テレビドラマシリーズ）からの引用を本書に入れることができて、とても光栄に思う。

わたしたちは太古の習慣を選んでいるというより、それをまねている。友人や家族、教会や学校、地元のコミュニティーや社会全体から手渡された台本に従って生きている。どの文化やグループにも、それぞれ期待や標準がある――いつ、もしくは結婚するかどうか、子どもは何人くらい持つか、どの祭日を祝うか、子どもの誕生パーティーにいくら使うか。いろいろな意味で、これらの社会規範が目に見えないルールとなり、毎日の生活を導いている。いちばん気にしているわけではなくても、いつも心に留めている。たいていは自分の文化の習慣に従いながら、深く考えも疑いもしないし、覚えていないときさえある。フランスの哲学者ミシェル・ド・モンテーニュはこう書いている。「社会生活の慣習に、わたしたちは押し流されている」

ほとんどの場合、グループに従うことを重荷には感じない。誰もがグループに属したいからだ。チェスの技でほめてもらえる家族で育ったら、チェスをすることはとても魅力的になるだろう。みんなが高価なスーツを着ている仕事場で働いていたら、自分もスーツにお金をかけるようになるだろう。友人たちがみな内輪ネタで盛りあがったり、新しい言葉を使ったりしていたら、自分も同じようにしたくなるだろう。そうすれば、あなたも「わかってる」とみんなに伝わるからだ。行動は、まわりに溶けこむのに役立つとき、魅力的になる。

わたしたちは、次の三つのグループの習慣をまねている。[2]

一、近しい人たち

二、多数の人たち

三、力のある人たち

どのグループでも、行動変化の第二の法則を活用して、習慣を魅力的にすることができる。

一、近しい人をまねる

近くの人やものは行動に大きく影響する。これは、第6章で述べたとおり物理的な環境でもそうだし、社会環境でも同じことがいえる。

わたしたちはまわりの人の習慣を身につける。両親の口げんかや、仲間同士のふざけ方や、同僚の成果の上げ方をまねる。もし友人がマリファナを吸っていたら、あなたも試してみたくなる。もしあなたの妻に、寝るまえに戸締まりを確認する習慣があれば、あなたもそうするようになる。

わたしも気づかないうちに、まわりの人の行動に倣っている。話していると、いつのまにか相手と同じ姿勢をとっている。大学では、ルームメートと同じ話し方をするようになった。外国へ旅行すると、無意識に地元のアクセントをまねているし、やめようと自分に言いきかせることもない。

一般に、誰かと近しいほど、わたしたちはその人の習慣をまねしやすい。一万二〇〇〇人を三二年間追跡調査した画期的な研究で、次のことがわかった。「肥満になった友人がいると、自分も肥満になる確率が五七パーセント増加する」[3]。この逆の作用もある。別の研究では、恋人がやせると、相手も約三分の一の割合でやせるという[4]。友人や家族は、目に見えない一種の同調圧力によって、わたしたちを引き寄せようとする。

もちろん、同調圧力がよくないのは、悪い影響にとり囲まれているときだけだ。宇宙飛行士のマイク・マッシミーノはＭＩＴ〔マサチューセッツ工科大学〕の大学院生のとき、ロボット工学の小さなクラスをとった。そのクラスの一〇人のうち、なんと四人が宇宙飛行士になった[5]。目標が宇宙に行くことなら、その教室には願ってもない最高の文化があったわけだ。同様に、ある研究によれば、一一歳か一二歳のときの親友のＩＱが高いほど、ふつう程度の知能を保つようにしているだけでも、自分の一五歳のときのＩＱが高くなるという[6]。わたしたちは、まわりの人の性質や行動を取りこんでいるといえる。

良い習慣を身につけるのにもっとも効果的な方法は、望ましい行動がふつうの行動である文化に加わることだ。まわりの人が毎日行っているのを見れば、新しい習慣も達成できそうに思える。健康的な人々に囲まれていれば、運動することがふつうの習慣に見えてくる。ジャズ愛好家に囲まれていれば、毎日ジャズを演奏することが当たり前だと思うようになる。文化があなたに、「ふつう」のことをしようと思わせてくれる。あなたが身につけたい習慣を持っている人々に囲まれるようにしよう。あなたも一緒に上昇していくだろう。

習慣をさらに魅力的にするために、さらに一歩踏みこんだ戦略をとることもできる。

（一）望ましい行動がふつうの行動であり、（二）すでにそのグループと共通するものを持っている文化に加わろう。ニューヨーク市の起業家スティーブ・カムは、「ナード・フィットネス」という会社を経営している。これは「オタクや、はみ出し者や、ミュータントが減量し、強くなり、健康になるのを助ける」会社である。顧客は、身体を鍛えたいビデオゲーム愛好者、映画マニア、そしてふつうの人だ。はじめてジムへ行ったり、ダイエットを始めたりすると、なんだか場違いに感じる人が多い。でもグループのメンバーと、たとえばスターウォーズが大好きだというような、何か共通点があれば、変化することが魅力的になってくる。自分と同じような人が、すでに変化していると思えるからだ。

仲間に属することほど、モチベーションを保つものはない。個人的に追い求めるものが、仲間と一緒に追い求めるものに変わる。以前は、あなたはひとりだった。アイデンティティーも自分だけのものだった。「わたしは読書家。わたしは音楽家。わたしはアスリート」という具合に。でも読書クラブやバンドやサイクリングクラブに入ったら、アイデンティティーがまわりの人とつながってくる。成長と変化は、もうひとりで追うものではない。「わたしたちは読書家。わたしたちは音楽家。わたしたちはサイクリスト」となる。共有するアイデンティティーが、個人のアイデンティティーを強化するようになる。だから、目標を達成したあとも、習慣を続けるためにグループに残ることが大切だ。新しいアンデンティティーを根付かせ、行動が長続きするよう助けてくれるのは、友情と仲間たちである。

二、多数の人をまねる

一九五〇年代に心理学者ソロモン・アッシュが行った実験は、今でも毎年大勢の大学生に教えられている。[7] まず、被験者が知らない人たちと部屋に入ってくる。もちろん被験者は知らないが、他の参加者は研究者が用意したサクラであり、質問に台本どおり答えるよう指示されている。

グループ全員に線が描かれた一枚のカードを見せ、それから、何本かの線が描かれた二枚目のカードを見せる。ひとりひとりに、二枚目のカードの線のうち、一枚目のカードの線と同じ長さのものを選ばせる。とても簡単な作業だ。実験で使った二枚のカードは、図10のようなものである。

実験はいつも同じように始まる。まず何度か簡単なテストをし、みんなが正しい線を選ぶ。数回行ったあと、これまでと同じようにわかりやすいテストをするが、サクラたちはわざと正しくない線を選ぶ。たとえば、図10の例では「A」と答える。すると、間違っているのは明らかなのに、全員がその線だと答える。

策略に気づかない被験者は、たちまちうろたえはじめる。目を大きく見開き、ぎこちなく苦笑する。他の参加者たちの反応を確かめる。次々と同じ間違った答えが出されるにつれて、動揺が大きくなっていく。やがて被験者は自分の目を疑いはじめる。そしてついに、心のなかでは正しくないとわかっている解答をしてしまう。

アッシュはこの実験を何度も、さまざまな形で行った。それでわかったのは、サクラの人数が多いほど、被験者の同調性が高まることだ。被験者とサクラひとりだけだと、選択にはなんの影響もなかった。一緒にいるのは馬鹿だと思うだけだ。室内にいるのがサクラふたりと被験者では、まだほとんど影響がない。だが、サクラの人数が三人、四人、そして八人まで増えていくにつれ、被験者は自分の意見を疑うようになっていった。実験が終わるまでに、ほぼ七五パーセントの被験者が、

図10　これは、ソロモン・アッシュが有名な社会的同調の実験で使った２枚のカードのサンプルである。１枚目のカード（左）に描かれた線の長さは、明らかに線Cと同じだ。ところが、サクラの人たちがそうではないと主張すると、被験者はたいてい考えを変えて、自分の目を信じるよりも、まわりの人に同調する。

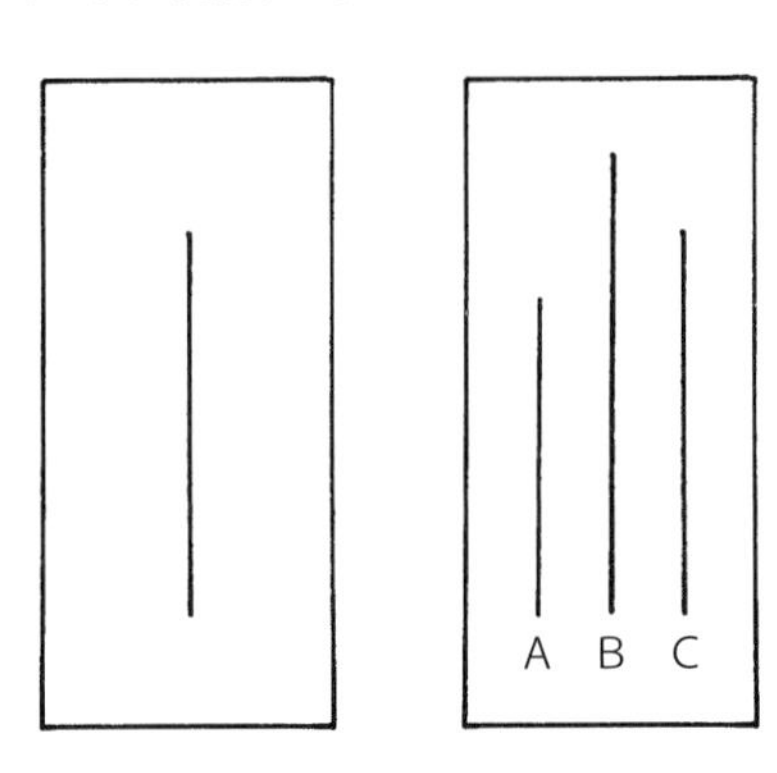

社会規範への同調

正しくないのは明らかなのに、グループの答えに同意した。[8]

わたしたちは、どうしたらいいかわからないとき、自分の行動を決めるためにまわりの人々を見る。いつも周囲を観察し、「他のみんなは何してるかな？」と思っている。アマゾンやイェルプ〔地元のレストランや店舗の口コミサイト〕やトリップアドバイザーのレビューをチェックする。買い物でも、食事でも、旅行でも、「ベスト」なものをまねしたいからだ。まあ賢い方法だろう。数という証拠がある。

しかし、欠点もありうる。

集団の標準的な行動が、個人が望む行動を抑えてしまうことがよくある。たとえばある研究によれば、チンパンジーが自分の群れで木の実を割るうまい方法を身につけたあと、下手な割り方をする新しい群れに入ると、ただ群れに溶けこみたいがために、優れた割り方をしなくなるという。[9]

人間も同じである。集団の規範に従うため、非常に大きな精神的プレッシャーを感じている。受け入れられるという報酬は、議論に勝ったり、賢く見えたり、真実を発見したりという報酬より大きいことが多い。たいていは、自分ひとりで正しくあるより、みんなと一緒に間違うほうがいいと思う。

人間の心は他人と仲よくする方法を知っている。いや、仲よくしたいと望んでいる。これが自然な状態だ。それを覆すことはできる。集団を無視し、他人の目を気にしないことを選べるが、それには努力がいる。自分の文化の性質に逆らうには、たいへんな努力が必要だ。

習慣を変えると集団に逆らうことになるとき、その変化には魅力がない。逆に、習慣を変えると集団に溶けこめるなら、その変化はとても魅力的になる。

三、力のある人をまねる

人はどこでも権力や名声や地位を追い求める。上着に飾りピンやメダルをつけたい。社長や共同経営者という肩書が欲しい。人に認められ、覚えられ、賞賛されたい。この性向は虚しく思えるが、一般的には賢い手段である。歴史から見ても、権力と地位を持っている人のほうが富を得やすいし、生き残るための心配も少なく、魅力的な結婚相手として見てもらえる。

わたしたちは、尊敬や承認や賞賛や地位を得られる行動に惹かれやすい。ジムでひとりだけマッスルアップ〔懸垂と蹴上がりを組み合わせた筋肉トレーニング〕ができる人になりたいし、最難度のコード進行を演奏できる音楽家になりたいし、いちばん優秀な子どもの親になりたい。こういうことで群衆から区別されるからだ。いったん溶けこんだら、今度は目立つ方法を探しはじめるようになる。

そのため、非常に成果を上げている人の習慣がとても気になる。自分も成功したいから、成功している人の行動をまねようとする。日々の習慣の多くは、尊敬している人のまねである。自分の業界でもっとも成功している企業のマーケティング戦略をそっくりまねる。お気に入りのパン職人のレシピを写す。大好きな作家のストーリーの組み立て方を拝借する。上司の会話術をまねてみる。わたしたちは羨望の的である人のまねをする。

地位の高い人は、他人からの承認や尊敬や賞賛を得ている。それはつまり、承認や尊敬や賞賛を得られる行為は魅力的だということだ。

また、地位を落とすような行為は避けようとする。隣人にずぼらだと思われたくないので、垣根を切りそろえ、芝生を刈る。母親が来るとき、文句を言われたくないので家中を掃除する。わたしたちはいつも「他の人はわたしのことをどう思うだろう?」と考えていて、その答えに基づいて自分の行動を変えている。

本章のはじめに取りあげたチェスの天才、ポルガー姉妹は、社会的影響が行動に対して、大きな影響を与えつづけることができるという証拠である。姉妹は毎日何時間もチェスの練習をし、その努力を何十年も続けた。でも、この習慣や行動が魅力的でありつづけたのは、ひとつには、まわりの文化に評価されたからでもある。両親のほめ言葉から、グランドマスターのようなさまざまな地位の獲得にいたるまで、彼女たちには努力を続ける理由がたくさんあった。

本章のまとめ

- 自分の暮らしている文化によって、どの行動が魅力的か決まってくる。
- わたしたちは、文化が賞賛し承認する習慣を選びがちである。集団に溶けこみ、属したいという強い願望があるからだ。
- わたしたちは、三つの社会グループの習慣をまねしがちである――近しい人たち（家族や友人）、多数の人たち（集団）、力の強い人たち（地位や名声のある人物）。
- 良い習慣を身につけるためにもっとも効果的なことは、（一）望ましい習慣がふつうの習慣であり、（二）すでにそのグループと共通するものを持っている文化に加わることだ。
- 集団のふつうの行動が、個人の望ましい行動を抑えることがよくある。たいていは、自分ひとりで正しくあるより、みんなと一緒に間違うほうがいいと思う。
- 自分が承認され、尊敬され、賞賛されるような行動は魅力的である。

第10章 悪い習慣を見つけて直す方法

How to Find and Fix the Causes of Your Bad Habits

二〇一二年、わたしはイスタンブールのもっとも有名な通り、イスティクラル通りからほんの数ブロックの古いアパートにいた。四日間のトルコ旅行中で、ガイドのマイクが、そばにある擦りきれた肘掛け椅子でくつろいでいた。

マイクは本物のガイドではない。メーン州出身で、トルコに五年住んでいただけだが、わたしがトルコにいるあいだ案内してくれると言うので、頼むことにした。この夜、わたしはマイクと彼のトルコ人の友人数人とともに夕食に招かれていた。

みんなで七人いたが、わたし以外の全員が、これまでに煙草を一日一箱以上吸ったことがあるという。わたしはトルコ人のひとりに、煙草を始めたきっかけを尋ねた。「友だちさ」と彼は答えた。「いつだって友だちから始まるんだ。ひとりが吸ったら、自分も吸ってみたくなるだろ」

じつに興味深いことに、部屋にいた人の半分が煙草をやめようとしたことがあるという。マイクはそのとき数年間禁煙していて、煙草をやめられたのは、アレン・カー著『禁煙セラピー』（ロングセラーズ、1996年）という本のおかげだと熱心に語った。

「煙草を吸うという精神的負担から解放してくれるんだ」と彼は言う。「こう書いてあるんだよ。『自分に嘘をつくのはやめよう。じつは吸いたくないと知っているはずだ。本当は楽しくないとわかっている』。自分はもう餌食じゃないという気がしてくる。煙草を吸う必要なんかないと思いはじめるのさ」

わたしは煙草を吸ったことがないが、のちほど好奇心からその本を読んでみた。著者は喫煙者の欲求を消すために、おもしろい方法をとっている。喫煙に関係するきっかけを系統的にとらえなおし、新しい意味づけをする。

たとえば、このように述べている。

- あなたは何かをやめようとしていると思っているが、煙草はなんの役にも立たないので、何も失いはしない。
- 喫煙は社交的になるのに必要だと思っているが、そうではない。煙草をまったく吸わなくても、社交的になれる。
- 喫煙はストレスを軽減すると思っているが、そうではない。喫煙はあなたの神経を和らげるのではなく、破壊する。

何度も何度もこういう言葉や、次のような言葉を繰りかえす。「しっかり頭のなかに入れよう。あなたは何も失わない。そのうえ、健康や活力やお金だけでなく、自信や自尊心や自由や、そしてもっとも大事なことに、寿命や未来の人生の質まで驚くほど向上する」

本を読み終わる頃には、煙草を吸うことが世界でもっとも馬鹿げたことに思えてくる。そして、喫煙がもはやなんの益ももたらさないなら、吸う理由は何もない。これは行動変化の第二の法則の逆――「つまらなくする」である。今はまだ、単純すぎるように聞こえるかもしれない。考え方を変えるだけで煙草はやめられる、だなんて。でも、しばらくわたしの話に耳を傾けてほしい。

欲求はどこから生じるのか

どの行動にも、表面的な欲求と、もっと深くに潜在する動機がある。わたしはよく、「タコスを食べたい」というような欲求を持つ。なぜタコスを食べたいのかと訊かれたとき、「生き残るために食べ物が必要だから」とは答えないだろう。[1] でも本当は心の奥で、生き残るために食べなければいけないから、タコスを食べたくなっている。具体的に欲しがっているのはタコスでも、潜在的な動機は食物と水を手に入れることだ。

潜在的な動機には次のようなものが含まれる。*

＊ これは潜在的動機の一部にすぎない。より完璧なリストとビジネスへの適用例については、以下のサイトをご覧いただきたい。
https://jamesclear.com/atomic-habits/business

- エネルギーを節約する
- 食物と水を手に入れる
- 恋人を見つけて、子どもを作る
- 他人とつながり、絆を深める
- 社会的に承認される
- 不安を解消する
- 地位や名声を獲得する

欲求は、深くに潜在する動機が具体的に表れたものにすぎない。脳は、煙草を吸いたいとか、インスタグラムを見たいとか、ビデオゲームをしたいとかいう願望によって進化したのではない。もっと深いところで、不安を解消し、心配を和らげ、社会的に承認され、地位を得たいと望んでいるだけだ。

習慣になりやすい商品をよく見れば、ほとんどが新しい動機を生んでいるのではなく、人間が自然に持つ潜在的動機をうまくつかんでいるのがわかるだろう。

- 恋人を見つけて、子どもを作る＝ティンダー〔出会い系サービスを提供するアプリケーションソフトウエア〕を使う
- 他人とつながり、絆を深める＝フェイスブックを見る

・社会的に承認される＝インスタグラムに投稿する
・不安を解消する＝グーグルを検索する
・地位や名声を獲得する＝ビデオゲームをする

あなたの習慣は、古代の願望に対する現代の解決法である。古い悪習の新バージョンだ。人間の行動の背後にある潜在的動機はそのままである。実際に行う具体的な習慣だけが、歴史上の時期によって変化している。

ここが重要なところだ。同じ潜在的動機に対処するのに、さまざまな方法がある。ある人は、煙草を吸えばストレスを軽減できると学んだかもしれない。一方でもうひとりは、走りにいけば心配がやわらぐと学んで知っている。あなたの習慣は、必ずしも直面する問題への最善の解決策とはかぎらない。あなたが学んだ方法にすぎない。解決策と、解決しなければならない問題をいったん結びつけたら、あなたはその方法に戻りつづけるだろう。

習慣とは、要するに結びつきである。この結びつきによって、習慣を繰りかえす価値があると予測するかどうかが決まる。第一の法則で述べたように、脳は絶えず情報を吸収し、環境内のきっかけに目を光らせている。きっかけに気づくたびに、脳はシミュレーションを行い、次の瞬間にするべきことを予測する。

きっかけ…ストーブが熱いと気づく。

予測………もし触ったら火傷をするだろう。だから触らないようにしよう。
きっかけ…信号が青になったのを見る。
予測………もしアクセルを踏んだら、交差点を無事に通りぬけて、目的地に近づくだろう。だから
　　　アクセルを踏もう。

きっかけを見て、過去の経験をもとに分類し、ふさわしい反応を決める。

これはすべて一瞬のうちに起こるが、習慣のなかで重要な役割を果たしている。どの行動も予測のあとに起こるからだ。受け身に見える日々の生活も、じつは予測しながら送っている。一日中、これまで見たものや過去に受けた影響から、どのように行動したらいいか最善の予測を立てている。次の瞬間に何が起きるか、果てしなく予測しつづける。

わたしたちの行動は、おもにこの予測に基づいている。いいかえれば、出来事をどう解釈するかであり、出来事そのものの客観的事実に基づいているとはかぎらない。ふたりの人が同じ煙草を見ても、ひとりは吸いたいという衝動を感じ、もうひとりはその臭いを嫌がる。同じきっかけでも、あなたの予測によって良い習慣を引き起こしたり、悪い習慣を引き起こしたりする。習慣を引き起こすのは、じつはそれに先立つ予測である。

この予測がさまざまな感覚を呼び起こす。その感覚を一般に欲求、感情、願望、衝動という。感覚や感情は、わたしたちが気づいたきっかけや立てた予測を、適用できる信号に変える。このこと

は、今感じていることを説明するのにも役立つ。たとえば、認識していてもいなくても、あなたは今暖かいか寒いか気づいている。もし気温が一度下がっても、たぶんあなたは何もしないだろう。ところが一〇度下がったら、寒いと感じてもう一枚服を着るはずだ。寒いと感じることは、あなたに行動を促す信号である。あなたはずっときっかけを感じているが、行動に移すのは、状況を変えたほうがいいと予測したときだけだ。

欲求とは、何かが足りないという感覚である。内側の状態を変えたいという願望だ。気温が下がると、身体が今感じているものと、感じたいもののあいだにギャップができる。この現在の状態と望ましい状態のギャップが、行動する原因となる。

願望とは、今いる場所と未来にいたい場所の違いである。どれほど小さな行動にも、そのときの感じより、ちがったふうに感じたいという動機がある。食べすぎるとき、ライターをつけるとき、ソーシャルメディアを見るとき、あなたが本当に欲しいのは、ポテトチップスでも、煙草でも、たくさんの「いいね！」でもない。本当に欲しいのは、ちがったふうに感じることである。

感覚や感情は、今の状態を保つべきか、変えるべきかを教えてくれる。最善の行動方針を決めるのに役立つ。神経学者の発見によれば、感情や感覚が損なわれると、決定する能力が実際になくなるという。[2] 何を追い求め、何を避けるべきかという信号を失うからだ。神経科学者アントニオ・ダマシオが説明しているように、「ものごとに、良い、悪い、どちらでもない、という印をつけているのは感情である」[3]

まとめれば、あなたが感じる具体的な欲求や、行っている習慣は、本質的に潜在する動機に対処しようとする試みである。ある習慣が動機にうまく対処できたら、また行いたいという欲求が高まる。そのうちに、ソーシャルメディアを見れば愛されていると感じられるとか、ユーチューブを見ていれば不安を忘れられるとかを予測するようになる。習慣は、ポジティブな感情と結びつければ魅力的になる。この知恵を、わたしたちの不利益ではなく、益になるよう利用することができる。

つらい習慣を楽しめるよう脳を再教育する

つらい習慣でも、ポジティブな経験と結びつければ、もっと魅力的なものにできる。ときには、考え方を変えるだけでいいこともある。たとえば、わたしたちはよく、その日にしなければいけないことを並べたてる。出勤のために早く起きなければいけない。仕事でセールスの電話をしなければいけない。家族の夕食を作らなければいけない。

さあ、ここで、言葉をひとつだけ替えてみよう。「～しなければいけない」ではない。「～してもいい」だ[4]。

あなたは出勤のために早く起きてもいい。仕事でセールスの電話をかけてもいい。家族の夕食を作ってもいい。一言を替えるだけで、すべての見方が変わる。これらの行動を重荷とみなしていたのが変わり、機会だと思えるようになる。

大事なのは、どちらの現実も本当だということだ。それをしなければいけないし、それをしてもいい。どちらにせよ、選んだ考え方が証拠となって表れるだろう。

車椅子で暮らしている男性の話を聞いたことがある。車椅子に縛られているのはつらいですか、と訊かれたとき、彼はこう答えた。「わたしは車椅子に縛られてなんかいないよ。車椅子のおかげで解放されているんだ。もし車椅子がなかったら、ベッドに寝たきりで、家から出ることもできなかっただろうね」[5]。この視点の変化が、彼の日々の生き方をすっかり変えたのだろう。

習慣をマイナス面よりプラス面を強調してとらえなおすことが、考え方を変え、習慣を魅力的にするための手っ取り早くて簡単な方法である。

運動。運動といえば、エネルギーを消耗して疲れる困難な作業だと思う人が多い。でもスキルを向上し、身体を鍛える方法だと考えることも簡単にできる。自分に「朝、ランニングにいかなきゃ」と言いきかせるのではなく、「さあ、忍耐力をつけて足を速くする時間だ」と言おう。[6]

お金。貯金はたいてい犠牲を伴う。でも、ある簡単な事実を認めれば、貯金を制約ではなく、自由と結びつけることができる。つまり、今持っている資金より少ないお金で生活すれば、将来の資金が増えるということだ。今月貯めたお金は、来月の購買力を増やしてくれる。

瞑想。三秒以上瞑想をしたことがある人なら誰でも、次々と雑念が心のなかに浮かんできてイライラするのを知っているだろう。雑念は、呼吸へと意識を戻す練習のチャンスだと考えれば、イライラを喜びに変えることができる。雑念はいいものだ。瞑想を練習するには、雑念が必要だからである。

本番前の緊張。多くの人が、大きな発表や大事な試合のまえには不安を感じる。呼吸が速くなり、胸がドキドキし、覚醒状態になる。もしこの感覚をネガティブにとらえると、恐れたり緊張したりする。ポジティブにとらえると、なめらかに優雅な反応ができる。「ああ、緊張するな」という状態を、「ああ、ワクワクするなあ。集中できるようにアドレナリンが出てるんだ」というように、捉えなおすことができる。[7]

このように考え方を少し変えれば、魔法というほどではないが、特定の習慣や状況に結びついている感情を変えるのに役立つだろう。

さらにもう一歩進みたいなら、「モチベーションを高める儀式」を作ってもいい。モチベーションが少し欲しいとき、習慣と楽しいことを結びつけるだけで、いつでもそのきっかけを使うことができる。たとえば、セックスのまえにいつも同じ曲をかければ、その曲と行動が結びつくようになるだろう。その気になりたいときは、プレーボタンを押すだけでいい。

ピッツバーグ出身のボクサーで作家のエド・ラティモアは、知らないうちに同じような方法を利用していた。[8]「妙なことに気づいた」と彼は書いている。「書いているときに、ヘッドホンをつけるだけで集中力が高まる。音楽をかける必要さえない」。彼は気づかないまま自分に条件づけをしたのだろう。はじめはヘッドホンをつけて好きな曲をかけ、仕事に集中していた。それを五回、一〇回、二〇回と繰りかえすうちに、ヘッドホンをつけることが、集中力の高まりと自動的に結びつくきっかけとなった。欲求はそれに続いて自然に生じてくる。

アスリートも、気持ちを切り替えるために同じ方法を使う。野球選手だったとき、わたしにも試合前のストレッチと投球という特別な儀式があった。全体で一〇分ほどだが、どの試合のまえにも同じように行った。身体のウォーミングアップにもなるが、もっと重要なのは、ふさわしい精神状態になることだ。わたしは試合前の儀式と、競争心や集中力を結びつけるようになった。あまりやる気がないときでも、儀式を終える頃には「試合モード」になったものだ。

この方法は、ほぼどんな目的にでも応用できる。仮に、いつも幸せな気分でいたいとしよう。まず、本当に幸せな気分にしてくれるものを見つけよう。イヌをなでるとか、バブルバスに入るとか。そして、その好きなことをするまえに毎回行う短いルーティンを考えよう。深呼吸を三回して微笑む、などでいい。

深呼吸を三回。微笑む。イヌをなでる。これを繰りかえす。

ついには、この深呼吸して微笑むというルーティンが、いい気分と結びつくようになる。幸せな気分を意味するきっかけとなる。いったん出来上がると、気分を変えたいときにいつでも引き出すことができる。仕事でストレスを感じる？　深呼吸を三回して微笑もう。人生について悲しんでいる？　深呼吸を三回して微笑もう。習慣が身についたら、もともとの状況とあまり関係なくても、きっかけが欲求を促してくれる。

悪い習慣の原因を見つけて直す場合、鍵となるのは、あなたが結びつけたものを見直すことだ。簡単ではないが、予測を変えることができたら、つらい習慣も魅力的なものに変えることができる。

本章のまとめ

- 行動変化の第二の法則の逆は、「つまらなくする」である。
- どの行動にも、表面的な欲求と、深くに潜在する動機がある。
- 習慣とは、太古の願望に対する現代の解決法である。
- あなたの習慣を引き起こすものは、じつはそれに先立つ予測である。予測は感情を生む。
- 悪い習慣がつまらなく思えるように、それを避けることで得られる利益を強調しよう。
- 習慣はポジティブな感情と結びついていると魅力的になり、ネガティブな感情と結びついていると魅力を失う。難しい習慣の直前に楽しい〝儀式〟をして、モチベーションを高めよう。

良い習慣の身につけ方

第1の法則	はっきりさせる
1.1	習慣得点表をつける。現在の習慣に気づくため、書きだしてみる。
1.2	実行意図を使う。「わたしは〈いつ〉〈どこで〉〈何を〉する」
1.3	習慣の積み上げをする。「〈現在の習慣〉をしたら、〈新しい習慣〉をする」
1.4	環境を作る。良い習慣のきっかけを、はっきり見えるようにする。
第2の法則	魅力的にする
2.1	誘惑の抱き合わせを利用する。したい行動と、しなければならない行動をセットにする。
2.2	望ましい行動がふつうの行動の文化に加わる。
2.3	モチベーションを高める儀式を作る。難しい習慣の直前に楽しいことをする。
第3の法則	易しくする
第4の法則	満足できるものにする

悪い習慣の断ち方

第１の法則の逆	見えないようにする
1.5	避ける。悪い習慣のきっかけを環境から取り除く。
第２の法則の逆	つまらなくする
2.4	考え方を変える。悪い習慣を避けることで得られる利益を強調する。
第３の法則の逆	難しくする
第４の法則の逆	満足できないものにする

＊この習慣早見表を印刷したい場合は、以下のサイトからダウンロードしていただきたい。https://jamesclear.com/atomic-habits/cheatsheet

第三の法則

THE 3RD LAW

易しくする

Make It Easy

第11章 ゆっくり歩もう、でも後退してはいけない

Walk Slowly, but Never Backward

授業の初日、フロリダ大学のジュリー・ユルズマン教授は、フィルム写真のクラスの学生をふたつのグループに分けた。

教室の左側の学生は全員、「量」のグループだと彼は説明した。このグループの学生は、作った作品の量だけで採点される。授業の最終日に、各学生が提出した写真の枚数を総計する。一〇〇枚なら評価はA、九〇枚ならB、八〇枚ならC、という具合だ。

一方、教室の右側の学生はみな「質」のグループになる。彼らは作品の出来栄えだけで採点される。学期中に制作する作品は一枚だけでもいいが、Aをとるには、ほぼ完璧な写真でなければならない。

学期が終わると、教授が驚いたことに、すばらしい写真はすべて「量」グループの作品だった。学期中、このグループの学生たちは、写真を撮ったり、合成や光の工夫をしてみたり、暗室でさまざ

まな手法を試したり、失敗から学んだりと、とても忙しかった。何百枚もの写真を作成するなかで技術を磨いていった。そのあいだ、「質」グループはただすわって、完璧さについて考えていた。そして結局、努力を示せるものはほとんどなく、信憑性のない理論と平凡な写真ができただけだった。[1*]

変わるために最適な計画を立てようとすると、行き詰まることが多い。たとえば、もっとも早く減量する方法、筋肉をつける最高のプログラム、完璧な副業のアイデアなどだ。最善の方法を見つけることに力を注ぐあまり、行動を起こす暇さえなくなってしまう。ヴォルテールもかつて、「最善は善の敵である」と書いている。[2]

わたしはこれを、意向があることと、行動を起こすことの違いと呼んでいる。このふたつは同じように聞こえるが、じつは同じではない。意向があれば、計画したり、作戦を練ったり、学んだりする。それはいいことだが、結果は生み出さない。

一方、行動とは、結果をもたらす行為である。書きたい記事のアイデアを二〇個挙げても、それは意向である。実際に机に向かって、ひとつの記事を書くなら、それは行動だ。もっといいダイエット法を探し、その手の本を読むのは意向。実際に健康的な食事をするのが行動である。

意向が役立つこともあるが、それだけで結果をもたらすことはない。個人トレーナーに何度相談しても、意向は身体を鍛えてはくれない。運動という行動だけが、手に入れたい成果をもたらして

＊　これと同じような話が、デビッド・ベイルズ&テッド・オーランド著『アーティストのためのハンドブック――制作につきまとう不安との付き合い方』（フィルムアート社、２０１１年）にも載っている。ここでは、許可を得たうえで少し修正した。詳細については、巻末の注釈をご覧いただきたい。

くれる。

意向が結果につながらないなら、なぜわたしたちは意向を持つのだろう。たしかに計画を立てたり、もっと学習したりすることが本当に必要なときもある。でもたいていは、意向を持つことで、失敗の危険を冒さないまま進歩している気になれるからだ。批判を避けるのが得意な人は多い。失敗したり、まわりから非難されたりするのは嫌なので、そうなりかねない状況を避けようとする。そして、行動よりも意向へと陥ってしまうもっとも大きな原因は、失敗を遅らせたいという気持ちだ。

意向を持ち、自分は進歩していると思いこむのは簡単だ。あなたはこう考える。「今の時点で、四人の見込み客と話すことになっている。ようし。いい方向に進んでるぞ」。または、「書きたい本のアイデアをいくつか思いついた。これできっとうまくいくぞ」

意向は、ものごとを成し遂げているような気にさせてくれる。でも本当は、成し遂げる準備をしているだけだ。準備がただの引き延ばしになってきたら、何かを変える必要がある。あなたは計画を立てたいだけではなく、実行したいはずだ。

習慣を身につけたいなら、大事なのは完璧を求めることではなく、繰りかえしから始めることだ。新しい習慣について、あれこれと未来の計画を立てる必要はない。必要なのは、実行することだけだ。これが第三の法則の最初のポイントである。まず、繰りかえしに取りかかろう。

新しい習慣を身につけるのにかかる時間は？

習慣形成とは、繰りかえしによって、行動がしだいに自動的に起こるようになる過程のことだ。何度も繰りかえすほど、脳の構造が効果的に行動できるように変わっていく。神経科学者はこれを「長期増強」と呼ぶ。これは、最近の行動パターンに基づいて、脳内の神経間の連結が強められることをいう。[3] 繰りかえすたびに、細胞間の信号伝達が向上し、神経連結が強められる。一九四九年、神経心理学者ドナルド・ヘッブによって最初に提唱されたので、「ヘッブの法則」として知られている

――「互いに発火した神経細胞はつながりあう」[4]

習慣を繰りかえすと、脳にはっきりと物理的な変化が起こる。音楽家は、他の人より小脳が大きい。小脳は、ギターの弦をつまびいたり、バイオリンの弓を引いたりという物理的な動きをするのに不可欠な部位だ。[5] 一方、数学者は、計算するときに重要な役割をする下頭頂小葉内の灰白質が増加する。[6] その大きさは、その分野で使った時間と関係している。高齢で経験豊かな数学者ほど、灰白質も大きくなる。

科学者がロンドンのタクシー運転手の脳を分析したとき、空間記憶に関与する海馬という部位が、他の人より著しく大きいことを発見した。[7] もっと興味深いことに、運転手が引退すると海馬は小さくなった。ちょうど身体の筋肉が日々のウエートトレーニングによって変わるように、脳内の特定の部位が使われると適応して大きくなり、放置されると萎縮するということだ。

もちろん、習慣形成に繰りかえしが重要だということは、神経科学者が調べはじめるより、ずっ

図11　はじめのうち（点A）、習慣を行うにはかなりの努力と集中が必要である。数回繰りかえすと（点B）、易しくなってくるが、まだ意識して注意しなければいけない。十分に練習すると（点C）、習慣は意識的ではなく自動的になる。この「習慣ライン」を超えると、ほとんど考えずに行動できる。新しい習慣が形成されたからだ。

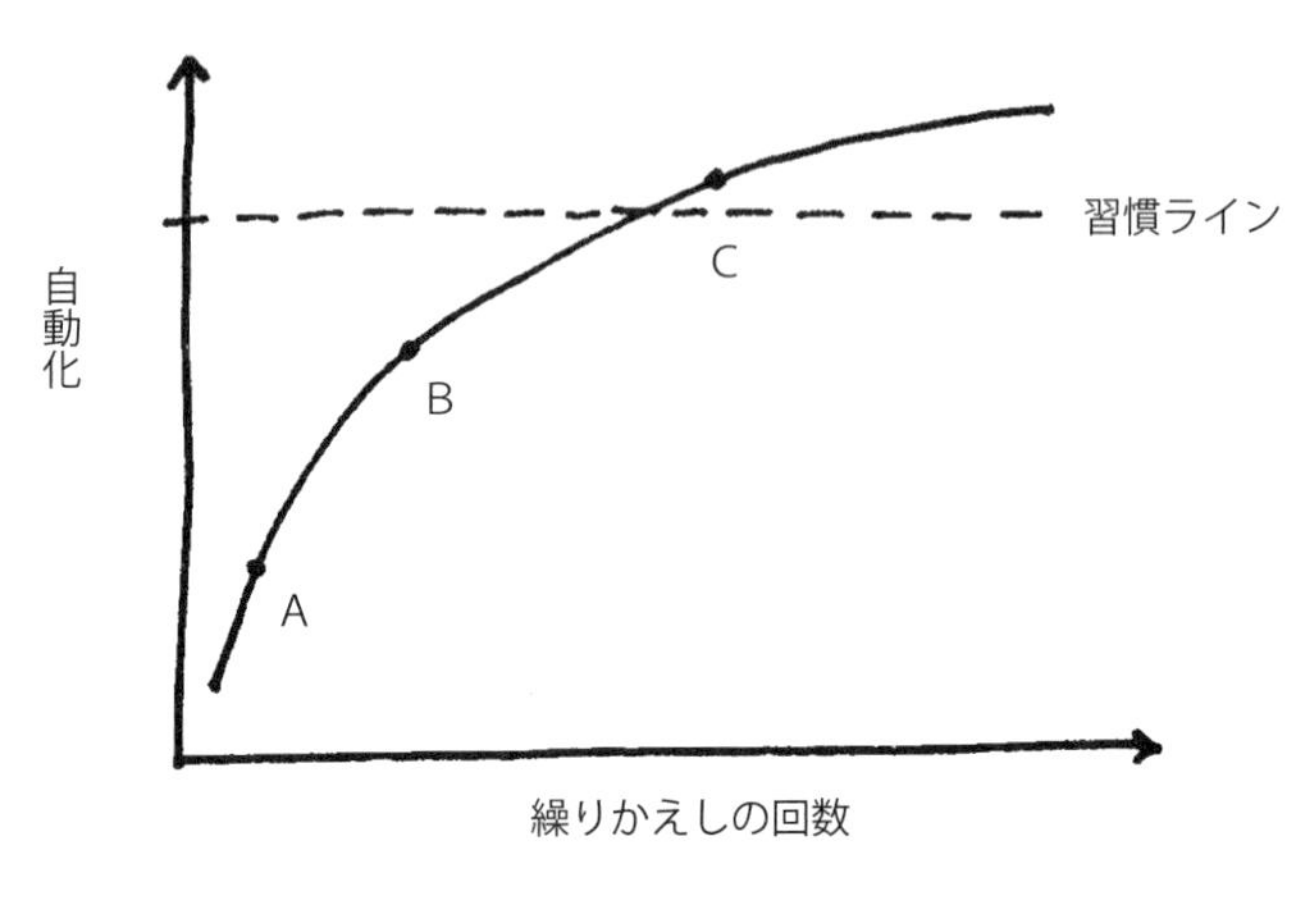

習慣ライン

とまえから知られていた。

一八六〇年、イギリスの哲学者ジョージ・ヘンリー・ルイスはこう記している。「新しい言語の習得、楽器の演奏など、慣れないことをするのは非常に難しく感じる。それぞれの感覚が通るべき経路が確立されていないからだ。しかし、何度も繰りかえすことで経路が切り開かれると、すぐに困難さは消える。もうひとりでに動けるので、他のことに気をとられていても行動できるようになる」[8]。常識も科学的根拠も、繰りかえしが変化をもたらすという点で一致している。[9]

行動を繰りかえすたびに、あなたは習慣に関係する回路を活性化させている。つまり、ただ繰りか

図12　このグラフは、毎日朝食後に10分間歩くという習慣を身につけた人を表している。繰りかえしの回数が増えるほど、自動化することが多くなり、行動が可能なかぎり易しく、自動的になることに気づいてほしい。

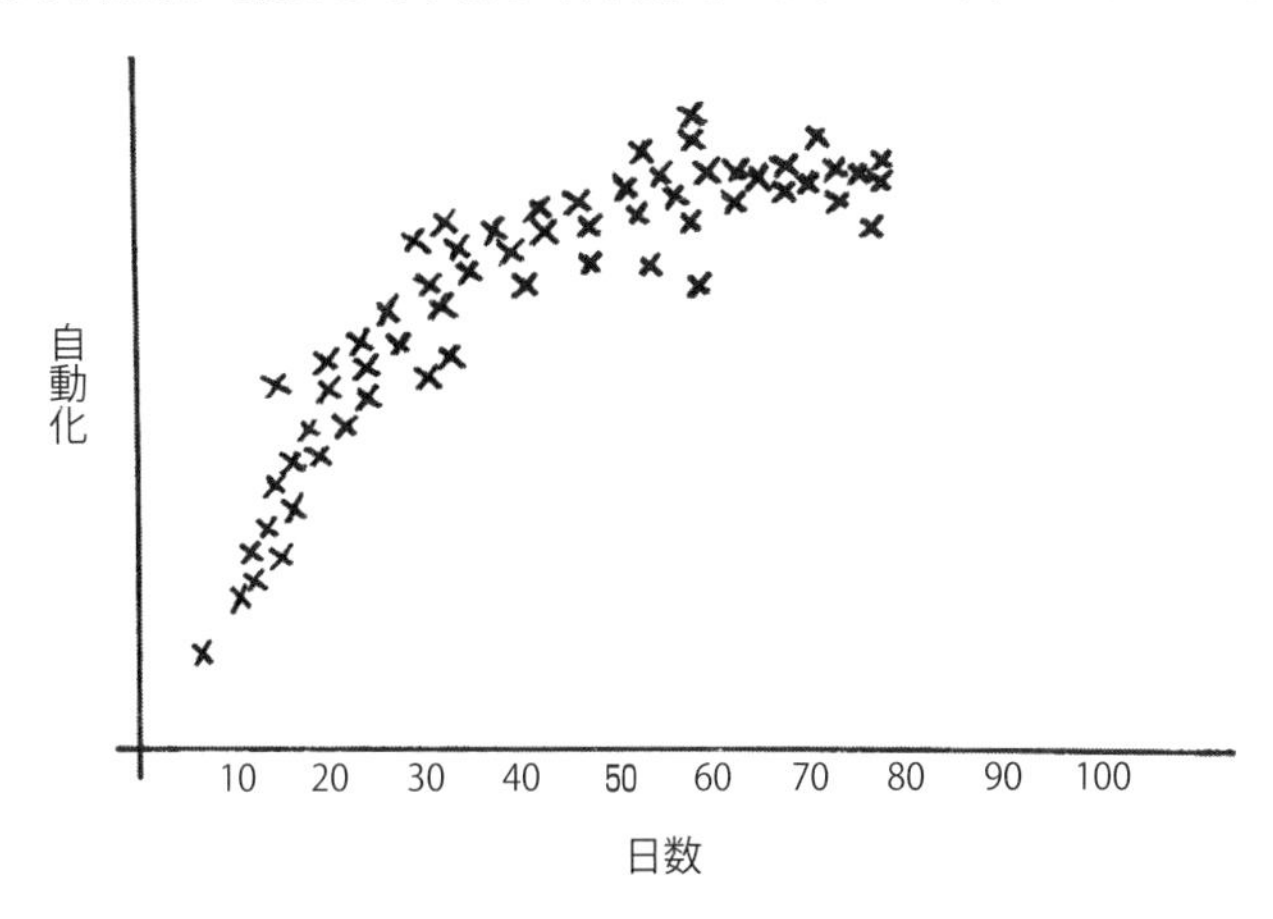

毎日10分間の歩行習慣

えすことが、新しい習慣を符号化するのにもっとも重要なステップということだ。だからこそ、何枚もの写真を撮った学生はスキルを向上させ、その一方で、完璧な写真について理論を考えていただけの学生のスキルは向上しなかった。ひとつのグループは能動的に行動し、もうひとつのグループは受動的に学ぶだけだった。一方は行動、他方は意向である。

すべての習慣は、努力を要する行動から自動的なものへと、同じ軌跡を描いていく。この過程を「自動化」という。自動化とは、いちいち考えずに行動できることを指し、無意識がその行動を引き受けたときに起こる。[10] 図で表すと図11のようになる。

図12は、毎日一〇分歩くという実際

の習慣の自動化のようすを、研究者が調査した結果である。このグラフの形は、研究者が「学習曲線」と呼ぶもので、行動変化についての真実をはっきりと表している。習慣は時間ではなく、頻度によって身につく。[11]

もっともよく訊かれる質問に、「新しい習慣を身につけるのに、どのくらい時間がかかりますか」というものがある。でも、本当はこう尋ねるべきだ。「新しい習慣を身につけるのに、何回やったらいいですか」。さて、習慣を自動的にするには、何回繰りかえす必要があるのだろうか。

習慣形成では、時の流れという魔法は通じない。二一日でも、三〇日でも、三〇〇日でも関係ない。大切なのは、行動する割合である。三〇日に二回する場合もあれば、二〇〇回する場合もある。その頻度が違いをもたらす。あなたが今持っている習慣は、何千回ではなくても、何百回か繰りかえして身についたものである。新しい習慣にも、同じくらいの頻度が必要だ。その行動が心に植えこまれて習慣ラインを超えるまで、成功体験を十分につないでいかなければならない。

実際は、習慣が自動化するのにどのくらいかかるかは、大して問題ではない。大切なのは、進歩に必要な行動をすることだからだ。行動が完全に自動化したかどうかは、それほど重要ではない。

習慣を身につけるには、実行しなければいけない。そして、実行するのに当たってもっとも効果的な方法は、行動変化の第三の法則、「易しくする」を守ることだ。次章から、その方法について述べていこう。

本章のまとめ

- 行動変化の第三の法則は「易しくする」である。
- もっとも効果的な学習法は、計画することではなく、実行することである。
- 意向を持つことではなく、行動を起こすことに力を注ごう。
- 習慣形成とは、繰りかえしによって、習慣がしだいに自動化する過程のことである。
- 習慣を身につけるためにかけた時間は、行った回数ほど重要ではない。

第12章 最少努力の法則

The Law of Least Effort

人類学者で生物学者のジャレド・ダイアモンドは、ピューリッツァー賞を受賞した著作『銃・病原菌・鉄』（草思社、２０１２年）のなかで、シンプルな事実を指摘している――大陸はそれぞれ形が異なる。一見あたりまえで、ささいなことに思えるが、人間の行動に深く影響することがしだいにわかってくる。

アメリカ大陸の主軸は南北に走っている。つまり、南北アメリカ大陸は縦長であり、横太ではない。アフリカ大陸もだいたい同じだ。一方、ヨーロッパ、アジア、そして中東の大陸は逆である。広大な大地が東西に広がっている形だ。ダイアモンドによれば、この形の違いが、何世紀にもわたる農業の伝播に重要な役割を果たしたのだという。[1]

世界に農業が広がりはじめたとき、農民にとっては南北よりも東西のルートに沿って広がるほうが楽だった。同じ緯度の場所は一般に、気候、日光や雨の量、季節の移り変わりなどが同じだからだ。そのためヨーロッパやアジアでは、数種の作物を栽培化してフランスから中国までの全域で育てていった。

図 13　ヨーロッパとアジアの主軸は東西で、南北アメリカとアフリカの主軸は南北である。南北アメリカを縦断するほうが、ヨーロッパやアジアを横断するより気候の変化が大きい。そのため農業はヨーロッパやアジアに、他の地域よりほぼ２倍の早さで広がった。何百何千年にわたろうと、農民の行動は環境における抵抗の大きさによって制限される。

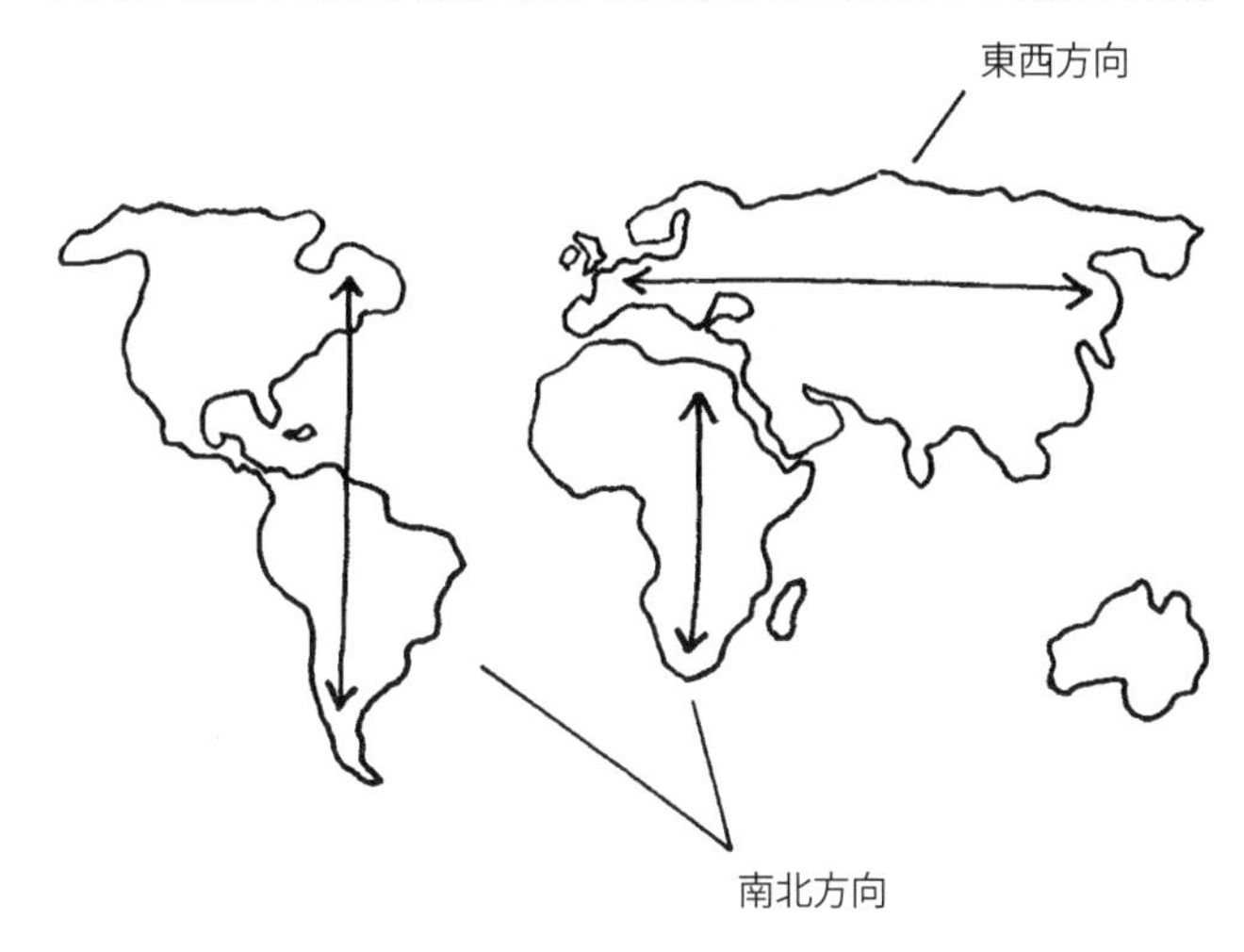

人間の行動のようす

それに比べて、北から南へ移動すれば気候は大きく変わる。フロリダとカナダの天候がどれほどちがうか想像してみよう。世界一有能な農夫でも、フロリダオレンジを冬のカナダで育てることはできないだろう。雪は土の替わりにはならない。南北のルートに沿って作物を広めるには、気候が変わるたびに新しい植物を探し、栽培化しなければならない。

その結果、農業はアジアやヨーロッパで、アメリカ大陸より二～三倍早く広がった。何世紀ものあいだに、この小さな差が非常に大きな影響をもたらした。食糧生産が増えると、人口が急激に増える。人口が増えると、その文化は強い軍隊を作れるし、新しい技術も発展しやすい。最初の変化は、作物が少し早く広まったとか、人口が少し早く増えたというような小さなことだった。でも時とともに、大きな違いになっていった。

農業の広がりは、行動変化の第三の法則を地球規模にした例として見ることができる。世間の常識では、習慣を変える鍵はモチベーションだと言われている。あなたが本当にそうしたいなら、やってみるのもいい。でも、じつは本当のモチベーションとなるものは、怠けること、楽をすることである。これは最近多いベストセラー本の内容に反しているが、なかなかいい戦略であり、ばかげたこととはいえない。

エネルギーは貴重なので、脳はできるだけ保存しようとする。最小努力の法則に従うのは人間の性質だ。[2] 最少努力の法則とは、ふたつの同じような選択肢から選んで決めるとき、必要な仕事量が少ないほうを自然に選ぶというものである。[*] たとえば農場を広げるとき、気候のちがう北へ向かうよりも、同じ作物を育てられる東へと向かうだろう。可能な行動すべてのなかで、実現されるのは、最小の努力で最大の価値をもたらす行動である。易しいことのほうがやる気になるものだ。

どんな行動にも一定量のエネルギーが必要である。必要なエネルギーが多いほど、その行動は起こりにくくなる。もし、あなたの目標が一日一〇〇回の腕立て伏せなら、それはものすごいエネル

＊　これは物理の基本原則である。最小作用の原理と呼ばれており、ふたつの点のあいだを通る軌跡は、最小のエネルギーを必要とする軌跡になるというものだ。この単純な原理が宇宙の法則を支えている。また、この考えによって運動の法則と相対性理論を説明できる。

ギー量だ！　はじめのうちは、やる気があって張りきっているから、力を奮い起こして取りかかれるだろう。でも数日後には、そんなたいへんな努力に疲れを感じるようになる。一方、一日に一回の腕立て伏せを続ける場合、始めるのにエネルギーはほとんどいらない。必要とするエネルギーが少ない習慣ほど、実行しやすくなる。

自分の生活の多くを占めている行動を見てみれば、とても低いモチベーションで行動していることがわかるだろう。スマートフォンの画面をスクロールしたり、メールをチェックしたり、テレビを見たりという習慣に多くの時間を奪われているのは、ほとんど努力しなくてもできるからだ。どれも驚くほど使いやすい。

ある意味では、それぞれの習慣が、本当に欲しいものを手に入れるのを邪魔することがある。ダイエットが、健康になるのを邪魔してしまう。瞑想が、落ち着くのを邪魔してしまう。日記をつけることが、はっきり考えるのを邪魔してしまう。でも、じつは習慣そのものが欲しいのではない。本当に欲しいのは、習慣によって得られる結果である。障害が大きいほど、つまり習慣が難しいほど大きな抵抗を感じて、望んでいる目標の状態にたどりつけない。だから、したくないときでもできるよう、習慣を簡単にすることが大切だ。良い習慣をもっと楽にしたら、最後までやり通せるようになるだろう。

でも、逆に見えるときがあるのはなぜだろう。わたしたちがそんなに怠け者なら、育児や起業やエベレスト登山のように困難な業を成し遂げるときのことを、どう説明したらいいのだろう。

たしかに、あなたには困難なことをする能力がある。問題は、やる気になる日もあれば、負けてしまいそうな日もあることだ。つらい日には、あなたの有利になるものをできるだけ持って、人生に降りかかる試練を乗り越えることが大切だ。抵抗を感じるものが少ないほど、強いあなたが現れやすい。「易しくする」の背後にある考えは、ものごとを易しくするということだけではない。長い目で見れば報われるような行いを、そのときできるだけ易しくするという考え方である。

少ない努力で多くを達成する方法

真ん中がねじれた園芸用ホースを持っているところを想像してみよう。[3] いくらか水が出るが、たくさんは出ない。ホースを通る水を増やすには、ふたつの選択肢がある。ひとつ目は、蛇口をひねってもっと水を出すこと。ふたつ目は、単にホースのねじれを直して、水が自然に出るようにすることだ。

難しい習慣を続けるために、やる気を高めようとするのは、ねじれたホースで水を出そうとするようなものだ。できることはできるが、たいへんな努力がいるし、生活上の緊張も増える。その一方で、習慣をシンプルで易しいものにすることは、ホースのねじれを直すようなものだ。生活で抵抗を感じるものを乗り越えようとするよりも、取り除いてしまおう。

習慣に伴う抵抗を減らすのにもっとも効果的な方法は、環境作りである。第6章で、きっかけを見えるようにする方法として環境作りを紹介したが、行動しやすいように環境を最適化することもできる。たとえば、新しい習慣を行う場所を決めるとき、すでに日々のルーティンで通るところを選ぶのがいちばんいい。習慣は、生活の流れに溶けこんでいるほうが身につきやすい。通勤の途中にジムがあれば行きやすい。ちょっと立ち寄るくらいなら、ライフスタイルにそれほど大きく影響しないからだ。それに比べて、ジムが通勤経路から離れたところにあれば、たとえほんの数ブロックでも、あなたは「わざわざ」そこへ行くことになる。

もっと効果的なのは、家庭やオフィスでの抵抗を減らすことだろう。わたしたちは、抵抗の多い環境で習慣を始めようとすることが、あまりにも多い。友人と夕食に出かけながら、厳しいダイエットをしようとする。雑然とした家のなかで本を書こうとする。気が散るコンテンツでいっぱいのスマートフォンを使いながら集中しようとする。こんなやり方でなくてもいいはずだ。邪魔な抵抗を取り除けばいい。これはまさに、一九七〇年代に日本で電機メーカーが始めた方法だ。

「ニューヨーカー」に掲載された「ますますよくなる」という記事で、ジェームズ・スロウィッキーはこう書いている。

「日本の工場は、『リーン生産方式』と呼ばれる方式を重視している。生産工程から職場の再設計まで、あらゆるムダを取り除こうと絶えず目を光らせている。だから、従業員は工具を取るのに身体をひねったり、振り向いたりして時間をムダにしなくてすむ。その結果、日本の工場はより効率的になり、日本の製品はアメリカの製品より信頼性のあるものになった。一九七四年、アメリカ製カラーテレビの修理依頼の電話件数は、日本製テレビの五倍だった。また、一九七九年までに、アメリカの従業員が部品の組み立てに要する時間は日本の三倍になった」[4]

わたしはよくこの戦略を「引き算による足し算」と呼んでいる。[5*]日本の企業は生産工程で抵抗となっているものをすべて洗い出し、取り除いた。ムダな労力を減らしながら、顧客や収益を増やした。同じように、わたしたちの時間やエネルギーを奪う抵抗を取り除けば、少ない労力で多くを達成できる。（片づけると気分がよくなるのはこのためだ。前へ進むと同時に、環境による認知的負荷を軽くしている）

もっとも癖になりやすい商品を見れば、その製品やサービスの得意とするところは、生活から抵抗をほんの少し取り除くことだとわかるだろう。食事配送サービスは、食品を買いにいくという抵抗を減らす。マッチング・アプリは、交際相手を紹介してもらうという抵抗を減らす。自動車の相乗りサービスは、街へ出るという抵抗を減らす。Ｅメールは、手紙を送るという抵抗を減らす。

ムダな動きを減らすために職場を作りなおした日本のテレビメーカーのように、成功を収めた企業は製品を設計する際、できるだけ多くの工程を自動化、減少、簡略化できるように工夫している。あらゆる形で現場の数を減らす。アカウントを作成するのに必要なクリック数を減らす。製品にわかりやすい説明書をつけたり、顧客の選択肢を減らしたりする。

グーグル・ホーム、アマゾン・エコー、アップル・ホームポッドのような音声起動型のスマートスピーカーが発売されたとき、購入した友人に、どこが気に入ったのか訊いてみたことがある。彼は、「カントリーミュージックをかけてくれ」と言うほうが、スマートフォンを取り出して音楽アプ

＊「引き算による足し算」という言葉は、チームやビジネスでも使われ、チーム全体を強化するために人を減らすことを指す。

りを開き、プレイリストから選ぶより簡単だから、と答えた。もちろん数年前には、音楽を無限に聞けるものがポケットに入っていることは、車で店へ行ってCDを買うよりも驚くほど楽なことだった。ビジネスとは、同じ結果をさらに簡単な形で届けるための果てしない追求である。

政府も同じような戦略を効果的に用いてきた。イギリス政府は徴税率を上げるため、市民にウェブサイトから申告用紙をダウンロードしてもらうのではなく、申告用紙に直接リンクできるように変えた。申告の手間をひとつ減らしたことで、徴税率は一九・二パーセントから二三・四パーセントに増えた。イギリスのような国の場合、この割合は何百万ドルもの税収になる。[6]

大事なのは、できるだけ良い行動がしやすい環境を作ることだ。良い習慣を身につけるための闘いとは、要するに、良い習慣に伴う抵抗を減らし、悪い習慣に伴う抵抗を増やす方法を見つけることである。

未来のために環境を準備する

オズワルド・ナックルズは、ミシシッピ州ナチェズのＩＴ開発者である。[7] 彼もまた、環境を準備することによるパワーを知っている。

ナックルズは、「部屋のリセット」と名付けた戦略で掃除の習慣に取りかかった。たとえばテレビを見おわったら、リモコンをテレビ台に戻し、ソファの枕をきちんと並べ、毛布をたたむ。車を降りるときは、ごみを捨てる。シャワーを浴びるときはいつも、シャワーが温まるまでのあいだにトイレを拭く（彼が記すように「どっちみち、トイレ掃除にちょうどいい時間は、シャワーで身体を洗う直前」だ）。各部屋をリセットする目的は、最後の行動の後片づけだけではなく、次の行動のための準備である。

「部屋に入ると、すべてが正しい位置にある」と、ナックルズは書いている。「これを毎日、どの部屋でも行っているから、家のなかはいつも良い状態だ……わたしがとても努力していると人は思うかもしれないが、じつは本当に怠け者だ。ただ、あとで怠けられるようにしているだけだ。そうすることで多くの時間が返ってくる」[8]

本来の目的のために場所を整えるたび、次の行動を易しくする準備になる。たとえば、わたしの妻はグリーティング・カードを入れた箱を持っていて、場合別に分類している——誕生日、お悔やみ、結婚、卒業、他にももっとある。必要になると、ふさわしいカードを取り出して送る。カードを忘れずに送るのが得意なのは、その行動の抵抗となるものを減らしたからだ。何年ものあいだ、わたしはその逆だった。誰かに赤ちゃんが生まれると、「カードを送らなきゃ」と思う。でも数週間たち、店でカードを買うのを思い出したときにはもう遅すぎる。その習慣が易しくなかったからだ。

すぐに使えるように環境を準備する方法はたくさんある。健康的な朝食を作りたいなら、まえの夜にフライパンをコンロに載せ、カウンターに料理用油を置き、皿や必要な食器を並べておく。これで朝起きたときに朝食を作りやすい。

・もっと絵を描きたい？　鉛筆、ペン、ノート、描画の道具を、机の上の手が届きやすいところへ置こう。
・運動したい？　トレーニングウエア、運動靴、ジム用のかばん、水のボトルを、前もって用意しておこう。
・食事を改善したい？　週末にたくさんの果物と野菜を細かく切って、容器に詰めておこう。そうすれば平日のあいだ、健康的な食事を簡単にすぐ食べられる。

このシンプルな方法で、良い習慣をもっとも楽な手段にすることができる。

この原則を逆にして、悪い行動をするのが難しい環境も準備できる。たとえばテレビを見すぎていると思ったら、使いおわるたびにプラグを抜いてみよう。そして、観たい番組のタイトルを声に出して言えるときだけ、プラグを入れるようにする。こうすることで、ダラダラ観るのをやめるのに十分な抵抗感を生み出せる。

もしうまくいかなかったら、もう一歩踏みこめばいい。使いおわるたびにテレビのプラグを抜き、リモコンの電池を抜こう。そうすれば、またつけるのに一〇秒余計にかかる。もっと頑固なテレビ中毒なら、使いおわるたびにテレビをリビングルームから出して、クローゼットにしまおう。どうしても観たいときだけ、テレビを出すようにする。抵抗が大きいほど、習慣は起こりにくい。

わたしはできるだけ、自分のスマートフォンを昼食まで他の部屋に置いておくようにしている。そばにあると、理由もないのにチェックして午前中を過ごしてしまうからだ。でも他の部屋にあると、そのことを考えもしない。また、理由もないのにわざわざ取りにいくのは抵抗がある。すると毎朝三〜四時間、中断することなく仕事ができる。

他の部屋に置くだけでは十分ではないと思うなら、友人か家族に頼んで数時間隠してもらおう。または、同僚の机のなかに午前中入れておくように頼み、昼食のときに返してもらえばいい。

望ましくない習慣をやめるには、驚くほどわずかな抵抗があればいい。ビールを冷蔵庫の後ろの見えないところに隠すだけで、飲む量が減る。スマートフォンからソーシャル・メディアのアプリを削除すると、またダウンロードしてログインするまで数週間はたつ。こういう技で、本物の依存症を抑えることはできないだろう。でも多くの場合、ほんの少しの抵抗で、良い習慣を続けるか、悪い習慣に陥るかの違いが生まれる。このようにいろいろ変えて、良い習慣が易しく、悪い習慣が難しいように仕向けた環境に住むときの累積効果を想像してみてほしい。

個人として、または親、コーチ、リーダーなど、どんな立場で行動変化に取り組むのであっても、同じことを自分に問うべきだ。「正しいことを行いやすい世界を作るには、どうしたらいいだろう」と。もっとも大切な行動が、もっとも行いやすい行動となるように、あなたの生活を作りなおそう。

本章のまとめ

- 人間の行動は最少努力の法則に従う。わたしたちは、必要な仕事量がもっとも少ない選択肢を自然に選ぼうとする。

- できるだけ良い行動がしやすい環境を作ろう。
- 良い習慣に伴う抵抗を減らそう。抵抗が小さいとき、習慣は易しくなる。
- 悪い習慣に伴う抵抗を増やそう。抵抗が大きいとき、習慣は難しくなる。
- 未来に行動しやすくなるように環境を準備しよう。

第13章 二分間ルールで先延ばしをやめる方法

How to Stop Procrastinating by Using the Two-Minute Rule

トワイラ・サープは、近代のもっとも偉大なダンサーかつ振付師のひとりとして広く認められている。一九九二年には、〝天才への助成金〟と呼ばれるマッカーサー・フェローを授与された。そしてキャリアのほとんどを通して、世界中を巡りながらオリジナル作品を演じてきた。彼女もまた、自分の成功は日々のシンプルな習慣のおかげだと語っている。

「わたしは毎日の生活を儀式で始めます」と、彼女は書いている。「午前五時半に起き、トレーニングウエアを着て、レッグウォーマーとスウェットと帽子を身につけます。マンハッタンにある家を出ると、タクシーを拾って運転手に、九一丁目と一番街の角にあるパンピング・アイアン・ジムまで行ってちょうだい、と言います。そこで二時間運動します」

「儀式は、毎朝ジムでするストレッチやウエートトレーニングではありません。儀式はタクシーです。運転手に行き先を告げた瞬間、儀式は完了します」

「シンプルな行いですが、毎朝同じようにしていると習慣になり、簡単に繰りかえせるようになります。すると、さぼったり、他のことをする機会が減ります。ルーティンの集まりにもうひとつが加わるたびに、考えることがひとつ減るのです」[1]

毎朝タクシーを拾うことは小さな行動かもしれないが、行動変化の第三の法則の優れた例である。研究者の推定によれば、一日の行動の四〇～五〇パーセントは習慣で行われているという。[2] これでもかなりの割合だが、習慣の本当の影響はこの数字よりはるかに大きい。習慣による自動的な選択が、あとに続く意識的な決定に影響するからだ。そう、習慣はほんの数秒で完了するが、その後の数分や数時間に及ぶ行動をも決めてしまう。

習慣は高速道路の入り口のようなものだ。あなたを進入路へ導き、知らないうちに次の行動へ向けて加速させる。すでにしていることを続けるほうが、ちがうことを始めるより易しいからだ。くだらない映画を二時間もすわって観つづける。お腹がいっぱいなのに、スナックを食べつづける。スマートフォンを「ほんのちょっと」チェックすると、そのまま二〇分も画面を見つづける。このように、考えずに行う習慣が、考えているときの選択を決めてしまうことが多い。[3]

わたしには毎夕、その夜を決定づけるささやかな瞬間がある。時刻はたいてい午後五時一五分ごろ。妻が仕事から帰ってくると、ふたりでトレーニングウエアに着替えてジムへ向かうか、ソファにすわりこんでインド料理の出前を頼み、テレビドラマ『ジ・オフィス』を観るかのどちらかにな

図14　良い日と悪い日の違いは、決定の瞬間に、生産的で健康的な選択をするかどうかによる。それぞれの選択は分かれ道のようなもので、この選択が１日中積み重なり、最後にはまったくちがう結果へとつながる。

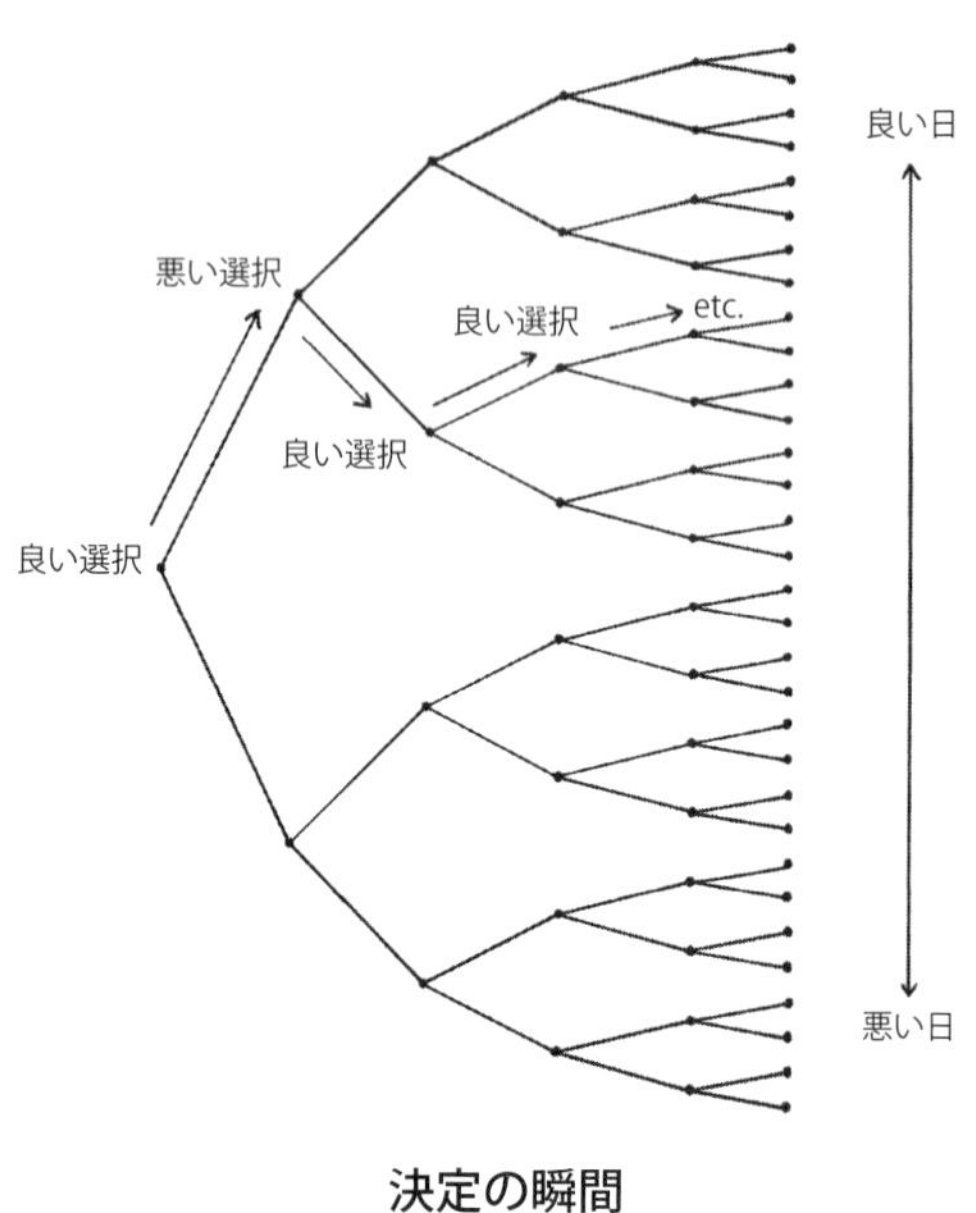

る。[＊] トワイラ・サープがタクシーを拾うのと同じように、このときの儀式はトレーニングウエアに着替えることだ。着替えたら、これから運動が始まるのだと納得する。あとに続くすべてのもの、つまり、ジムまで車で行き、どのトレーニングをするかを決め、バーの下へ進むことなどは、最初の一歩を踏みだしさえすれば簡単だ。

　毎日、とてつもない影響をもたらす瞬間がいくつかある。わたしはこの小さな

＊　公平にいうと、これもすばらしい夜の過ごし方だと思う。

選択の瞬間を「決定の瞬間」と呼んでいる。[4] 夕食にテイクアウトの料理を買うか、家で作るかを決める瞬間。車で行くか、自転車で行くかを決める瞬間。宿題に取りかかるか、ビデオゲームのコントローラーを手に取るかを決める瞬間。この選択が分かれ道となる。

決定の瞬間は、あなたの未来にどのような選択肢があるかを決めてしまう。たとえば、レストランへ入ることは決定の瞬間である。昼食に何を食べるか決まるからだ。厳密にいえば、何を注文するかはあなた次第だが、もっと広い意味では、メニューにあるものしか選べない。もしステーキハウスへ入ったら、サーロインかリブロースのステーキは食べられるが、寿司は食べられない。可能な選択肢は限られている。最初の選択で方向づけられたからだ。

わたしたちは習慣が導くところへ進むように制限されている。だから、その日にある決定の瞬間をうまく利用することが大切だ。どの日も多くの瞬間で成り立っているが、あなたの行く道を決めるのは、ほんの数個の習慣的選択である。この小さな選択が積み重なり、それぞれが軌道を描いて、これからの時間をどう使うか決定していく。

習慣は入り口であり、目的地ではない。タクシーであり、ジムではない。

二分間ルール

小さく始めるべきだとわかっていていても、つい大きく始めてしまいやすいものだ。変わりたいと夢見ているときは、どうしても興奮が抑えられず、多すぎることを早すぎる時期にしたくなる。こういう性向を和らげるのにもっとも効果的な方法は、「二分間ルール」を使うことである。[5] これは、「新しい習慣を始めるときは、二分以内にできるものにする」というルールだ。

ほぼどんな習慣でも、二分間バージョンに縮小できる。

- 「毎晩寝るまえに読書する」は「一ページ読む」に
- 「ヨガを三〇分する」は「ヨガマットを取り出す」に
- 「授業の予習をする」は「ノートを開く」に
- 「洗濯物をたたむ」は「一足の靴下をたたむ」に
- 「五キロ走る」は「ランニングシューズの靴ひもを結ぶ」に

これは、習慣をできるだけ始めやすくするためのアイデアだ。一分間の瞑想や、一ページの読書、一足の靴下をたたむことなら誰にでもできる。そしてすでに述べたように、これは強力な戦術だ。いったん正しいことを始めたら、とても続けやすくなるからだ。新しい習慣が試練のように感じられるようではいけない。あとに続く行動はたいへんかもしれないが、最初の二分間は易しいものであるべきだ。あなたに必要なのは、もっと生産的な道へと導いてくれる「入り口の習慣」である。

目標を「とても易しい」から「とても難しい」まで細かく分ければ、望ましい結果へと導いてくれる入り口の習慣とは何かがわかるだろう。たとえば、マラソンで走るのはとても難しい。五キロ

とても易しい	易しい	中くらい	難しい	とても難しい
ランニングシューズを履く	10分間歩く	1万歩歩く	5キロ走る	マラソンで走る
1行書く	1段落書く	1000字書く	5000字の記事を書く	本を書く
ノートを開く	10分間勉強する	3時間勉強する	オールAを取る	博士号を取る

走るのは難しい。一万歩歩くのは中くらいに難しい。一〇分間歩くのは易しい。そして、ランニングシューズを履くのはとても易しい。目標はマラソンで走ることかもしれないが、入り口の習慣はランニングシューズを履くことだ。これが、二分間ルールのやり方である。

一ページの読書や、一分の瞑想、一回のセールス電話などを大げさに捉えるのはおかしいと考える人も多いだろう。でも大事なのは、何かを行うことではない。習慣が現れるようにすることがポイントである。実際、習慣は向上させるまえに、まず確立しなければいけない。習慣を出現させるという基本的なスキルを身につけなければ、他のさまざまなことをマスターできないだろう。はじめから完璧な習慣をやり遂げようとするのではなく、易しいことをいつも行おう。最適化するまえに、標準化しなければいけない。

習慣を出現させる技をマスターすると、最初の二分間が、もっと大きなルーティンを始めるための儀式になる。じつは、これは単に習慣を易しくするコツではなく、難しいスキルを習得するための理想的な方法だ。プロセスの始まりを儀式化できるほど、大きなことをするのに必要な、深く集中した状態に入りやすくなる。運動のまえに同じウォームアップをすれば、最高のパフォーマンスができる状態に入りやすい。いつもの創造的な儀式をすれば、創作という難しい仕事に取りかかりやすい。決まった時刻に電気を消すようにすれば、毎晩ちょうどいい頃に眠りやすい。[6]すべてのプロセスを自動化するのは無理かもしれないが、最初の行動は無意識にできるだろう。始めやすくすれば、あとは勝手についてくる。

二分間ルールのことをトリックのように感じる人もいるだろう。本当の目標は二分間よりもっと大きなことなので、自分をだましているような気がするかもしれない。一ページの読書や、一回の腕立て伏せや、ノートを開くことを実際に望んでいる人など誰もいない。心理的なトリックだとわかっていて、どうして引っかかるだろう？

もし二分間ルールがこじつけに思えるなら、二分間だけやって、やめてみよう。走りにいって、二分後に必ずやめる。瞑想を始めて、二分後に必ずやめる。アラビア語を勉強して、二分後に必ずやめる。始めるための戦略としてではなく、それだけをやってみよう。その習慣をたった一二〇秒間続けるだけでいい。

わたしの記事の読者は、この方法で四五キロ以上も減量した。はじめのうちは、毎日ジムへ行ったが、五分以上いないようにと自分に言いきかせた。ジムへ行き、五分間運動し、時間が過ぎるとできるだけ早く帰った。数週間後、彼はまわりを見て思った。「そうだ、とにかくいつもここへ来てるんだ。そろそろ、もう少し長くいてもいいかな」。数年後、体重はみごとに減っていた。

日記をつけることも、いい例になる。頭のなかにある考えを取り出して紙に書くことは、誰にとってもためになるが、ほとんどの人は数日で諦めたり、まったくしなかったりする。日記つけは面倒に思えるからだ。[*] 続けるコツは、仕事のように感じられない程度にとどめておくことである。イギリスのリーダーシップ・コンサルタントのグレッグ・マキューンは、書きたいことより少なく書くことで、日記を毎日つける習慣を身につけたという。いつも面倒に感じるまえに書くのをやめたそうだ。[7] アーネスト・ヘミングウェイは、何を書く場合でも、これと似たような信念を持っていた。「いちばんいい方法は、うまくいきそうになったら、すぐやめることだ」と語っている。

このような戦略がうまくいく理由は、もうひとつある。自分が築きたいアイデンティティーを強めてくれるということだ。たとえ二分間だけでも、五日間連続でジムへ行ったら、新しいアイデンティティーに票を投じることになる。あなたはもう身体を鍛えたいと悩んだりしない。運動を欠かさず行うタイプの人になることに力を注いでいる。なりたいタイプの人だと証明するための最少の行動をとっている。

変化について、こんなふうに考えることはめったにないだろう。誰もが最終目標に心を奪われているからだ。でも一回の腕立て伏せは、運動しないよりいい。一分間のギターは、まったく練習しないよりいい。一分間読むことは、本を手に取らないよりいい。望んでいるより少ししかしないことは、まったく何もしないよりいい。

ある時点で、習慣が確立して毎日現れるようになったら、二分間ルールと「習慣作り」のテクニックを組み合わせて、最終目標に向けて習慣のレベルを高めていける。[8] まずは最初の二分間という、い

* 日記つけを易しくするために、わたしは日記習慣法を具体的に考案した。そのなかの「一日一行」は、その日について一文だけ書くという方法だ。詳しくは以下のサイトをご覧いただきたい。https://jamesclear.com/habit-journal

習慣作りの例

習慣	早起きする人になる	ビーガンになる	運動を始める
第1段階	毎晩午後10時までに帰宅する	毎食、野菜を食べるようにする	トレーニングウエアに着替える
第2段階	すべてのデバイス（テレビ、スマートフォンなど）の電源を、毎晩午後10時までに切る	四つ足の動物を食べるのをやめる（牛、豚、羊など）	外に出る（散歩してみる）
第3段階	毎晩午後10時までにベッドに入る（本を読んだり、夫や妻と話したりしながら）	二本足の動物を食べるのをやめる（鶏、七面鳥など）	車でジムへ行き、5分間運動して帰る
第4段階	毎晩午後10時までに消灯する	足のない動物を食べるのをやめる（魚、ハマグリ、帆立貝など）	少なくとも週1回、15分間運動する
第5段階	毎朝午前6時に起きる	すべての動物性食品を食べるのをやめる（卵、牛乳、チーズ）	週3回運動する

ちばん小さな行動をマスターすることから始めよう。それから、中くらいのステップへ進もう。最初の二分間に集中して、次へ移るまえにその段階をマスターしながら、プロセスを繰りかえしていく。最後には、もともと身につけたいと望んでいた習慣にたどりつけるだろう。そのときでも、集中すべきもの、つまり行動の最初の二分間に集中しなければいけない。

もっと大きな人生の目標でも、ほとんどすべてが二分間の行動に置きかえられる。健康で長生きしたい→身体を鍛える必要がある→運動する必要がある→トレーニングウエアに着替えよう。幸せな結婚生活を送りたい→良い夫や妻にならなければならない→相手の生活が楽になるよう毎日何かをするべきだ→来週の食事の計画を立てよう。

習慣を続けることに苦労しているなら、二分間ルールを取り入れてみよう。このシンプルな方法で、あなたの習慣は易しくなる。

本章のまとめ

- 習慣は数秒で完了するが、そのあとの数分や数時間の行動に影響しつづける。
- 多くの習慣は、決定の瞬間、つまり分かれ道のような選択のときに表れる。そして生産的な日か、または非生産的な日へとあなたを導く。
- 二分間ルールとは、「新しい習慣を始めるときは、二分間以内にできるものにする」というものである。
- プロセスの始まりを儀式化するほど、大きなことをするのに必要な、深く集中した状態に入りやすくなる。
- 最適化するまえに標準化しよう。存在しない習慣は改善できない。

第14章 良い習慣を必然にし、悪い習慣を不可能にする方法

How to Make Good Habits Inevitable and Bad Habits Impossible

一八三〇年の夏、フランス人作家ビクトル・ユーゴーは、とても間に合いそうにない締め切りに追われていた。その一二カ月前、彼は出版社に新しい本を書くと約束した。ところが執筆するかわりに、他のことに没頭したり、客をもてなしたりして一年を過ごし、仕事が遅れてしまった。すると業を煮やした出版社が、あと六カ月以内という締め切りを提示してきた。本は一八三一年二月までに刊行しなくてはいけない。

ユーゴーは先延ばし癖を克服するために、風変わりな策をとった。自分の服を全部集めて助手に渡し、大きなタンスにしまって鍵をかけてくれと頼んだ。大きなショール以外、着るものは何ひとつない。外出にふさわしい服がないので書斎にこもり、秋と冬の間中、がむしゃらに執筆した。[1] こ

うして『ノートル＝ダム・ド・パリ』は予定より二週間早く、一八三一年一月一四日に出版された。*

ときには、良い習慣を身につけるより、悪い習慣を断つほうが成功につながることがある。これは、第三の法則の逆、「難しくする」である。もし自分の計画どおりに進まなくて困っているなら、ユーゴーに見習って、心理学者が「背水の陣法」と呼ぶ方法で、悪い習慣を行いにくくしてみよう。

背水の陣法とは、未来の行動を導くために、現在行う選択である。[2] 未来の行動をたしかなものにして、自分に良い習慣を身につけさせ、悪い習慣から離れさせる。ユーゴーが執筆に集中できるよう服を片づけたとき、彼もやはり背水の陣を敷いていた。**

背水の陣法を用いるにはさまざまな方法がある。徳用サイズではなく、個包装された食品を買うことで、食べすぎを減らせる。将来ギャンブルにはまらないように、カジノやオンライン・ポーカーサイトの出入り禁止リストに自ら載せてもらう。試合のために「体重調整」しなければならないアスリートは、計量前の週には財布を家に置いておくと聞いたことがある。ファストフードを買いたくなるのを防ぐためだ。

* この逸話と、本書を執筆中のわたしの状況がとてもよく似ているのは、じつに皮肉な話だ。わたしの場合、出版社はもっと寛容だったし、クローゼットに服がいっぱいあったけれど、原稿を書き終えるためには、自分を家に閉じこめなければいけないような気がしたものだ。

** これは「ユリシーズの契約」とも呼ばれている。[4]『オデュッセイア』の主人公ユリシーズにちなんで名づけられたものだ。彼は、妖精セイレーンの魅惑的な歌が聞こえても惹きつけられて座礁しないように、水夫たちに命じて自分を船のマストに縛りつけさせた。正気なうちに未来の行動をたしかなものにしておくほうが、そのとき欲望のままに引きこまれるのを待つよりもいいと、わかっていたからである。

もうひとつの例を挙げよう。同じく〝習慣〟専門家で友人のニール・エヤルは、タイマー付きのコンセントを買って、インターネットのルーターと電源コンセントのあいだに差しこんだ。毎晩午後一〇時になると、タイマー付きコンセントがルーターの電源を切る。[3] インターネットが切れると、家族みんながもう寝る時間だと気づくという。

背水の陣法が役立つのは、誘惑に陥るまえに、良い意志を働かすことができるからだ。たとえばわたしは、カロリー摂取を減らしたいときはウェイターに頼んで、食事が運ばれるまえに、料理の半分を持ち帰り用の箱に入れてもらうようにしている。もし料理が運ばれるまで待って、自分に「半分だけ食べよう」と言いきかせても、けっしてうまくいかない。

ポイントは、良い習慣を始めるより、やめるほうがたいへんなように手順を変えることだ。もし身体を鍛えたいという気があるなら、ヨガのクラスに申し込んで、先に受講料を払ってしまおう。起業したくて胸が高鳴るなら、尊敬している起業家にメールして、電話での相談を予約しよう。実行するときが来たら、やめるには予約をキャンセルするしかない。それには労力がいるし、お金もかかるだろう。

背水の陣法は、現在の悪い習慣を難しくすることで、未来に良い行動をする確率を上げるというものだ。でも、さらに良い方法がある。わたしたちは良い習慣を必然にし、悪い習慣を不可能にすることができる。

習慣を自動化すれば、考えなくてもいい

ジョン・ヘンリー・パターソンは、一八四四年にオハイオ州のデイトンで生まれた。子ども時代は家の農場を手伝いながら、父の製材所で働いた。ダートマスの大学へ行ったあと、オハイオへ戻って、炭鉱夫向けの小さな雑貨店を開いた。

それはいいチャンスのように思えた。競争相手の店はないし、客はひっきりなしにやってくる。ところが、少しも儲からなかった。ようやくパターソンは、従業員たちが売上金をくすねていることに気がついた。

一八〇〇年代の半ばごろ、従業員による盗みはよくある問題だった。レシートは鍵のかかっていない引き出しに入れられていて、簡単に書きかえたり、捨てたりできた。行動を調べるビデオカメラも、取引を記録するソフトウエアもない。一日中ずっと従業員を見張っているか、すべての取引を自分でやらないかぎり、盗みを防ぐのは難しい。

この状況に悩んでいると、「リッティの正直な会計係」という新しい発明品の広告に出合った。同じくデイトンに住むジェームズ・リッティによって考案されたもので、世界初のキャッシュレジスターである。この機械は取引が終わるたびに、現金とレシートを自動的に内部に閉じこめる。パターソンは、一台五〇ドルで二台買った。

店員による盗みは、一晩でなくなった。それからの六カ月で、パターソンの商売は赤字から五〇〇〇ドルの黒字になった。現在の一〇万ドル以上に相当する額だ。[5]

パターソンはこの機械にとても感心し、仕事を変える決心をした。リッティから発明の権利を買い取り、ナショナル・キャッシュ・レジスター社を起ち上げた。一〇年後、この会社は一〇〇〇人以上の従業員を抱えるようになり、当時もっとも成功したビジネスになっていった。

悪い習慣を断つ最善の方法は、実行困難にすることである。行う選択肢がなくなるまで、抵抗を大きくすればいい。キャッシュレジスターのすばらしい点は、盗みを事実上不可能にすることで、倫理的行動を自動化したことだ。従業員の態度を変えようとするのではなく、自動的に望ましい行動をさせたわけである。

行動のなかには、キャッシュレジスターの導入のように、何度も繰りかえして効果をもたらすものがある。この一度だけの行動は、はじめに少しの労力を要するが、時とともに価値を増していく。一度だけの選択行動が何度も報酬をもたらすとは、じつにすばらしいアイデアではないだろうか。そこでわたしの読者に、長つづきする良い習慣へとつながった、一度だけの行動がないかと尋ねてみた[6]。次の表は、もっとも多かった回答を記したものである。

ふつうの人がこのリストの行動を半分でも実行したら、たとえ習慣について考えなくても、ほとんどの人が一年後には生活が良くなっているにちがいない。この一度だけの行動は、行動の第三の変化をそのまま適用したものだ。これによって、良い睡眠や、健康的な食事、生産的な行動ができ、貯金がしやすくなり、生活を改善できるようになる。

もちろん、良い習慣を自動化し、悪い習慣を断つ方法はたくさんある。典型的なのは、テクノロジーを利用する方法である。テクノロジーによって、以前は難しくて苦痛で面倒だった行動を、易

良い習慣をたしかなものにする1度だけの行動

栄養	幸福
浄水器をつけて飲み水をきれいにする。	犬を飼う。
カロリー摂取を減らすため、小さな皿を使う。	親しみやすく、近所づきあいの多い地域へ引っ越す。
睡眠	**健康全般**
良いマットレスを買う。	予防接種を受ける。
遮光カーテンを買う。	腰痛にならないよう、良い靴を買う。
寝室からテレビを出す。	姿勢を良くする椅子か、立ち机を買う。
生産性	**お金**
メルマガの購読をやめる。	自動積立プランを申し込む。
グループチャットの通知を切り、音を消す。	自動引き落としで支払うようにする。
スマートフォンをマナーモードにする。	ケーブルテレビを解約する。
Eメール・フィルターを使って受信箱をすっきりさせる。	プロバイダー料金を下げるため、プラン変更などをする。
スマートフォンからゲームやソーシャルメディアのアプリを削除する。	

しくて楽でシンプルな行動に変えることができる。正しい行動を保証するたしかで効果的な方法だ。

この方法は、たまにしか行わないため習慣になりにくい行動の場合に、とくに役立つ。投資ポートフォリオの見直しのように月ごとや年ごとに行うものは、それほど繰りかえさないので習慣になりにくい。だから、テクノロジーが見直すよう「思い出させてくれる」と、たいへん便利である。

他の例も挙げてみよう。

・投薬……処方薬は自動的に補充することができる
・個人資産…従業員は退職に備えて自動引き落としで貯金できる
・料理……食事配達サービスで食料品の買い物ができる
・生産性……ソーシャルメディアは、ウェブサイトブロッカーというソフトで閲覧制限できる

生活をできるだけ自動化すると、まだ機械にはできない作業に労力を使える。それぞれの習慣をテクノロジーにゆだねることで余った時間とエネルギーを、次の成長段階へと注ぐことができる。数学者で哲学者のアルフレッド・ノース・ホワイトヘッドが書いたように、「考えずに行える作業の数が増えることによって、文明は進んでいく[7]」

もちろん、テクノロジーの力が不利に働くこともある。テレビドラマの数話分を一気に観るのが習慣になってしまうのは、画面を見つづけるより、やめるほうが努力がいるからだ。次のエピソードへ進むためにボタンを押さなくても、ネットフリックスやユーチューブが自動再生してくれる。あなたはただ目を開いているだけでいい。

テクノロジーによってとても便利になったため、ほんの少しの気まぐれや願望で行動できるようになった。ちょっと小腹がすいたら、食事を宅配してもらえる。ほんの少し退屈だと思ったら、ソーシャルメディアの広大な世界に没頭できる。願望による行動に必要な労力が事実上ゼロのとき、そのときのあらゆる衝動にいつのまにか引きずられてしまう。自動化の欠点は、知らないうちに易しい作業から易しい作業へと飛びついてしまい、もっと難しいが最後には報われるもの、つまり仕事

のための時間がなくなることだ。
　わたしはよく、一息入れるたびにソーシャルメディアに惹きつけられる。ほんの一瞬でも退屈だと思うと、スマートフォンに手をのばす。このささやかな気晴らしを「ちょっと休憩してるだけさ」とすませることは簡単だが、やがて積み重なれば深刻な問題になりかねない。「もう一分だけ」といつも引き伸ばしてしまい、大事なことが何もできなくなってしまう。（わたしだけではない。人は平均して一日に二時間以上、ソーシャルメディアで時間をつぶしている。[8] 一年に六〇〇時間も余分にあったら、どんなことができるだろう？）

　本書を書いていた一年間、わたしは新しい時間管理術を試してみた。毎週月曜日、ソーシャルメディアのアカウントのパスワードを、助手にすべて変更してもらう。わたしはどのデバイスでもログインできない。だから平日のあいだ、気を散らすことなく働ける。金曜日になると、助手が新しいパスワードを送ってくれる。わたしは週末のあいだソーシャルメディアをたっぷり楽しみ、やがて月曜の朝がくると、助手がまたパスワードを変更する（もし助手がいないなら、友人や家族とチームを組み、毎週お互いのパスワードを変更しよう）。

　いちばん驚いたのは、思ったより早くそれに慣れたということだ。ソーシャルメディアを断った最初の週に、今までのようにしょっちゅうチェックする必要などない、とくに毎日する必要はないと気がついた。あまりにも簡単に見られたから、毎日するのが当然になっていただけだ。悪い習慣が不可能になると、有意義な作業をしようというやる気が、自分にはちゃんとあることがわかった。環境から心理的なキャンディーを取り除いたら、健康的なものを食べやすくなったというわけだ。

自動化は有利に働けば、良い習慣を必然にし、悪い習慣を不可能にする。そのときの意志に頼るのではなく、未来の行動をたしかなものにする究極の方法だ。背水の陣法、一度だけの戦略的な決断、そしてテクノロジーを利用すれば、必然の環境を作ることができる。その環境では、良い習慣はただ望んでいるだけの結果ではなく、事実上保証されている結果である。

本章のまとめ

- 行動変化の第三の法則の逆は「難しくする」である。
- 背水の陣法とは、未来の良い行動をたしかなものにするための現在の選択である。
- 未来の行動をたしかなものにする究極の方法は、習慣を自動化することだ。
- 良いマットレスを買ったり、自動積立てのプランに申し込むというような一度だけの選択は、未来の習慣を自動化し、時とともに見返りが増していく行動である。
- テクノロジーを使って習慣を自動化することは、正しい行動を保証するためのもっともたしかで効果的な方法だ。

良い習慣の身につけ方

第１の法則	はっきりさせる
1.1	習慣得点表をつける。現在の習慣に気づくため、書きだしてみる。
1.2	実行意図を使う。「わたしは〈いつ〉〈どこで〉〈何を〉する」
1.3	習慣の積み上げをする。「〈現在の習慣〉をしたら、〈新しい習慣〉をする」
1.4	環境を作る。良い習慣のきっかけを、はっきり見えるようにする。
第２の法則	魅力的にする
2.1	誘惑の抱き合わせを利用する。したい行動と、しなければならない行動をセットにする。
2.2	望ましい行動がふつうの行動の文化に加わる。
2.3	モチベーションを高める儀式を作る。難しい習慣の直前に楽しいことをする。
第３の法則	易しくする
3.1	抵抗となるものを減らす。良い習慣へたどりつくまでのステップを減らす。
3.2	環境を準備する。未来の行動がとりやすくなるよう環境を整える。
3.3	決定の瞬間をマスターする。大きな影響をもたらす小さな選択を、最大限に利用する。
3.4	２分間ルールを使う。習慣を２分以内でできるものに縮小する。
3.5	習慣を自動化する。未来の行動を確かなものにするために、テクノロジーや１回限りの購入に投資する。
第４の法則	満足できるものにする

悪い習慣の断ち方

第１の法則の逆	見えないようにする
1.5	避ける。悪い習慣のきっかけを環境から取り除く。
第２の法則の逆	つまらなくする
2.4	考え方を変える。悪い習慣を避けることで得られる利益を強調する。
第３の法則の逆	難しくする
3.6	抵抗となるものを増やす。悪い習慣にたどりつくステップを増やす。
3.7	背水の陣法を使う。未来の選択が自分に役立つものになるよう制限をかける。
第４の法則の逆	満足できないものにする

＊この習慣早見表を印刷したい場合は、以下のサイトからダウンロードしていただきたい。https://jamesclear.com/atomic-habits/cheatsheet

第四の法則

THE 4TH LAW

満足できるものにする

Make It Satisfying

第15章 行動変化の大原則

The Cardinal Rule of Behavior Change

一九九〇年代後半、保健師のスティーブン・ルビーは、ネブラスカ州オマハの故郷を発ち、パキスタンのカラチへ向かう片道切符を買った。

カラチは世界でもっとも人口の多い街のひとつだった。一九九八年までに、九〇〇万人以上の人が住むようになった。[1] パキスタンの経済と輸送の中心地であり、その地域の主要な空港と港湾がある。街の商業地域では標準的な都市設備が整い、にぎやかな中心街もある。でもカラチは、世界でいちばん住みにくい街でもあった。

カラチの住民の六〇パーセント以上が、不法占拠地域やスラム街に住んでいた。[2] これらの密集地域には、古い板や軽量コンクリートブロック、その他の廃棄物を寄せ集めてこしらえた、間に合わせの家がひしめきあっていた。ごみの収集も、電気も、水道もない。道は、乾いているときは埃とごみだらけで、雨のときは泥だらけの下水溝になる。よどんだ水たまりで蚊の大群が発生し、子どもたちはごみのなかで遊んでいた。

不衛生な状態のせいで、病気が蔓延していた。水源が汚染されているため、下痢、嘔吐、腹痛が流行した。そこに住む子どもの三分の一近くが栄養失調だった。あまりにも多くの人が狭い場所に住んでいるため、ウイルスや細菌による感染症があっという間に広まる。この公衆衛生上の危機こそ、スティーブン・ルビーがパキスタンへやってきた理由だった。[3]

ルビーとそのチームは、不衛生な環境では、手洗いという簡単な習慣によって、住民の健康状態をかなり改善できると考えていた。でもまもなく、手洗いが大切だとすでに知っている人が多いことに気づいた。

ただ、その知識があっても、多くの住民がいいかげんな洗い方をしていた。手を水にさっとくぐらせるだけの人。片手しか洗わない人。そして多くの人が料理のまえに手を洗うのを忘れる。みんな手洗いが大切だと言うが、それを習慣にしている人はほとんどいなかった。問題は知識ではない。言行一致させることだ。

そこで、ルビーたちはプロクター・アンド・ギャンブル社と協力して、この地域にセーフガードソープを配ることにした。他の石けんに比べて、セーフガードソープの使用は楽しい経験だった。「パキスタンでは、セーフガードソープは高級な石けんです」と、ルビーはわたしに語った。[4]「実験の参加者たちは、この石けんがどんなに気に入っているか、よく話してくれましたよ」。この石けんは泡立ちがいいので、手にたっぷり泡をつけることができる。香りも最高だ。あっという間に、手洗いはこれまでより楽しいものになった。

「手洗い促進運動の目的は、行動を変えることではなく、習慣として身につけさせることです」と、ルビーは言った。「人は、デンタルフロスのような楽しくないものより、ミント味の歯磨き粉のように、楽しく感じる商品のほうを選びやすいのです。プロクター・アンド・ギャンブル社のマーケティングチームが、楽しい手洗い体験を作ろうと提案してくれました」

数カ月のあいだに、その地域の子どもの健康状態はみるみる変わった。下痢の感染率が五二パーセント減り、肺炎が四八パーセント、膿痂疹（のうかしん）という細菌性皮膚感染症は三五パーセント減少した。[5]

長期的な効果はさらによかった。「六年後に、カラチのいくつかの家庭をまた訪ねてみました」とルビー。「そこへ着くと、石けんを無料で与えて手洗いを勧めた家庭の九五パーセントに、石けんと水を置いた手洗い場があったのです……。[6]それまでの五年間、実験対象の家庭に石けんを与えたことは一度もありません。でも実験中に手を洗うことに慣れたので、ずっと続けていたのです」。これは行動変化の第四の法則「満足できるものにする」のすばらしい例である。

わたしたちは、経験して満足すると、その行動を繰りかえしやすい。これはじつに論理的である。香りと泡立ちのよい石けんで手を洗うというような小さなことでも、楽しいという感覚は脳に、「これは気持ちいいぞ。今度もまたやろう」というような信号を伝える。喜びが、記憶して繰りかえす価値のある行動だと脳に教えこむ。

チューインガムについての話を例にとってみよう。チューインガムは一八〇〇年代を通して販売されていたが、世界的な習慣になったのは一八九一年にリグレーが発売してからだ。[7]それまでのガムは、どちらかといえば味気ない樹脂で作られていた。噛みごたえはあるが、味がなかった。するとリグレーが、スペアミントやジューシーフルーツのような味をつけて、おいしくて楽しいガムを作り、業界に大変革をもたらした。[8]その後も一歩踏みこんで、口を清潔にする方法として前面に押し出した。宣伝文句は「お口さわやか」である。
おいしい風味と口内のさわやかな感触はすぐに効果をあらわし、商品を満足できるものにした。ガムの消費量はうなぎのぼりで、リグレーは世界最大のチューインガム会社となった。[9]
歯磨き粉も同じような経過をたどった。[10] メーカーは、スペアミントやペパーミント、シナモンのような風味を商品に加えることで、大成功を収めた。これらの風味で歯磨き粉の効果が上がるわけではない。「口がすっきりする」という感触によって、歯磨きを楽しくするだけだ。じつはわたしの妻も、後味が気に入らないからと言って、センソダイン〔日本での製品名はシュミテクト〕を使うのをやめた。もっとミント味が強いブランドに替えたところ、これにはとても満足したようだ。
逆に、やってみて満足できなければ、繰りかえす理由はない。わたしは調査中に、ある女性の話を聞いた。彼女にはナルシストの親族がいて、おかげで頭がおかしくなりそうだったという。この自己中心的な親族と過ごす時間を減らすため、彼がそばにいるときはいつも、できるだけつまらなくて冴えない女のようにふるまった。すると数回会ううちに、彼はその女性を避けはじめた。彼女のことをつまらないと思ったからだ。[11]
この話は、行動変化の大原則「報われる行動は繰りかえす。罰せられる行動は避ける」を証明している。過去の行動への報酬（または罰）に基づいて、未来に何をするべきか学んでいく。ポジティブな感情は習慣を育み、ネガティブな感情は習慣を壊すものだ。
行動変化のはじめの三つの法則の「はっきりさせる」「魅力的にする」「易しくする」は、行動が今このときに起きる確率を上げるものだ。行動変化の第四の法則「満足できるものにする」は、再び繰りかえす確率を上げるものである。こうして習慣ループが完成する。
でも、それにはコツがいる。どんなタイプの満足でもいいわけではない。わたしたちは、すぐに満足できるものを求めているからだ。

即時報酬と遅延報酬のずれ

自分がキリンやゾウ、ライオンなど、アフリカの平原をさまよう動物だと想像してみよう。どんな日でも、あなたの決断はすぐに影響をおよぼす。何を食べるか、どこで眠るか、どうやって捕食動物を避けるか、いつも考えている。絶えず現在やすぐ先のことに集中している。あなたは、科学者が「即時報酬の環境」と呼ぶ世界に住んでいる。あなたの行動がすぐにはっきりした結果をもたらすからだ。

さあ、それでは人間に戻ろう。現代社会では、今日あなたがした選択がすぐに利益をもたらすことはない。よく働いたら、数週間後に給料をもらえるだろう。今日運動したら、たぶん来年も体重が増えずにすむだろう。今貯金したら、数十年後の退職に向けて十分な備えができるだろう。あなたは、科学者が「遅延報酬の環境」と呼ぶ世界に住んでいる。行動による見返りが得られるまえに、何年も働くことができるからだ。

人間の脳は、遅延報酬の環境で進化してきたわけではない。ホモ・サピエンスとして知られる現生人類のもっとも古い化石は、約二〇万年前のものだ。[12] これは、わたしたちと比較的同じ脳を持っていた最初の人類である。とくに脳のもっとも新しい部分で、言語などの高機能を司る大脳新皮質の大きさは、二〇万年前も今もほぼ同じだ。[13] あなたは旧石器時代の祖先と同じハードウエアを備えて歩いているわけだ。

社会がおもに遅延報酬の環境へと変わったのは、つい最近、ここ五〇〇〇年くらいのことである。[14]* 脳の年齢に比べれば、現代社会は真新しいものだ。この一〇〇年で、自動車、飛行機、テレビ、パソコン、インターネット、スマートフォン、ビヨンセが現れるのを目にしてきた。世界は近年大きく変わったが、人間の本質はほとんど変わっていない。[15]

アフリカの大草原の他の動物と同じように、わたしたちの祖先も、深刻な脅威に立ち向かったり、次に食べる食糧を確保したり、嵐から身を守ったりして日々を過ごしていた。すぐに得られる喜びを重要視したのも当然だ。遠い未来などほとんど関心がなかった。そして即時報酬の環境で何千世代も過ごすうちに、わたしたちの脳は長期的な見返りよりも、すぐに得られる見返りを好むように進化していった。[16]

行動経済学者はこの傾向を「時間割引」と呼ぶ。これは、脳による報酬の評価は、時間と相反す

＊ 遅延報酬の環境への移行は、一万年前に農業が始まり、農民が数カ月後の収穫を期待して作物を植えだした頃らしい。とはいえ、わたしたちの生活が、キャリアプランや退職プラン、休暇プラン、その他カレンダーを埋めつくす予定のような遅延報酬の選択でいっぱいになったのは、ここ数世紀のことである。

るということだ。* あなたは未来より現在を高く評価する。たいていの場合、この傾向は役に立つ。未来にもらえるかもしれない報酬よりも、今確実にもらえる報酬のほうが通常は価値が高い。でもときどき、すぐに得られる喜びを好む傾向が、問題を起こすこともある。

肺がんになるリスクが高まるとわかっていて、煙草を吸う人がいるのはなぜだろう。肥満になりかねないとわかっていて、食べすぎる人がいるのはなぜか？ 性感染症になるかもしれないとわかっていて、危険なセックスをする人がいるのはなぜか？ 脳が報酬をどう優先づけるか理解したら、答えは明らかになる。悪い習慣による結果は遅れてやってくるが、報酬はすぐに得られるからだ。喫煙は一〇年後にあなたを殺すかもしれないが、今ストレスを軽減し、ニコチンへの渇望を和らげてくれる。食べすぎは長い目で見れば身体に悪いが、その瞬間はとてもおいしい。セックスは、安全でもそうでなくても、すぐに喜びを与えてくれる。病気や感染が現れるのは数日後か数週間後、いや、数年後かもしれない。[17]

どの習慣も時間とともにさまざまな結果をもたらす。残念ながら、これらの結果は順番が一定でないことが多い。悪い習慣の場合、すぐに表れる結果はたいてい愉快なもので、最終的な結果は不愉快なものだ。良い習慣の場合はその逆である。すぐに表れる結果は愉快ではないが、最終的な結果はうれしいものだ。フランスの経済学者フレデリック・バスティアがこの問題を明確に説明している。「すぐに表れる結果が好ましく、後の結果が悲惨なのは、つねにあることであり、逆もまた真

＊「時間割引」は「双曲割引」とも呼ばれる。

である……。習慣の最初の実が甘いほど、後の実は苦いものだ」[18]

いいかえれば、良い習慣のコストは現在にあり、悪い習慣のコストは未来にやってくる。脳には現在を優先する傾向があるので、良心は頼りにならない。減量する、本を書く、語学を習うなどの計画を立てるとき、じつは未来の自分自身のために計画を立てている。そして、自分が望んでいる人生を心に描けば、長期的な利益となる行動に価値を見いだしやすいだろう。わたしたちはみな、未来の自分のために、より良い人生を望んでいる。ところが決定の瞬間がやってくると、ふつうはすぐに得られる喜びのほうが勝ってしまう。するともう、スマートで健康で幸せになるのを夢見ている「未来のあなた」のために選ぼうとしない。[19] 満腹になるまで好き放題食べて楽しみたい「今のあなた」のために選んでしまう。一般に、すぐに楽しみを得られる行動ほど、長期的な目標と合っているかどうか、しっかり自問する必要がある。*

脳がある行動を繰りかえし、他の行動を避ける理由がわかったので、行動変化の大原則を更新しよう。「すぐに報われる行動は繰りかえす。すぐに罰せられる行動は避ける」

すぐに得られる喜びを好む傾向は、成功についての大切な真理を教えてくれる。人間にはそういう性質があるため、多くの人が、一瞬で得られる満足感を追いかけて日々を過ごそうとする。遅れ

* 以下のことも、わたしたちの決断を狂わせる。脳は、実際には起こりそうになくても、目前の脅威と思える危険を過大評価する。たとえば、飛行機が少し揺れているときに墜落すること、ひとりで留守番しているときに強盗が押し入ること、バスに乗っているときにテロリストに爆破されることなどだ。その一方で、実際に起こる確率が高いのに、かなり先のように思える脅威を過小評価する。不健康な食事で脂肪がどんどんたまること、机にすわってばかりで筋肉がしだいに落ちること、片づけなければ部屋がしだいに散らかっていくことなどである。

て得られる喜びを求めようとする人は少ない。もし報酬を待つことを厭わないなら、ライバルは少ないし、たいていは大きな見返りを得られるだろう。ことわざにもあるように「最後の一マイルがいちばんすいている」ものだ。

このことは、調査ではっきりと示されている。遅れて得られる喜びを待てる人のほうが、SAT（学業成績達成テスト）の点数が高く、薬物乱用や肥満になる率が低くて、ストレスにうまく対処でき、社交術にも秀でている。[20] 自分の生活でも効果を実感したことがあるはずだ。テレビを見るのを後回しにして宿題をすませたら、もっと学べるし成績も上がるだろう。店でデザートやポテトチップスを買わなければ、家に帰ったとき健康的な食事をするだろう。ほぼどんな分野でも、成功するにはどこかで即時報酬を無視し、遅延報酬を選ぶ必要がある。

ここで問題が生じてくる。ほとんどの人は、喜びを遅らせるのが賢明だと知っている。良い習慣による恩恵を手に入れたい。健康になり、生産的になり、心穏やかに過ごしたい。でも決定の瞬間には、これらがめったに心に浮かばない。幸い、喜びを遅らせるように訓練することもできるが、それには人間の自然な本質に逆らうのではなく、うまく歩調を合わせて行う必要がある。最善の方法は、長期的に見返りのある習慣にほんの少しの即時的な楽しみを付け加え、逆に見返りのない習慣には即時的な痛みを少し加えることだ。

すぐに得られる喜びを利用する方法

習慣を長続きさせるために肝心なのは、たとえわずかでも成功したと感じることだ。達成感は、習慣が報われたことや、その行為が価値あるものだという印になる。

理想の世界では、良い習慣の報酬は、習慣そのものである。でも現実の世界では、良い習慣によって何かが得られたとき、はじめて価値を感じる。最初のうちは犠牲ばかりだ。ジムへ数回行っても、強くも、かっこよくも、足が速くもならない。少なくとも目立った変化は何もない。数カ月たって体重が数キロ落ちたり、腕がいくらかたくましくなったりすると、ようやく運動そのものが楽しくなってくる。でも、はじめのうちは続ける理由が必要だ。だからこそ即時報酬が不可欠になる。即時報酬でやる気を保ちつづければ、そのあいだに背後で遅延報酬が積み重なっていく。

ここで述べている即時報酬が必要なときとは、じつは行動が終わるときである。行動の終わりは、他のときよりよく覚えているものなので、とても重要だ。あなたも習慣が終わるときには満足したいと思うだろう。最善の方法は「強化」を用いることだ。強化とは、即時報酬を利用して行動の発生率を上げるというプロセスである。第5章で述べた習慣の積み上げは、習慣と、始めるときを示すきっかけとを結びつけるものだった。そして強化とは、習慣と、終わったときに満足させる即時報酬とを結びつけるものである。

即時強化は、「回避の習慣」を身につけようとする際にとくに役立つ。これは、やめたい行動を避けることだ。「衝動買いをしない」とか「今月は断酒」というような習慣を続けるのは難しいだろう。

楽しいお酒の時間をなくしたり、靴を買うのを我慢しても、何も起こらないからだ。なんの変化もない最初の頃は、満足を感じにくいものだ。あなたはただ誘惑と闘っているだけで、満足はあまり得られない。

解決法は、状況をひっくり返すことである。回避したことがはっきり見えるようにすればいい。貯金口座を開いて、あなたが欲しいものの名前をつけよう。ひょっとしたら「革のジャケット」だろうか。買い物を我慢するたびに、同じ金額のお金を口座に入れていく。朝のカフェラテを我慢した？　五ドル入れよう。ネットフリックスをひと月我慢した？　一〇ドル入れよう。あなた自身のためのポイントサービスのようなものだ。革のジャケットに向けてお金がたまっていくのを見るという即時報酬は、ただ我慢しているよりずっといい。何もしないことが、満足できるものになる。

わたしの読者の夫婦が同じ方法をやってみたそうだ。外食を減らしたいので、もっと一緒に料理するようにした。貯金口座を「ヨーロッパ旅行」と名付け、外食を我慢するたびに、口座に五〇ドル振り込んでいった。そして年末には、貯まったお金を休暇のために使ったという。

ここで注目すべきなのは、あなたのアイデンティティーを強化するような短期報酬を選ぶことが大切であり、それに反する報酬を選んではいけないということだ。新しいジャケットを買うことは、減量や読書が目標なら大丈夫だ。でも予算を立てて節約するのが目標なら、これではうまくいかない。かわりにバブルバスに入ったり、のんびり散歩したりするのが、自分に自由時間という報酬を与えるよい例である。このような報酬なら、自由と経済的自立を手に入れたいという最終目標とうまく合うはずだ。同じように、運動の報酬がアイスクリームを食べることなら、望んでいるのと反対のアイデンティティーに一票を投じているようなもので、結局失敗するだろう。かわりにマッサージを報酬にすれば、ぜいたくな雰囲気を味わいながら、身体を手入れすることもできる。これで短期報酬が、健康な人になるという長期目標と一致する。

やがて、気分の改善や活力の充実、ストレス軽減という本質的な報酬が始まると、補助的な報酬への関心が薄れてくる。アイデンティティーそのものが強化因子になる。その行動をするのは、あなたがそういう人であり、そうであることが気持ちいいからだ。習慣が生活の一部になるほど、外から励ますものは不要になってくる。誘因があるだけで習慣は始まる。そしてアイデンティティーが習慣を続けさせる。

とはいえ、証拠が積み重なって新しいアイデンティティーが現れるまでには、時間がかかるものだ。そこで即時強化が、長期報酬を待っている短い期間のモチベーションを保つのに役立つ。

まとめれば、習慣を続けるには楽しくなければいけない、ということだ。香りのいい石けん、ミント味の歯磨き粉、貯金口座の五〇ドル増加というささやかな強化は、習慣を楽しむのに必要な、すぐに得られる喜びである。そして変化するのが楽しいとき、その変化は易しくなる。

本章のまとめ

- 行動変化の第四の法則は「満足できるものにする」である。

- 経験して満足できると、その行動を繰りかえしやすい。
- 人間の脳は、遅延報酬より即時報酬を優先するよう進化してきた。
- 行動変化の大原則――「すぐに報われる行動は繰りかえす。すぐに罰せられる行動は避ける」
- 習慣を長続きさせるには、たとえほんの少しでも、成功したとすぐに感じることが必要である。
- 行動変化のはじめの三つの法則「はっきりさせる」「魅力的にする」「易しくする」は、今このときに行動する確率を上げるものだ。行動変化の第四の法則「満足できるものにする」は、再び行動する確率を上げるものである。

第16章 良い習慣を毎日続ける方法

How to Stick with Good Habits Every Day

一九九三年、カナダのアボッツフォードにある銀行が、トレント・ディアズミッドという二三歳の株式仲買人を雇った。アボッツフォードは郊外のほうにあり、大きな取引のほとんどを扱う近くの都市、バンクーバーの陰に隠れた小さな町だ。そういう場所でもあり、ディアズミッドが新米ということもあって、誰も大して期待していなかった。ところが、シンプルな毎日の習慣のおかげで、彼はどんどん業績を伸ばした。

ディアズミッドは毎朝、まず机の上にふたつのビンを置いた。ひとつのビンには一二〇個のペーパークリップが入っている。もうひとつは空だ。彼は毎日席に着くなり、セールス電話をかけた。そのあとすぐ、ひとつのクリップを満杯のビンから空のビンへ移し、これを繰りかえしていった。「毎朝、ビンに入った一二〇個のクリップを、もうひとつのビンへ全部移すまで電話をかけつづけたんだ」と、彼はわたしに語った。[1]

一八カ月間に、ディアズミッドは五〇〇万ドルの利益を銀行にもたらした。そして二四歳までに、年収は七万五〇〇〇ドル、今日の一二万五〇〇〇ドルに相当する額になった。その後まもなく、他の会社で年収数十万ドルの仕事に就いた。

わたしはこのテクニックを、ペーパークリップ戦略と好んで呼んでいる。そして数年間のうちに、読者からさまざまな形の体験談を聞いた。ある女性は本の原稿を一ページ書くごとに、ヘアピンを箱からもうひとつの箱へ移していった。別の男性は腕立て伏せを一セットするごとに、ビー玉をビンからもうひとつのビンへ移していったという。

進歩すると満足感を得られるし、クリップやヘアピンやビー玉を移していくように、目に見えるものでその量を測ると、進歩した証拠がはっきりと表れる。すると行動が強化され、どんな行動でもわずかな達成感がすぐに得られる。目に見える測定法には、さまざまな形がある。食事日記、運動記録、ポイントカード、プログレスバーのソフトウエア、本のページでもいい。だが、進歩のようすを測る最善の方法は、「習慣トラッカー」を使うことだろう。

習慣の記録をつけるには

〝習慣トラッカー〟とは、習慣を行ったかどうかを測るシンプルな方法である。もっとも基本的なやり方は、カレンダーを買い、ルーティンを守った日を線で消すことだ。たとえば、月曜日、水曜日、金曜日に瞑想したなら、それぞれの日付に×印をつける。やがて、カレンダーは習慣の連続を記録したものとなる。

無数の人たちが習慣を記録してきたが、もっとも有名な人はベンジャミン・フランクリンだろう。[2]二〇歳から、フランクリンはどこへ行くにも小さなノートを持っていき、自分が目指す一三個の徳目について記録した。徳目のリストには、「時間を無駄にするなかれ。つねに有益なことに使うべし」、「無用な話をするなかれ」などがある。毎日の終わりに、フランクリンはノートを開き、自分の進歩のようすを記録した。

コメディアンのジェリー・サインフェルドは、ジョークを書きつづけるために、習慣トラッカーを使っているそうだ。ドキュメンタリー作品『コメディアン』で、自分の目標は、毎日ジョークを書くという「鎖を断ち切らないこと」だけだと語っている。いいかえれば、そのジョークがいいか悪いか、どれほどインスピレーションを受けたか、などはあまり気にしない。ただ机に向かって、ジョークを書き加えることだけに力を注いでいる。

「鎖を断ち切ってはいけない」というのは、力強いモットーだ。セールス電話の鎖を断ち切ってはいけない、そうすれば業績を上げられるだろう。運動の鎖を断ち切ってはいけない、そうすれば思ったより早く身体が鍛えられるだろう。毎日の創作の鎖を断ち切ってはいけない、そうすればすばらしい作品集ができるだろう。[3]習慣トラッカーが強力なのは、行動変化の法則を活用しているからだ。同時に、行動をはっきりさせ、魅力的にし、満足できるものにしている。

では、ひとつひとつ見ていこう。

メリットその一――習慣トラッカーは、はっきり目に見える

あなたの最後の行動を記録することは、次の行動を始めるきっかけとなる。習慣を記録することで、カレンダーに並んだ×印や、食事記録の食事リストのように、目に見えるきっかけが自然にできあがる。カレンダーを見て×印が目に入るたびに、また行動しようという気になる。研究によれば、減量や、禁煙、血圧を下げることを目標にして、その進捗状況を記録する人は、記録しない人よりも改善しやすいという。[4] 一六〇〇人以上を対象に行った調査では、毎日食事の記録をつけた人は、つけなかった人より二倍の体重を減量したそうだ。[5] ただ行動を記録するという作業によって、行動を変えたいという気持ちを起こすことができる。

また、習慣トラッカーはあなたを正直にしてくれる。多くの人は、自分の行動に対してゆがんだ見方をする。実際より良い行動をしていると思いがちだ。習慣を記録すると、自分の行動に目をつぶるのをやめ、本当は毎日何が起きているか気づくことができる。ビンのなかのクリップを一目見たら、どれだけ努力したか（または、していないか）すぐにわかる。証拠が目の前にあれば、自分に嘘はつけないだろう。

メリットその二――習慣トラッカーは魅力的である

もっとも効果的なモチベーションは進歩である。[6] 前へ進んでいるという印があれば、このままもっ

と続けようと、ますますやる気が出てくる。このように習慣トラッカーは、病みつきになるほどモチベーションを上げることができる。ひとつひとつの小さな勝利によって、やる気が育まれていく。

これはとくに、調子の悪い日に効果的である。気分が落ちこんでいると、これまでに達成した進歩のことも忘れてしまいやすい。習慣トラッカーは、目に見える努力の証拠だ。どんなにがんばってきたか、思い出させてくれる。さらに毎朝目にする空欄が、さあ、始めようという気にさせる。これまで続いてきたものを途切れさせて、せっかくの進歩を失いたくないからだ。

メリットその三――習慣トラッカーは満足できる

これがもっとも大きなメリットだ。記録すること自体が報酬になり得る。やることリストの項目を線で消したり、運動記録のメニューを完了したり、カレンダーに×印をつけたりすることで、達成感が得られる。投資ポートフォリオの厚みや、本の原稿の長さなど、成果が上がっていくのを見るのは気分がいいものだ。そして気分がよければ、長く続けやすい。

また習慣トラッカーは、大切なことから目をそらさないように助けてくれる。おかげで、あなたは結果よりプロセスに集中できる。六つに割れた腹筋に執着するのではなく、これまで続いてきたものを途切れないようにし、運動を欠かさないタイプの人になる。

まとめれば、習慣トラッカーは、(一) 行動を思い出させるような、目に見えるきっかけを作る。(二) 自分の進歩のようすが見えると、それを失いたくないので、自然とやる気が出る。(三) 習慣の成功をひとつ記録するたびに、達成感を得られる。さらに習慣トラッカーは、なりたいタイプの人に票を投じているという証拠になる。これはうれしいもので、すぐに得られる本質的な喜びだといえる。*

さて、あなたは不思議に思うかもしれない。習慣トラッカーがそんなに役立つなら、なぜこれまで話さなかったのか?

これほどメリットがあるのに、今まで述べなかった理由はごく簡単だ。記録や測定と聞くと、拒絶する人が多いからである。それはふたつの習慣を強いることになるので重荷になってしまう。身につけようとしている習慣と、それを記録するという習慣だ。ダイエットですでに苦労しているのに、カロリー計算なんて面倒くさい。仕事がいっぱいあるのに、セールス電話をいちいち記録するなんて、うんざりする。こう言うほうが楽だろう。「食べる量を減らせばいいさ」とか、「もっとがんばるから」とか、「忘れずにやるよ」とか。みんなが必ず言うのが、「決断日記を持ってるけど、ほとんど使ってないなあ」や「運動記録を一週間つけたけど、やめちゃった」という言葉だ。わたしもそうだった。食事日記を作ってカロリーを記録したことがあるが、なんとか一食分つけて、あとは投げ出してしまった。

必ず記録しなければいけないわけではないし、生活すべてを測る必要もない。でも、ほとんどの人にとっては、たとえ一時的であっても、なんらかの形でメリットがあるだろう。

* 興味のある方は、以下のサイトで習慣トラッカーのテンプレートをご覧いただきたい。https://jamesclear.com/atomic-habits/tracker

記録を簡単にするにはどうしたらいいのだろう。

第一に、できるだけ自動化することだ。あなたは自分で気づかないうちに、すでにどんなにたくさん記録しているか知ったら驚くだろう。クレジットカードの請求書には、外食した回数が記録されている。フィットビット〔身につけるだけで、歩数や健康状態を記録する歩数計〕は歩数や睡眠時間を記録する。カレンダーには、毎年どれくらい新しい場所へ旅行したか記録されている。どこでデータを集めればいいかわかったら、週ごとか月ごとにチェックするよう、カレンダーにメモしておこう。このほうが毎日記録するより実用的だ。

第二に、手で記録するのは、いちばん大事な習慣だけにしよう。一〇個の習慣をときどき記録するより、ひとつの習慣を一貫して記録するほうがいい。

最後に、習慣を行ったらすぐに記録しよう。行動の完了が、書きこむきっかけである。この方法で、第5章で述べた習慣の積み上げと、習慣の記録を組み合わせることができる。

習慣の積み上げ＋習慣の記録、の公式は、

〈現在の習慣〉をしたら、〈習慣を記録〉する。

- セールス電話をかけたら、クリップを移動する
- ジムで一セット終えたら、運動日記に記録する
- 食器洗浄機に皿を入れたら、食べたものを書きとめる

この方法を使えば、習慣を記録しやすくなる。あなたが行動の記録を楽しむタイプではなくても、数週間の記録を見れば考えさせられるだろう。自分が実際に時間をどう使っているか見るのは興味深いものだ。

とはいえ、どんな習慣の連続でも、どこかで途切れることがある。そしてどんな測定より大事なのは、習慣がコースアウトしたときのための良い計画を持っていることだ。

習慣が途切れたとき、すぐ元に戻す方法

どんなに堅く習慣を守っていても、どこかで人生に邪魔されるのは避けられない。完璧は不可能だ。やがて緊急事態が発生するだろう。病気になったり、出張に行かなければならなかったり、または家族があなたの助けを必要としたり。

このようなとき、わたしはいつも自分にシンプルなルールを言いきかせる――二回はさぼらないこと。

一日さぼったら、できるだけ早く元に戻すようにしている。一回運動を休んだら、二回続けて休まないようにする。ピザを丸ごと一枚食べてしまったら、その次は健康的な食事にする。完璧にはなれないが、二回目の失敗は避けられる。ひとつの連続が途切れたら、すぐに次の連続を始める。

最初の過ちは、あなたを駄目にしない。[7] 駄目にするのは、そのあとスパイラル状に続く過ちの繰

りかえしである。一回の失敗はアクシデントだ。[8] 二回の失敗は、新しい習慣の始まりになる。

これは、勝者と敗者の性格の違いを表すものだ。誰でも成果が出なかったり、トレーニングができなかったり、仕事がうまくいかない日があったりする。でも成功する人は、失敗してもすぐに立ち直る。習慣が途切れても、早く再開できたら問題ない。

わたしはこの原則がとても大事だと思っているので、望んでいるほど完璧にできなくても、習慣を続けていける。わたしたちは習慣について、オール・オア・ナッシングという融通のきかない考え方に陥ることがとても多い。問題は失敗することより、完璧にできないならやらないほうがいいという考え方のほうである。

調子の悪い日（または忙しい日）に、やろうとするだけでも、どれほど貴重か気づいてほしい。成功した日の利益よりも、失敗した日の損失のほうが大きい。もし一〇〇ドルを投資して、五〇パーセントの利益があれば、一五〇ドル手に入る。でも、そのあと三三パーセント損失を出すだけで、一〇〇ドルに戻ってしまう。いいかえれば、三三パーセントの損失を避けることは、五〇パーセントの利益を得ることと同じ価値がある。投資家のチャーリー・マンガーはこう語っている。「利殖の第一原則は、不必要に中断しないことだ」

だからこそ、「出来の悪い」運動が大切であることが多い。調子の悪い日や出来の悪い運動は、それまでの調子のいい日に積み上げてきた成果を維持してくれる。一〇回のスクワット、五回のダッシュ、一回の腕立て伏せなど、本当になんでもいいから、何かするだけで大きな意味がある。ゼロにしてはいけない。損失があなたの成果をむしばむことのないようにしよう。

さらに、これは運動中の話だけではない。運動を欠かさないタイプの人になることにも関係する。調子のいいときは楽にトレーニングができる。でも大事なのは、調子の悪いときでも、やろうとすることだ。たとえ理想より少ない量でもいい。ジムへ五分間行っても、身体は鍛えられないかもしれないが、アイデンティティーを再確認することにはなる。

行動変化でオール・オア・ナッシングの考え方をすることは、習慣を駄目にする落とし穴のひとつにすぎない。もうひとつの潜在的な危険、とくに習慣トラッカーを使っているときにありがちな危険は、間違ったものを測ることである。

いつ習慣を記録するべきか（また、してはいけないか）を知る

仮に、あなたがレストランを経営していて、シェフの仕事ぶりを知りたいとしよう。それを測る方法のひとつは、客が毎日支払う金額を調べることだ。客がたくさん来店すれば、料理はおいしいにちがいない。少なければ、何かが良くないにちがいない。

でも、毎日の収益というひとつの測定値だけでは、実際に起きていることの全体はわからない。食事代を払っても、おいしいと思ったかどうかはわからないからだ。たとえ不満のある客でも、食い逃げはしないだろう。それどころか、収益しか見ていなかったら、だんだん料理がまずくなっていき、それをカバーするためにマーケティングや割引などをするようになるかもしれない。かわりに、

料理を完食した客の人数や、チップをたくさん置いていく客の割合を調べるほうが、ずっと効果的だろう。

行動の記録をつける負の側面は、背後にある目的よりも、数字に動かされるようになってしまうことだ。四半期所得で自分の達成度を測っていると、売り上げや、収益、四半期所得の会計処理を優先するようになるだろう。減った体重で達成度を測っていると、たとえそれが無謀なダイエットや、ジュースクレンズ〔数日間ジュースだけを飲んで断食する美容法〕、脂肪燃焼サプリメントのせいであっても、体重計で減った数字だけを優先するようになる。人の心は、どんなゲームでも「勝ちたい」と思うからだ。

この落とし穴は、生活上のさまざまな分野でしょっちゅう表れる。有意義な仕事をすることより、長時間働くことが大事に思える。健康より、一万歩歩くことを気にかける。学習や、好奇心、批判的思考法を重視するより、標準テストでいい点が取れるように教育する。要するに、測ったものを優先する。間違った測り方を選ぶと、間違った行動をとるようになってしまう。

これは時に「グッドハートの法則」と呼ばれる。経済学者チャールズ・グッドハートにちなんで名付けられたもので、その原理はこうである。「測定が目標になれば、それはもう良い測定ではなくなる」[9]。測定値は、ガイドとして大きな目標へ向かわせるときに役立つのであり、あなたを消耗させるなら、なんの役にも立たない。それぞれの数値は、仕組み全体におけるひとつの評価にすぎない。

わたしたちが住むデータ駆動型の世界では、数字を過大評価し、一時的で微妙で測りにくいものを過小評価しがちだ。測れる要素だけが存在する要素だと誤解してしまう。でも、測れるからといって、重要なものとはかぎらない。また、測れないからといって、重要でないとはかぎらない。

このように、習慣トラッカーは正しい場所でつけることが肝要だ。習慣を記録し、進歩のようすを見れば達成感を得られるが、大切なのは測定値だけではない。さらにいえば、進歩を測る方法はたくさんあるので、まったくちがうものに焦点を移すほうがいいときもある。

「ノンスケール・ビクトリー〔体重計を使わないフィットネス法〕」が減量に効果があるのも、そのためだ。体重計の数値はなかなか変わらないので、もし数字だけに注目していたら、モチベーションが下がってしまう。でも、肌がきれいになったり、早く目が覚めるようになったり、性欲が高まったりするかもしれない。これらすべてが、改善しているかどうかを測るのに有効な手段だ。体重計の数値にやる気をなくしているなら、おそらく他の測り方に焦点を合わせる時期だろう。進捗状況をもっとよく示してくれる測り方に変えよう。

どんな測り方であっても、習慣トラッカーは、習慣を満足できるものにするシンプルな方法だ。それぞれの測定値は、あなたが正しい方向へ進んでいるという小さな証拠であり、うまくできた、という一瞬の喜びをすぐに与えてくれる。

本章のまとめ

- もっとも満足を感じるのは、進歩していると感じるときである。

- 習慣トラッカーは、カレンダーに×印をつけるように、習慣を行ったかどうかを測るシンプルな方法である。
- 習慣トラッカーや、その他の目に見える測定法は、進歩のはっきりした証拠となるため、習慣を満足できるものにする。
- 鎖を断ち切ってはいけない。習慣の連続が途切れないようにしよう。
- 二回さぼってはいけない。一日さぼったら、できるだけ早く元に戻そう。
- 測れるからといって、それがもっとも重要なものとはかぎらない。

第17章 見張ってくれる人がいればすべてが変わる

How an Accountability Partner Can Change Everything

第二次世界大戦でパイロットとして従軍したあと、ロジャー・フィッシャーはハーバード・ロースクールで学び、その後の三四年間、交渉と紛争管理の専門家として活躍した。ハーバード・ネゴシエーション・プロジェクトを起ち上げ、数多くの国や世界のリーダーたちとともに、平和的解決、人質事件、外交的妥協などの難問に取り組んだ。しかし、もっとも興味深いアイデアを思いついたのは、一九七〇年代と一九八〇年代、核戦争の脅威が高まったときだった。

当時、フィッシャーは核戦争を防ぐための戦略を立てることに専念していた。そして、ある悩ましい事実に気がついた。執務室にいる大統領は、数百万の人々を殺す発射コードを入手できるが、つねに何千キロも離れているため、誰かが死ぬのを実際に見ることがない。

「わたしの提案はごくシンプルなものだ」。彼は一九八一年に書いている。「その（核爆弾の）コードナンバーを小さなカプセルに入れて、志願者の心臓のそばに埋めこむ。その志願者は、重くて大きな肉切り包丁を持って大統領に随行している。もし万一、大統領が核兵器を発射したいと思ったら、実行するにはまず自分の手でひとりの人間を殺すしかない。大統領はこう言う。「ジョージ、すまないが、何千万人もの人たちが死ななければならないんだ』」。大統領は誰かの死を見ることによって、死がどのようなものかを実感しなければならない。罪のない人の死がどのようなものかを。ホワイトハウスのカーペットに流れる血。それが現実を身近なものにする。

「これをペンタゴンの友人に話すと、彼らはこう言った。『いやあ、それはひどい。誰かを殺さなきゃいけないなんて、大統領の判断がゆがめられてしまう。ボタンを押さないかもしれないぞ』」[1]

行動変化の第四の法則について述べたなかで、良い習慣をすぐに満足できるものにする大切さを学んできた。フィッシャーの提案は、第四の法則の逆である――「すぐに不快を感じるものにする」

わたしたちは満足で終わった経験を繰りかえそうとするように、苦痛で終わった経験を避けようとする。苦痛は効果的な教師だ。失敗が苦痛なら直そうとする。失敗がそれほど苦痛でないなら、無視してしまう。ミスがすぐに響いて代償が大きいほど、早くそのミスから学べる。悪い評判が立つのを恐れて、配管工は良い仕事をする。客が戻ってこないと困るので、レストランはおいしい料理を作る。まちがった血管を切ったらたいへんなので、外科医は人体解剖学をマスターし、慎重にメスをふるう。結果が重大なとき、人は早く学ぼうとする。

早く苦痛を感じるほど、その行動が起こりにくい。悪い習慣を防いで不健康な行動をなくしたいなら、その行動にすぐ代償を払わせるのが、起こりにくくする効果的な方法である。

わたしたちが悪い習慣を繰りかえすのは、それがなんらかの形で役に立つからだ。だからこそやめられない。この困難を乗り越える最善の方法は、行動に伴う罰を早めることだ。行動と結果のあいだに間を置いてはいけない。

行動がすぐに悪い結果を招くようになれば、行動は変化しはじめる。延滞料金がかかるなら、客は期限までに料金を払う。出席が成績に結びつくなら、学生は授業に出る。すぐやってくるわずかな苦痛を避けるために、わたしたちはさまざまな努力をする。

もちろん、これには限界がある。罰によって行動を変えようとするなら、その罰には、正そうとしている行動に負けない強さが必要だ。生産的になるには、行動にかかる労力よりも、先延ばしによる損失が大きくなければいけない。健康になるには、運動にかかる労力よりも、怠けることによる損失が大きくなければいけない。たとえばレストランでの喫煙や、ごみの分別ミスに罰金を科せば、その行動が悪い結果をもたらすようになる。行動が変わるのは、罰が十分に苦痛で確実に行われるときだけだ。

一般に、身近で触れることができ、具体的ですぐに起こる結果ほど、個人の行動に影響しやすい。一方、範囲が広くて触れることができず、抽象的で遅れて起こる結果ほど、行動に影響しにくい。

ありがたいことに、悪い習慣によってすぐに損失が生じるという、わかりやすい方法がある。「習慣契約」を作ることだ。

習慣契約

最初のシートベルト法案がニューヨーク州で可決されたのは、一九八四年一二月一日のことだ。[2]当時アメリカでは、ふだん一四パーセントの人しかシートベルトをしていなかった。だが、すべてが変わろうとしていた。

五年以内に、国の半分以上がシートベルト法を持つようになった。今では、五〇州のうち四九州でシートベルト着用が法律で義務付けられている。[3]また、法律だけではなく、シートベルトを着用する人の数も飛躍的に変化している。二〇一六年には、アメリカ人の八八パーセント以上が乗車するたびにシートベルトを締めている。[4]たった三〇年で、数億人の習慣が完全に転換したわけだ。

法律や規則は、政府が社会的契約によって国民の習慣を変える例である。わたしたちの社会は全体でルールを守ることに合意し、集団で実行する。シートベルト法や、レストランでの禁煙、リサイクルごみの分別など、行動に影響するような新しい規則は、社会的契約がわたしたちの習慣を形成する例といえるだろう。集団はある方法で行動することに同意し、もし従わなければ罰せられる。

政府が法律で市民に責任を課すように、あなたも習慣契約を作って自分に責任を課すことができる。習慣契約とは、口頭か書面による契約である。そのなかで、ある習慣をするという約束と、守らなかったときの罰を明言する。それから、アカウンタビリティー・パートナー（見張ってくれる人）をひとりかふたり見つけて、一緒に署名してもらう。

テネシー州ナッシュビル出身の起業家ブライアン・ハリスは、この戦略を実行した最初の人だ。[5]彼は息子が生まれてまもなく、体重を数キロ落としたいと思った。そこで、自分自身、妻、個人トレーナーとのあいだで習慣契約書を書き上げた。最初のバージョンにはこう書かれている。「二〇一七年第一四半期のブライアンの第一目標は、再びきちんとした食事を始めて、気分も見た目もよくなり、長期目標の体重九〇キロと体脂肪率一〇パーセントを達成できるようになることである」

声明の下に、ハリスは理想的な成果を達成するための指針を書いた。

- 第一段階　第一四半期に、厳しい「低炭水化物ダイエット」に戻す
- 第二段階　第二四半期に、主要栄養素の摂取量を厳しく記録・管理する
- 第三段階　第三四半期に、ダイエットと運動プログラムの細部を改善しながら維持する

最後に、目標へ到達するための日々の習慣を書いた。たとえば、「毎日食べたものすべてを書きしるし、毎日体重を測ること」

そして、守れなかったときの罰も書いた。「もしブライアンがこのふたつの項目を守れなかったら、次のような罰が待っている。その四半期の残りのあいだ、平日も日曜の朝も毎日盛装しなければならない。盛装とは、ジーンズ、Tシャツ、パーカー、半ズボンなどを着ないことである。また、もし食事の記録を一日さぼったら、ジョーイ（彼の個人トレーナー）に二〇〇ドルわたして、好きに使ってもらう」

契約書のいちばん下には、ハリス、妻、トレーナーの三人が署名をした。

わたしは最初、こんな契約書はあまりにも形式的で不要だと感じた。とくに署名なんて大げさに思えた。でもハリスは、契約書への署名は真剣さの証だと力説した。「この部分を省略したら、すぐに怠けだすんだよ」と彼は言った。

三カ月後、第一四半期の目標を達成すると、ハリスは目標をもっと高くした。罰も大きくなった。もし炭水化物とタンパク質の目標摂取量を守れなかったら、トレーナーに一〇〇ドル払わなければならない。もし体重を測るのを忘れたら、妻に小遣いとして五〇〇ドル払わなければならない。また、これがいちばんきつかったと思うが、もし短距離走を忘れたら、毎日盛装して仕事にいき、その四半期のあいだ、アラバマ・クリムゾンタイドというアメフトチームの帽子をかぶらなければならない。これは、彼が大ファンであるオーバーン・タイガースの仇敵だ。

戦略はうまくいった。妻とトレーナーがアカウンタビリティー・パートナーとして協力してくれ、習慣契約書によって毎日行うべきことが明確になったおかげで、ハリスは減量することができた。*

悪い習慣を満足できないものにする最善の方法は、その瞬間に苦痛を感じるようにすることである。習慣契約書の作成は、まさにそのとおりの明快な方法だ。

完璧な習慣契約書など作りたくないなら、アカウンタビリティー・パートナーを持つだけでも役に立つ。コメディアンのマーガレット・チョーは、毎日ジョークか歌を書いている。この「一日一曲」には友人と一緒にチャレンジしているため、お互いに責任感を持って取り組めるという。[6] 誰か

＊ ブライアン・ハリスが実際に書いた習慣契約書と白紙のテンプレートは、以下のサイトでご覧いただける。https://jamesclear.com/atomic-habits/contract

に見られていると思うのは、強力な動機になり得る。すぐに損失が生じるなら、先延ばししたり、諦めたりしにくいからだ。もし守れなければ、相手はあなたのことを信頼できない怠け者だと思うだろう。すると、自分への約束を守れなかっただけでなく、相手への約束も守れなかったことになる。

このプロセスを自動化することもできる。コロラド州ボールダーの起業家トーマス・フランクは、毎朝五時五五分に起きる。[7] もし起きていなかったら、設定したツイートが自動的に投稿される。「六時一〇分なのに、まだ起きてないのは、ぼくが怠け者だからだ！　ペイパルで五ドル送るから返信してよ（五人まで）。ただし、目覚まし時計が壊れてないならね」

わたしたちはいつも、最高の自分を世間に見せようとする。髪をとかし、歯を磨き、慎重に服を選ぶのは、これらの習慣で良い評判を得られると知っているからだ。良い成績を取り、一流校を卒業して、未来の雇い主や、仲間、友人、家族を感心させたい。まわりの人の意見を気にするのは、この人たちに好かれるためだ。これが、アカウンタビリティー・パートナーや習慣契約書への署名に、たいへん効き目がある理由である。

本章のまとめ

- 第四の法則の逆は「満足できないものにする」である。
- 悪い習慣が苦痛を伴うものや、満足できないものなら、繰りかえしにくい。

- アカウンタビリティー・パートナーがいれば、怠けたときにすぐ損失が生じる。わたしたちは、人が自分をどう思うかとても気にするし、人からの評価を下げたくないからだ。
- 習慣契約は、あらゆる行動に社会的損失を課すためのものだ。約束を破ると、人に知られ、苦痛を感じる。
- 誰かに見られていると思うのは、強力な動機になり得る。

良い習慣の身につけ方

第1の法則	はっきりさせる
1.1	習慣得点表をつける。現在の習慣に気づくため、書きだしてみる。
1.2	実行意図を使う。「わたしは〈いつ〉〈どこで〉〈何を〉する」
1.3	習慣の積み上げをする。「〈現在の習慣〉をしたら、〈新しい習慣〉をする」
1.4	環境を作る。良い習慣のきっかけを、はっきり見えるようにする。
第2の法則	**魅力的にする**
2.1	誘惑の抱き合わせを利用する。したい行動と、しなければならない行動をセットにする。
2.2	望ましい行動がふつうの行動の文化に加わる。
2.3	モチベーションを高める儀式を作る。難しい習慣の直前に楽しいことをする。
第3の法則	**易しくする**
3.1	抵抗となるものを減らす。良い習慣へたどりつくまでのステップを減らす。
3.2	環境を準備する。未来の行動がとりやすくなるよう環境を整える。
3.3	決定の瞬間をマスターする。大きな影響をもたらす小さな選択を、最大限に利用する。
3.4	２分間ルールを使う。習慣を２分以内でできるものに縮小する。
3.5	習慣を自動化する。未来の行動を確かなものにするために、テクノロジーや１回限りの購入に投資する。
第4の法則	**満足できるものにする**
4.1	強化を利用する。習慣を完了したら、自分にすぐ報酬を与える。
4.2	「何もしない」ことを楽しくする。悪い習慣を避けるときに、利益が見える方法を考える。
4.3	習慣トラッカーを使う。習慣の連続を記録し、「鎖を断ち切らないこと」
4.4	２回さぼらないこと。習慣をするのを忘れたら、すぐ元に戻す。

悪い習慣の断ち方

第１の法則の逆	見えないようにする
1.5	避ける。悪い習慣のきっかけを環境から取り除く。
第２の法則の逆	**つまらなくする**
2.4	考え方を変える。悪い習慣を避けることで得られる利益を強調する。
第３の法則の逆	**難しくする**
3.6	抵抗となるものを増やす。悪い習慣にたどりつくステップを増やす。
3.7	背水の陣法を使う。未来の選択が自分に役立つものになるよう制限をかける。
第４の法則の逆	**満足できないものにする**
4.5	アカウンタビリティー・パートナーを持つ。誰かにあなたの行動を見張ってもらう。
4.6	習慣契約書を作る。悪い習慣をしたら、人に知られて苦痛を感じるようにする。

＊この習慣早見表を印刷したい場合は、以下のサイトからダウンロードしていただきたい。https://jamesclear.com/atomic-habits/cheatsheet

さらなる戦略

ADVANCED TACTICS

改善するだけでなく、本物になるには

How to Go from Being Merely Good to Being Truly Great

第18章 才能の真実（遺伝子が関係するときと、そうでないとき）

The Truth About Talent (When Genes Matter and When They Don't)

マイケル・フェルプスのことを知っている人は多いだろう。史上最高のアスリートのひとりだと広く認められている水泳選手だ。フェルプスはオリンピックで、水泳選手だけでなく、どの競技の選手よりも多くの金メダルを獲得している。[1]

ヒシャム・エルゲージの名を知っている人はもっと少ないだろうが、彼も生まれながらのすばらしいアスリートだった。[2]エルゲージはモロッコの陸上競技選手で、オリンピックの金メダルをふたつ獲得した、史上まれに見る偉大な中距離走者である。長年、一五〇〇メートル、二〇〇〇メートル、一マイル（一六〇九・三四四メートル）競技の世界記録を保持していた。そして二〇〇四年、ギリシャのアテネオリンピックで、一五〇〇メートルと五〇〇〇メートルの金メダルを獲得した。

このふたりのアスリートは、さまざまな点で大きくちがう（第一に、ひとりは陸上で、もうひとりは水中で競争する）。でも、もっともわかりやすいのは、背の高さが著しくちがうことだ。[3]エルゲージは身長約一七五センチ。フェルプスは身長約一九三センチである。この一八センチの身長差にもかかわらず、ふたりはあることで一致する。マイケル・フェルプスとヒシャム・エルゲージは、パンツの股下の長さが同じだ。[4]

どうしてこんなことになるのか？　フェルプスは身長のわりに脚が短く、胴がとても長くて、申し分ないほど水泳に適した体型だ。一方、エルゲージは信じられないほど長い脚と短い上半身を持っていて、長距離走に理想的な体格である。

さて、この世界クラスのアスリートが競技を取りかえてみたらどうなるか、想像してみよう。そのすばらしいアスリート精神から考えれば、マイケル・フェルプスは十分な訓練によって、オリンピック代表並みの長距離走者になれるだろうか。いや、可能性は低いだろう。もっとも調子のいいときのフェルプスの体重は約八八キロで、約六二・六キロというとてつもない軽さで走っていたエルゲージより四〇パーセントも重い。背が高いほど、重いランナーであり、長距離走では体重一キロの増加が不利になる。精鋭の選手を相手にすれば、フェルプスには最初から勝ち目がないだろう。

同じように、エルゲージは史上最高のランナーのひとりかもしれないが、水泳選手としてオリンピック代表になれるかどうかは疑わしい。一九七六年から、男子一五〇〇メートル走のオリンピック金メダリストの平均身長は、約一七八センチだ。[5]それに比べて、男子一〇〇メートル自由形競泳のオリンピック金メダリストの平均身長は、約一九三センチ。[6]水泳選手はたいてい身長が高くて、背中と腕が長い。これは水のなかを進むのに理想的だ。エルゲージはプールに触れるまえから、非常に不利というわけだ。

成功する確率を最大に高める秘訣は、正しい競争分野を選ぶことである。これは習慣の変化でも、スポーツでも、ビジネスでも同じだ。自分の性向と能力に合っていれば、習慣は行いやすくなり、続けるのが楽しくなる。プールのなかのマイケル・フェルプスや、トラック上のヒシャム・エルゲージのように、自分に有利な試合なら戦いたくなるだろう。

この戦略をとるには、人は生まれながらに能力がちがうという単純な事実を受け入れる必要がある。この事実について話すのを嫌がる人もいる。見たところ遺伝子は確定されているようだし、コントロールできないことについて語るのは楽しいものではない。そのうえ、「生物学的決定論」のような言葉は、ある人は成功するよう定められ、他の人は失敗する運命にあるように聞こえる。でもこれは、遺伝子が行動に与える影響についての短絡的な見方である。

遺伝学の長所は、短所でもある。遺伝子は簡単には変えられないので、有利な環境では強力なメリットをもたらすが、不利な環境では深刻なデメリットになる。もしバスケットバールでダンク・シュートをしたいなら、身長二メートルあることはとても役に立つ。でも体操競技をしたいなら、二メートルの身長は大きな妨げになる。環境によって、遺伝子の適性や、持って生まれた才能の有用性が決まってくる。環境が変われば、成功につながる資質も変わるからだ。

これは、身体的特徴だけではなく、精神的特徴にもいえることだ。わたしは習慣や人間の行動について訊かれたら、うまく答えられる。でも編み物や、ロケット推進や、ギターコードの話になったら、あまり答えられないだろう。能力があるかどうかは、背景によることが大きい。

競争の激しい分野でトップに立つ人は、よく訓練しているだけでなく、その仕事によく向いていているものだ。だからこそ、あなたも本当に偉大になりたかったら、自分に向いた分野を選ぶことがとても大事である。

要するに、遺伝子はあなたの運命を決めたりしない。決めるのは、あなたに有利な分野である。医師のガボール・マテは、「遺伝子は傾向を与えることはできるが、まえもって決定することはできない」と記している。[7] 遺伝的に成功しやすい分野は、習慣が満足できるものになりやすい分野だ。あなたが楽しめて、生まれつきの才能と合う分野に努力を注ぎ、野望と能力とを一致させることがカギである。

当然出てくる疑問は、「自分に有利な分野を、どうやって見つけたらいいのか？　自分にふさわしいチャンスや習慣だと、どうしたらわかる？」というものだろう。答えを見つけるには、まず自分の性格を理解することだ。

性格が習慣に与える影響

遺伝子はあらゆる習慣の表面下で働いている。実際は、あらゆる行動の表面下で働いている。遺伝子は、あなたがテレビに費やす時間から、結婚や離婚の可能性、薬物やアルコールやニコチンの依存症になる傾向まで、あらゆる点に影響することがわかっている。[8] 権力に対して従順か反抗的か、ストレスに弱いか強いか、積極的か消極的か、音楽鑑賞のような感覚的な経験に魅了されるか退屈するかにさえ、強い遺伝的要素がある。[9] ロンドンにあるキングス・カレッジの行動遺伝学者ロバート・プロミンは、わたしにこう言った。「今はもう、特性に遺伝的要素があるかどうか調べるのはやめる時期だよ。遺伝子の影響を受けない特性なんて、まったくひとつも見つからないんだから」[10]
遺伝的特性が独特にからみあって、あなたを特定の性格へと導く。あなたの性格は、どんな状況でも変わらない特徴の組み合わせである。もっとも信頼できる性格特性の科学的分析は、「ビッグ・ファイブ」として知られている。これは、性格特性を五つの因子に分解する方法だ。

一、経験への開放性――この因子が高ければ好奇心や創造力が豊かになり、低ければ慎重で保守的になる。
二、誠実性――高ければまじめで効率重視、低ければのんきで気まま。
三、外向性――高ければ社交的で活動的、低ければ控えめで孤独を好む（外向性と内向性として、よく知られているだろう）。
四、協調性――高ければ親しみやすく思いやりがあり、低ければ気難しくて人と距離を置く。
五、神経症的傾向――高ければ不安が強く神経質、低ければ自信があり穏やかで落ち着いている。

五つの因子すべてに生物学的な裏付けがある。たとえば、外向性は生まれたときから見ることができる。看護病棟で大きな音をたてると、音のほうへ振り向く赤ちゃんと、顔をそむける赤ちゃんがいる。研究者がこの子たちの生活を追跡調査すると、音に振り向いた赤ちゃんは外向的な人に育ち、顔をそむけた赤ちゃんの多くは内向的な人になったという。[11]

協調性が高い人は、親切で、思いやりがあり、心が温かい。[12] また、生まれつきオキシトシンのレベルが高い傾向がある。[13] このホルモンは社会的な絆を結ぶときに重要な役割を果たすもので、信頼感を強め、天然の抗うつ作用も持つ。オキシトシンの多い人が、感謝カードを書いたり、イベントを企画したりする習慣を身につけやすいのは、想像しやすいだろう。

三つ目の例として、神経症的傾向について考えてみよう。この因子は、程度の差はあっても、誰もが持っているものだ。神経症的傾向が高い人は、他の人より不安が強く心配性だ。この特性は、脅威に気づく役目をする脳内の部位、扁桃体の過敏性に関係がある。[14] いいかえれば、周囲のネガティブなきっかけに気づきやすい人は、神経症的傾向が高い。

習慣は性格によってのみ決まるわけではないが、遺伝子が一定の方向へ導こうとするのはまちがいない。深く根ざした傾向のために、ある行動が他の人より起こりやすくなる。[15] この違いを申し訳なく思ったり、罪悪感を覚えたりする必要はない。ただ、それに対処しなければならない。たとえば、誠実性が低い人は、生まれつき整理整頓が苦手なので、良い習慣を続けるためには、環境作りにもっと力を入れる必要がある（誠実性が低い読者のために記しておくなら、環境作りは第6章と第12章で述べた戦略である）。

大事なのは、あなたの性格に合った習慣を身につけることだ。* ボディビルダーのようにトレーニ

* もし性格テストを受けたいなら、もっとも信頼できるテストが以下のサイトにあるのでご覧いただきたい。https://www.atomichabits.com/personality

ングすれば、筋骨隆々になるかもしれない。でも、もしロッククライミングや、サイクリングや、ボートこぎが好きなら、興味のある運動を習慣にしよう。友人が低炭水化物ダイエットをしていても、自分には低脂肪ダイエットが合うなら、もっと炭水化物を食べよう。[16]もっと本を読みたいなら、ノンフィクションよりラブロマンスが好きでも恥ずかしがってはいけない。魅力を感じる本を読もう。*みんなが勧める習慣を身につける必要はない。人気のある習慣ではなく、あなたに合った習慣を選ぼう。

どんな習慣にも、あなたに喜びと満足をもたらすバージョンがある。それを見つけよう。習慣を続けたいなら、楽しくなくてはいけない。これは、第四の法則の中心となる考えだ。

習慣を性格に合わせるのは良いスタートだ。でも、それで話は終わりではない。次に、生まれつき有利な状況を見つけることや、作りだすことについて考えてみよう。

あなたに有利なゲームの見つけ方

自分に有利なゲームをするために学ぶことは、モチベーションを維持し、達成感を得るために欠かせない。理論上は、あなたはほぼなんでも楽しめる。でも実際は、自分に合ったもののほうが楽

＊ハリー・ポッターの再読でもいい。その気持ちは、とてもよくわかる。

しみやすい。ある分野の才能がある人は、その作業をする能力があり、良い仕事をして褒められやすい。他の人が失敗しても自分は進歩するし、高い給与や大きなチャンスという報酬を手にするので、やる気を保つこともできる。このことは人を幸せにするだけでなく、さらに質の良い仕事をするよう促してくれる。好循環である。

自分に合う習慣を選べば、進歩しやすい。合わない習慣を選べば、生きづらくなる。

では、どうやって自分に合う習慣を選べばいいのか？　最初のステップは、第三の法則で学んだ「易しくする」ことだ。多くの場合、人が自分に合わない習慣を選ぶときは、難しすぎるものを選んでいるだけである。易しい習慣なら成功しやすい。成功すれば満足できる。ただし、もうひとつ考えるべきことがある。長い目で見れば、向上や改善を続けていると、どんな分野でも難しくなってくるものだ。ある時点で、自分の技量に合ったゲームをしているのか確かめる必要が出てくる。それをどうやって確かめればいいのだろう。

もっとも一般的な方法は、試行錯誤することだ。もちろん、この方法には難点がある。人生は短い。あらゆる仕事を試したり、結婚候補の男性全員とデートしたり、あらゆる楽器を弾いてみたりする時間はない。ありがたいことに、この難問を解決する効果的な方法がある。それは、探索／開発トレードオフ法として知られている[17]。

新しい活動を始めるとき、探索期間があるものだ。人間関係なら、いわゆるデートである。大学なら、一般教養。ビジネスなら、施策判断のテスト。目的は、さまざまな可能性を試し、幅広い考えを集め、広く探索することだ。

この最初の探索期間のあと、見つけた最善策に焦点を合わせる。ただし、ときどき試すことも続けながらだ。バランスの保ち方は、あなたが勝っているか負けているかによる。もし今勝っていたら、どんどん開発していこう。今負けていたら、どんどん探索していこう。

長期的に見てもっとも効果的な戦略は、八〇～九〇パーセントの時間でできるだけの結果を出し、残りの一〇～二〇パーセントの時間を探索に使いつづけることだ。有名な話だが、グーグルでは社員に、仕事時間の八〇パーセントを正規の仕事に、二〇パーセントを自分で選んだプロジェクトに使うよう促している。これが、アドワーズ（当時）やGメールのような大ヒット商品につながった。[18]

あなたにどれだけの時間があるかでも、最適な方法は変わってくる。もし、仕事を始めたばかりで時間がたっぷりあるなら、探索するほうがいいだろう。適したものを見つけたら、それを開発するための時間が十分にあるからだ。でも時間に追われているなら、たとえばプロジェクトの締め切りが迫っているなら、これまでに見つけた最善策を実行して結果を出すしかない。

さまざまな選択肢を探索するときは、もっとも満足できる習慣や分野を見つけるために、いくつかの質問を自分にしてみよう。

自分には楽しいのに、他の人には仕事だと思えるものは？　その仕事に向いているかどうかを示すのは、あなたがそれを好きかどうかではない。その仕事に伴う苦労に、他の人より耐えやすいかどうかである。他の人が文句を言っているのに、自分は楽しんでいるのは、どんなときか？　他の人が感じるほど辛くない仕事が、あなたに向いた仕事である。

時間を忘れてしまうものは？　フローというのは、目の前の仕事に集中して、他のことが目に入らなくなるときの精神状態をいう。[19]　幸福感と最高のパフォーマンスが一体化したこの状態を、アスリートやパフォーマーは「ゾーン〔完全な集中状態〕」に入っているときに経験する。フローを経験したことがあるなら、少なくともある程度満足できる仕事が見つからないことは、まずありえないだろう。

ふつうの人より良い評価を得られる分野は？　わたしたちは絶えず自分とまわりの人を比べている。比べた結果が自分に有利なとき、その行動に満足しやすい。わたしが自分のサイトhttps://jamesclear.com/で記事を書きはじめたとき、メルマガ購読者数がみるみる増えていった。自分がうまくやっているかどうか自信はなかったが、仲間たちより早く成果が表れていたおかげで、書きつづけることができた。

自分にとって自然なことは？　ほんのしばらく、これまで教えられてきたことを忘れてみよう。世間から言われたことを無視してみよう。人からの期待も無視しよう。あなたの心のなかを見つめて、こう訊いてみよう。「わたしにとって自然なことってなんだろう？　生きていると感じるときはいつ？　本当の自分だと感じられるときは？」。心のなかで決めつけたり、人を喜ばせようとしてはいけない。疑ってかかることも、自己批判も不要だ。ただ、没頭できて喜びを感じられるときを求めてみよう。偽りのない本当の自分だと感じられるとき、あなたは正しい方向へ向かっている。

正直にいえば、このプロセスには幸運にすぎないものもある。マイケル・フェルプスやヒシャム・エルゲージは幸運だった。社会から高く評価される稀な能力を持って生まれ、その能力にとって理想的な環境に置かれていた。わたしたちはみな、この地球上で限られた時間しか持っていない。そのなかで本当に偉大な人は、努力しているだけではなく、有利な機会に恵まれるという幸運も持つ。

とはいえ、もし運任せにしたくなかったら？

自分に有利なゲームが見つからなかったら、作ればいい。『ディルバート』の漫画家、スコット・アダムスは、こう語っている。「誰でも、努力すればトップの二五パーセントに入れる分野が、少なくとも数個はあるはずだ。ぼくの場合、たいていの人より絵がうまいけれど、画家にはなれない。そして、鳴かず飛ばずのコメディアンと大して変わらないけれど、ふつうの人よりはおもしろい。成功の秘密は、絵がうまくてジョークを書ける人が少ないということだ。このふたつを組み合わせたら、ぼくの仕事が珍しいものになる。そこにビジネスでの経験を加えたとたんに、会社に勤めたことのない漫画家には理解できないような話のネタが出てきたんだ」[20]

うまくなることで勝てないときでも、人とちがうことで勝つことができる。スキルを組み合わせることで競争のレベルを下げれば、目立ちやすくなる。ルールを書きかえることで、遺伝的な強味（または何年もの練習）が必要なところをとばして近道できる。良い選手は、他のみんながプレーしている試合に勝つために努力する。偉大な選手は、自分の長所を生かし、短所を避けられるように新しいゲームを作りだす。

わたしは大学で、生体力学という自分だけの専攻を作った。これは、物理学、化学、生物学、解剖学を組み合わせたものだ。わたしは物理学や生物学のトップの専攻学生のなかで目立てるほど賢くはなかった。そこで、自分のためのゲームを作った。それは自分に合っていたし、興味のあるコースしか取らなかったので、勉強は少しも苦ではなかった。それに、自分と他の人を比べるという落とし穴にはまらずにすんだ。どのみち、同じ組み合わせのクラスを取る人がひとりもいないのだから、良いとか悪いとか誰が言えるだろう？

特殊化は、悪い遺伝子という「災難」を乗り越えるための強力な方法だ。特殊なスキルを身につけるほど、他の人に負けなくなる。多くのボディビルダーはふつうのアームレスラーより強いが、巨人のようなボディビルダーでも、アームレスリングで負けることがある。アームレスリングのチャンピオンは非常に特殊な力を持っているからだ。たとえあなたに生まれつきの才能がそれほどなくても、とても狭いジャンルでなら、一番になれるだろう。

熱い湯はジャガイモを柔らかくし、卵を固くする。あなたがジャガイモか卵かは、自分でコントロールできない。でも、固いほうが有利なゲームで戦うか、柔らかいほうがいいゲームで戦うかを選ぶことはできる。自分の強味を生かせる環境を見つけたら、不利だった状況を有利な状況に変えられる。

遺伝子を最大限に生かす方法

遺伝子は、努力の必要性をなくすわけではない。むしろ、はっきりさせる。遺伝子は、何を努力すべきか教えてくれる。自分の強味がわかったら、時間とエネルギーをどこに使えばいいかがわかる。どんなチャンスを求め、どんな試練を避ければいいかがわかってくる。自分の性質を理解するほど、良い戦略を立てられるようになる。

生物学的な違いは重要だ。それでも、人と比べるより、自分の可能性を生かすことに力を注ぐほうが生産的である。ある能力に対して生まれつき限界があっても、可能性を最大限に生かせるかどうかとは関係ない。限界があるという事実にとらわれすぎて、可能性に近づくための努力もしない人が多い。

さらに、あなたが努力しなければ、遺伝子は成功をもたらしてはくれない。たしかに、ジムにいる筋骨隆々のトレーナーは良い遺伝子を持っているかもしれない。でも、あなたが彼と同じトレーニングをしていないなら、遺伝子のせいかどうかはわからない。憧れている相手と同じぐらい努力するまでは、成功は幸運のせいだと言い訳できないだろう。

まとめれば、習慣を長期的に満足できるものにする最善の方法は、あなたの性格とスキルに合った行動を選ぶことだ。あなたがやりやすいことに全力を注ごう。

本章のまとめ

- 成功する確率をもっとも上げるには、自分に合った競争分野を選ぶことである。
- 自分に合った習慣を選べば、進歩しやすい。合わない習慣を選ぶと、生きづらくなる。
- 遺伝子は簡単に変えられない。つまり、有利な環境では大きな強味となり、不利な環境では深刻な弱味となる。
- 習慣は、生まれながらの能力と合えば易しくなる。自分にいちばん合う習慣を選ぼう。
- あなたの強味を生かせるゲームで戦おう。有利なゲームが見つからなければ、作ればいい。
- 遺伝子は、努力の必要性をなくしはしない。むしろ、はっきりさせる。そして何を努力すべきか教えてくれる。

第19章 ゴルディロックスの原理
――生活や仕事でモチベーションを保つ方法
The Goldilocks Rule: How to Stay Motivated in Life and Work

一九五五年、ディズニーランドがカリフォルニア州アナハイムで開園したばかりの頃、一〇歳の少年がやってきて仕事を求めた。当時の労働法はゆるやかだったので、少年はガイドブックを一冊五〇セントで売る仕事をもらうことができた。

一年もたたないうちに、ディズニーのマジックショップへ移され、年上の従業員から手品を教わった。それから店で、ジョークを交えながら、お決まりの簡単な手品を客に見せていた。まもなく、自分が好きなのは手品ではなく、演じることだと気がついた。少年はコメディアンになることを目指すようになる。

一三歳になると、ロサンゼルス周辺の小さなクラブで演じはじめた。客は少なく、演技は短かった。五分以上ステージにいることは、めったにない。ほとんどの客は酒を飲んだり、友人と話したりしていて、少年の演技など見ていない。ある夜などは、客がひとりもいないクラブで、いつものスタンドアップ・コメディ（漫談）を演じた。

華やかな仕事ではなかったが、だんだんうまくなっているのは、間違いなかった。最初の演目は、ほんの一〜二分の短いものだった。高校生になるまでに、ジョークのネタが増えて五分間の演技になり、数年後には一〇分間のショーになった。一九歳になると、一回二〇分間のショーを毎週演じていた。演目を長くするために、ショー中に三篇の詩を読まなければならなかったが、彼のスキルは上達しつづけていた。

さらに一〇年間、いろいろ試したり、少し変えてみたりしながら練習を続けた。やがてテレビの構成作家の職を得て、しだいにトークショーにも出られるようになった。一九七〇年代半ばまでには、苦労の末に「ザ・トゥナイト・ショー」や「サタデー・ナイト・ライブ」にレギュラー出演できるようになった。

一五年近くの努力の結果、ついに若者は有名になった。六三日で六〇の都市を巡回公演した。それから、八〇日で七二の都市をまわった。さらに九〇日で八五の都市。すると、一万八六九五人の観客がオハイオ州でのショーに詰めかけた。さらにニューヨークでの三日間のショーで四万五〇〇〇枚のチケットが売れた。彼は自分のジャンルでトップに昇りつめ、当時もっとも成功したコメディアンのひとりになった。[1]

彼の名前はスティーブ・マーティン。

マーティンの話は、習慣を長く続けるのに必要なことを、興味深い視点から教えてくれる。コメディーは臆病な人には向かない。多くの人にとって、ステージでひとりで演じて誰にも笑ってもらえないという状況ほど、心底怖いものはないだろう。それでもスティーブ・マーティンは一八年間、毎週この恐怖に立ち向かった。彼の言葉によれば、「一〇年間は学んで、四年間は磨きをかけて、そしてあとの四年間は大成功というわけさ」[2]

マーティンのように習慣を続けられる人がいるのはどうしてだろう。ジョークの練習であれ、漫画を描くことであれ、ギターを弾くことであれ、ふつうの人はモチベーションを保つのに苦労するのに、この人たちはなぜ続けられるのか？　しだいに消えたりせず、夢中になれるような習慣をどうやったら身につけられるのか？　科学者はこの疑問について長年研究してきた。まだ調査すべきことは多くあるが、もっとも一貫性のある結果によれば、モチベーションを維持し、願望を最大限にかなえる方法は、「ちょうどいい難しさ」の作業に取り組むことだという。[3]

人間の脳は挑戦を好むが、それは難しさが最適な範囲内にあるときだけだ。もしテニスが好きで、四歳の子どもと真剣な試合をしたら、すぐに退屈になるだろう。あまりにも易しすぎる。あなたが全ポイントを取るにちがいない。反対に、ロジャー・フェデラーやセリーナ・ウィリアムズのようなプロ選手と試合をしたら、難しすぎて、すぐやる気をなくすだろう。

では、あなたと同じ程度の人とテニスをするのはどうだろう。試合が進むにつれて、数ポイント取ったり、取られたりする。勝つチャンスは十分にあるが、本当にがんばったときだけだ。焦点が絞られ、雑念が消えていき、いつのまにか目の前のプレーにすべてを注ぎこんでいる。これは、ちょうどいい難しさの挑戦であり、「ゴルディロックスの原理」の典型的な例である。

ゴルディロックスの原理とは、人は現在の能力ぎりぎりの仕事をするときに、最高のモチベーションを得られるというものだ。難しすぎてはいけない。易しすぎてもいけない。ちょうどいい難しさ

図15　最高のモチベーションは、ちょうどいい難しさの挑戦に立ち向かうときに生じる。心理学の研究では、ヤーキーズ・ドットソンの法則として知られているものだ。この法則では、退屈と不安の中間点を最適な覚醒レベルと呼ぶ[4]。

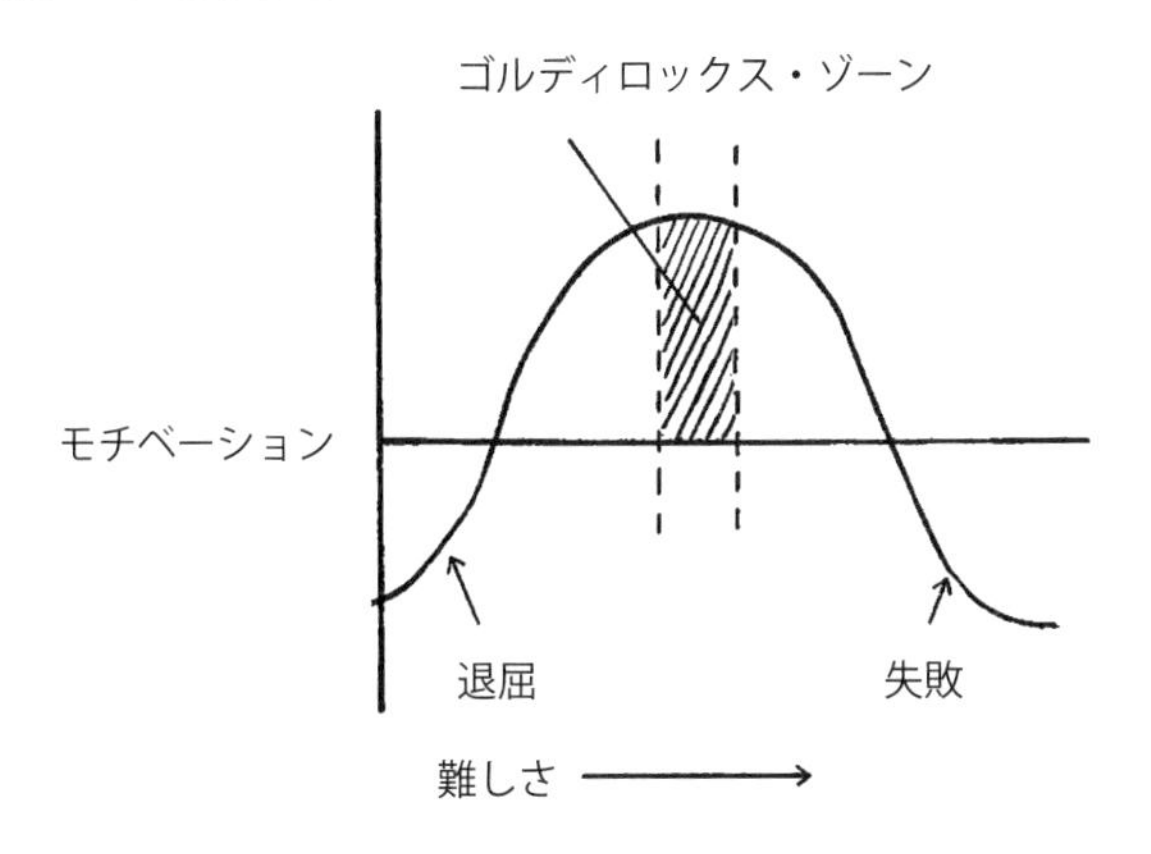

ゴルディロックスの原理

である。

マーティンのコメディーでの経歴は、ゴルディロックスの原理を実践したすばらしい例といえるだろう。毎年、彼はコメディーの演目を広げていった。ただし、一分か二分だけだ。つねに新しいネタを加えたが、必ず笑いがとれるジョークもいくつか残しておいた。やる気を保つのに十分な成功と、努力を続けるのに十分な失敗があった。

新しい習慣を始めるときに大事なのは、調子の悪いときでも続けられるよう、できるだけ易しい行動にすることだ。これは、行動変化の第三の法則で詳しく述べたとおりだ。

ただし、いったん習慣ができたら、少しずつ前進しつづけることが大切だ。この小さな改善や新しい挑戦が、あなたを夢中にさせつづける。そして、ゴルディロックスのゾーンにぴったりはまれば、「フロー」の状態になれるだろう。*

フローとは、「ゾーン」に入っているときに経験するもので、活動に完全に没頭している状態である。科学者はこの感覚を数値化しようとしてきた。そして、フローの状態になるには、現在の能力を約四パーセント超える作業が必要だとわかった。[5] 実生活ではふつう、このように行動の難しさを測ることはできないが、ゴルディロックスの原理の中心的な考え方は生かせるだろう。ちょうどいい難しさの挑戦、つまり、自分の能力ぎりぎりのものに取り組むことが、モチベーションを保つのに欠かせないということだ。

改善は微妙なバランスを要する。やる気を失わないよう進歩しつづけながら、自分を限界へ追いこむ挑戦をつねに探さなければならない。行動が魅力的で満足できるものであるためには、新鮮さを保つ必要がある。変化がなければ、退屈してしまう。そして、おそらく退屈こそが、自己改善の追求における最大の敵だろう。

* フローの状態のときに何が起きるかについて、わたしには持論がある。ただし確証はなく、わたしの意見にすぎない。心理学者は通常、脳がふたつのモードで機能しているという。システム一と、システム二である。システム一は、すばやくて本能的だ。一般に、とても早く行える（習慣のような）プロセスは、システム一が司っている。一方、システム二は、数学の難しい問題の答えを計算しているときのように、努力が必要でゆっくりしたプロセスを司っている。認知プロセスが自動的になるほど、システム二がシステム一になっていく。作業が難しくなるほど、システム二になっていく。フローに関しては、シスステム一とシステム二が思考範囲の両端にいるようすを、わたしは思い浮かべる。認知プロセスが自動的になるほど、モードはシステム一とシステム二のきわどい分かれ目にいるのだろう。その作業に関する自動的で潜在的な知識をすべて活用しながら、挑戦に対処するため能力以上に努力もしている。脳は両モードともフル活動している状態だ。意識と無意識が完璧に同調して働いている。

目標を追いかけるのに飽きたとき、集中力を保つには

野球をやめたあと、わたしは新しいスポーツを探した。ウエートリフティングのチームに入ったある日、有名なコーチがジムを訪れた。彼は長いキャリアのなかで、数人のオリンピック代表選手を含めて何千人ものアスリートを育ててきた。わたしは自己紹介し、ふたりで改善のプロセスについて語りあった。

「トップアスリートと他の人との違いはなんですか」とわたしは尋ねた。「本当に成功する人は、ふつうの人がしないような、どんなことをしているのですか？」

彼は、予想どおりの要因を挙げた。遺伝、幸運、才能。でもそれから、思いもよらないことを口にした。「ある時点までくると、毎日のトレーニングの退屈さに耐えられるかどうかにかかってきますね。何度も何度も同じリフトを繰りかえすということです」

この答えにわたしは驚いた。労働観（意欲）についてちがう考え方をしていたからだ。目標に取り組むには、「ハイになる」ことが必要だとよく言われる。ビジネスであれ、スポーツや芸術であれ、「結局は情熱だよ」とか、「本当に欲しいと思わなきゃ」などという言葉をよく耳にする。その結果、多くの人は集中力やモチベーションがなくなったら落ちこんでしまう。成功する人は情熱の蓄えが際限なくあるのだと思うからだ。ところが、このコーチは、成功する人も他の人と同じようにモチベーション不足を感じると言っている。違いは、退屈を感じていても、取り組める方法を知っているということだ。

熟練するには練習が必要だ。でも、何かを練習すればするほど、退屈で日常的なものになってくる。初心者がある程度上達し、期待したものを学んでしまうと、興味がだんだん薄れてくる。ときには、もっと早くそうなることもある。数日続けてジムへ行こうとか、決まった時間にブログに投稿しようと決めていても、一日さぼっても大したことはないと感じるだろう。物事はうまくいっている。いい状態なら、一日の休みくらい正当化するのは簡単だ。

成功をもっとも脅かすものは、失敗ではなく退屈だ。わたしたちは習慣が楽しくなくなると飽きてしまう。結果も予想がつくようになる。そして習慣がつまらなくなると、新しいものを求めようとして進歩から脱線しはじめる。おそらくこれが、ひとつの運動から次のものへ、ひとつのダイエットから次のものへ、ひとつのビジネスアイデアから次のものへと移っていく、終わりのないサイクルにはまってしまう理由だろう。ほんの少しでもモチベーションが下がると、今までのやり方にまだ効き目があっても、新しい戦略を探しはじめる。思想家マキャベリはこう記している。「順調な人が、順調でない人と同じくらい変化を望むほどに、人間は目新しさを求めるものである」[6]

だからこそ、絶えず新しいものを提供する商品が、習慣になりやすいのだろう。ビデオゲームは新しい映像を提供する。ポルノは新しいセクシー場面を、ジャンクフードは新しい味を。どの経験も絶え間なく驚きを与えてくれる。

心理学では、これは「変則報酬」として知られている。[*7] スロットマシンは、現実の世界でのもっともいい例だといえる。ときどき大当たりするが、その間隔は予想できない。報酬が得られるペースはさまざまである。この変則性が大量のドーパミン放出を促し、記憶を強化して、習慣形成を早めることになる。[8]

変則報酬によって欲求を作りだすことはできない。つまり、興味のない報酬をさまざまな間隔で与えて、心を変えようとするのは不可能だ。でも、すでに持っている欲求を高めるには強力な方法である。退屈しないからだ。

願望が最適な状態になるスイートスポットは、成功と失敗が五〇対五〇の分かれ目にある。半分は欲しいものが手に入り、半分は手に入らない。満足するために十分な「勝利」と、願望を持つために十分な「不足」が必要だ。これも、ゴルディロックスの原理から導き出されるものである。もし、すでに習慣に興味があるなら、ちょうどいい難しさの挑戦に取り組むことが、興味を持ちつづけるのにいい方法だ。

もちろん、すべての習慣が変則報酬の要素を持っているわけではないし、あなたもそんなことは望まないだろう。もしグーグルが役立つ検索結果をときどきしか出さないなら、わたしはすぐに他

＊　変則報酬は偶然に発見された。ある日実験室で、有名なハーバード大学の心理学者B・F・スキナーが実験していると、固形のエサが不足してきた。でも、もっと作るには時間がかかる。手動の機械でエサを押して作らなければならないからだ。このため彼は、「なぜラットがレバーを押すたびに強化する必要があるのだろう、と思うようになった」。そこで、ラットに断続的に褒美のエサを与えることにした。すると驚いたことに、エサが出たり出なかったりしても、レバーを押す行動は減るどころか、むしろ増加した。

の検索エンジンに変えるだろう。もし配車サービスのウーバーが、乗りたいときの半分しか乗せてくれなかったら、もう使うのをやめるかもしれない。そして、もし毎晩デンタルフロスで歯を掃除しているのに、ときどきしか口のなかがきれいにならなかったら、さぼってしまうだろう。

変則報酬でもそうでなくても、永遠におもしろい習慣などない。自己改善の旅のどこかで、誰もが同じ試練に遭う。あなたは退屈に恋をするしかない。

わたしたちはみな達成したい目標があり、成就したいと夢見ている。でも、何を改善しようとしているのであれ、楽でワクワクしているときだけ取り組んでいるなら、めざましい結果を出すことはできないだろう。

たしかなのは、もし習慣を始めて続けられるようになったら、やめたくなる日があるということだ。ビジネスを始めたなら、仕事をしたくない日があるだろう。ジムにいるなら、やりたくないトレーニングがあるだろう。書く時間になったら、タイプしたくない日があるだろう。でも、それをするのが面倒だったり、苦痛だったり、うんざりするときに、さらに力を入れて行うなら、それがプロとアマチュアの違いをもたらす。

プロはスケジュールを守る。アマチュアは生活に邪魔されてしまう。プロは何が自分にとって大切かを知っていて、目的意識を持って取り組む。アマチュアは生活で急用があると脱線してしまう。

作家で瞑想指導者のデビッド・ケインは、生徒たちに、「都合のいいときだけの瞑想者にならないように」と勧めている。同じように、都合のいいときだけのアスリートや、都合のいいときだけの作家や、都合のいいときだけの何かに、あなたはなりたくないだろう。習慣が自分にとって本当に大切なら、どんな気分のときでも続けようとしなければならない。プロは、たとえ気分が良くなくても行動する。楽しくはないかもしれないが、繰りかえす方法を知っている。

わたしも、やりたくないトレーニングがたくさんあったが、やって後悔したことはない。書きたくない記事がたくさんあったが、スケジュールどおりに投稿して後悔したことはない。リラックスしたい日がたくさんあったが、自分にとって大切なことに取り組む努力をして後悔したことはない。

優れた人になる唯一の方法は、同じことの繰りかえしに、いつまでも魅了されることだ。退屈に恋をしなければならない。

本章のまとめ

- ゴルディロックスの原理によれば、人は現在の能力ぎりぎりの作業をしているときに、モチベーションがもっとも高くなる。
- 成功をもっとも脅かすものは、失敗ではなく退屈である。
- 習慣が日常化すると、おもしろくなくなり、満足できなくなる。退屈するようになる。
- やる気があるときは、誰でも頑張れる。仕事が楽しくないときでも続けられる能力が違いをもたらす。
- プロはスケジュールを守る。アマチュアは生活に邪魔されてしまう。

第20章 良い習慣のマイナス面

The Downside of Creating Good Habits

習慣は熟練のための基礎を築く。チェスでは、駒を自動的に動かせるほど基本的な動きをマスターしてはじめて、ゲームの次のレベルに集中することができる。覚えた情報の集まりがそれぞれ、もっと努力のいる思考のために心のスペースを空ける。これは、どんな努力の場合でもいえることだ。単純な動きを考えずにできるほど覚えたとき、もっと高度な細部に注意を払えるようになる。このようにして、習慣はあらゆる優秀さの追求の土台となる。

とはいえ、習慣のメリットには代償が伴う。はじめのうちは、それぞれの繰りかえしが滑らかに、早く、うまくなっていく。でも、そのあと習慣が自動的になると、出来栄えをあまり気にしなくなる。無意識な繰りかえしに陥っていく。これではミスをしやすくなるだろう。また、自動的に「まあまあいい」くらいにできるようになると、もっとうまくなろうとは考えなくなってしまう。

習慣のプラス面は、考えずに行動できることである。マイナス面は、一定のやり方で行動するのに慣れてしまい、小さなミスに注意を払わなくなることだ。経験を積んでいるから、上達しているとあなたは思うだろう。でも実際は、今の習慣を強化しているだけで、改善はしていない。それどころか、いったんスキルを身につけると、たいていは時間とともにパフォーマンスがわずかに下がることが研究によってわかっている。[1]

ふつうは、このわずかなパフォーマンスの低下など心配しなくてもいい。歯の磨き方や、靴ひもの結び方、朝の紅茶の入れ方について、絶えず改善する仕組みなど必要ないだろう。このような習慣では、たいてい「まあまあいい」で十分だからだ。些細なことに使うエネルギーを減らすほど、本当に重要なことに使うことができる。

しかし、自分の可能性を最大限に生かして、抜きんでたパフォーマンスを達成したいなら、もう少し工夫が必要になる。同じ方法を盲目的に繰りかえしていては特別にはなれない。習慣は欠かせないが、熟練するには十分ではない。必要なのは、自動的な習慣と、計画的な練習の組み合わせだ。

習慣＋計画的な練習＝熟練

偉大になるには、一定のスキルを自動的に使えるようになることが、たしかに必要だ。バスケットボールの選手は、考えずにドリブルができるようになってはじめて、利き手ではないほうの手でレイアップ・シュートするための練習に取りかかることができる。外科医は目をつむってできるほど、何度も最初の切開の練習をしなければならない。手術中に起こるさまざまなケースに集中して対処するためだ。でも、ひとつの習慣をマスターしたら、その仕事のもっと難しい部分に戻って、次の習慣に取りかかることが必要だ。

図16　熟練のプロセスでは、改善の上にまた改善を徐々に重ねていくことが必要だ。それぞれの習慣をまえの習慣の上に築いていけば、やがてパフォーマンスの新しいレベルに達し、より高度なスキルを習得できる。

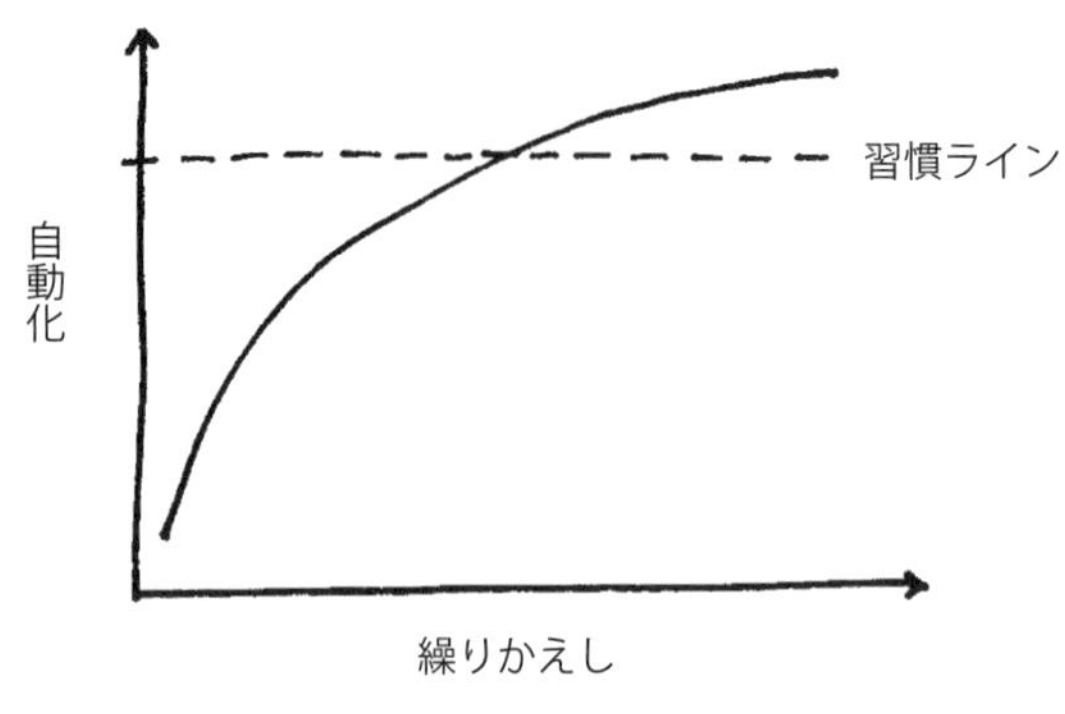

ひとつの習慣を身につける

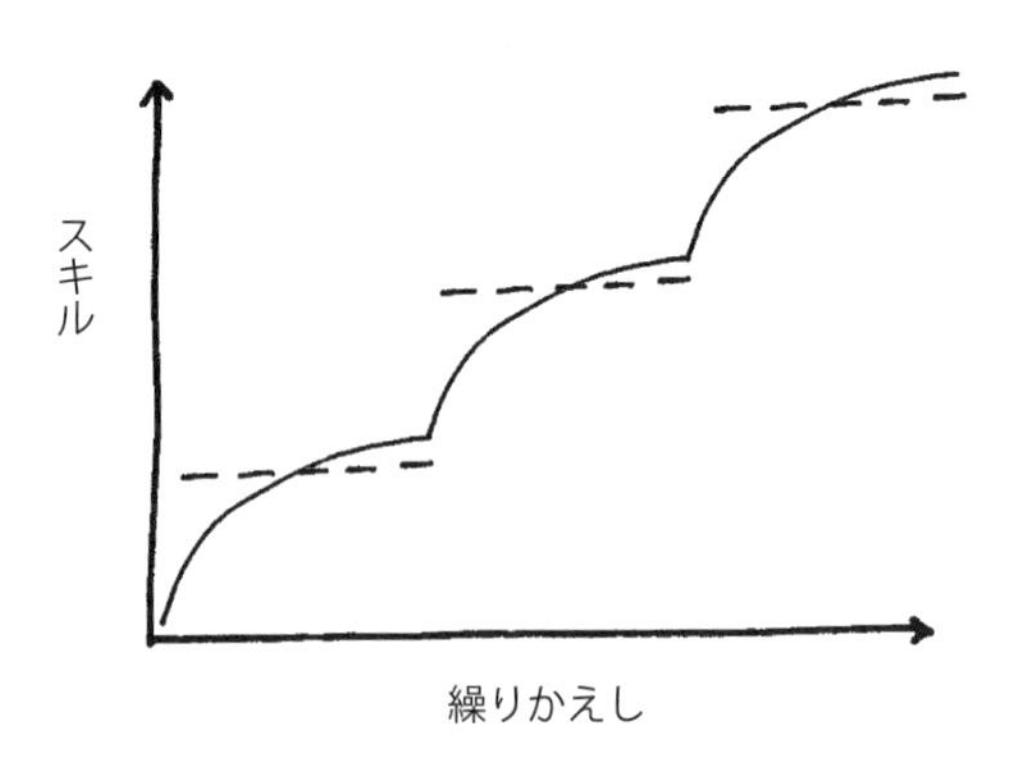

ある分野で熟練する

熟練とは、成功の小さな要素に焦点を絞って、スキルを自分のものにするまで繰りかえし、この新しい習慣を土台として次の新たな改善へと進むプロセスである。以前からの作業は二回目には易しくなるだろう。でも、今ではエネルギーを次の挑戦に注いでいるので、全体的には易しくない。それぞれの習慣が、パフォーマンスの次のレベルへと扉を開いてくれる。これは無限のサイクルだ。

習慣は強力だが、改善しつづけるためには、パフォーマンスを経時的にチェックする方法が必要だ。スキルをマスターしたと感じはじめたその瞬間、つまり自動的になって心地よく感じはじめたときこそ、自己満足の罠に陥らないようにしなければならない。

解決法は何かって？　見直しと考察の仕組みを作ることだ。

習慣を見直して修正する方法

一九八六年、バスケットボールチームのロサンゼルス・レイカーズは、それまで結成されたなかでもっとも才能あるチームを有していたが、そんなふうには思われていない。レイカーズはNBA（ナショナル・バスケットボール・アソシエーション）の一九八五～八六年シーズンを、二九対五という驚異的な記録でスタートした。「評論家は歴史上最強のチームかもしれないと言ってましたよ」と、ヘッドコーチのパット・ライリーはシーズンの終わりに語った。[2] ところが驚いたことに、レイカーズは一九八六年のプレーオフでつまずき、ウェスタン・カンファレンスの決勝戦でシーズン最後の敗北を喫した。「史上最強のバスケットボールチーム」は、NBAチャンピオンシップでプレーすることさえできなかった。

このショックのあと、選手たちがどれほど有能で、チームがどれほど有望かという話を聞くたびにライリーはうんざりした。きらめく才能が、パフォーマンスでしだいに色褪せていくのを見たくない。毎晩、可能性の限界までプレーしてほしい。一九八六年の夏、彼はそのための計画を立てた。キャリア・ベスト・エフォート・プログラム、略してCBEと名付けた仕組みである[3]。

ライリーはこう説明した。「選手がレイカーズに入団したら、高校生のときまで遡って統計をとるんです。これを数値調査と呼んでいます。選手に何ができるか正しく測定してから、チーム計画に組みこみます。その選手が自分の平均値を維持し、さらに向上するだろうと考えたうえでね」

選手のパフォーマンスの基準レベルを決めたあと、ライリーは重要なステップを加えた。各選手に、「シーズン中に結果を少なくとも一パーセント改善するよう求めました。もし達成すれば、それがCBEになるのです」[4]。第1章で述べた英国自転車競技チームと同じように、レイカーズは毎日少しずつ改善することで、最高のパフォーマンスを求めていった。

ライリーは、CBEは単なる点数や統計値ではなく、「精神的にも、感情的にも、肉体的にも最大限の努力」をすることだと改めて指摘した。選手が加点されるのは、「敵がファウル（反則）を宣告されそうなら、そのまま自分のほうへ走ってこさせること。こぼれ球に飛びつくこと。取れそうになくてもリバウンドボールを追いかけること。チームメートのガードしている相手が急に走りだしたら、チームメートを助けること。その他、『縁の下の力持ち』のような行いです」

たとえば、当時レイカーズのスター選手だったマジック・ジョンソンは一試合で、一一ポイント、八リバウンド、一二アシスト、二スティール、五ターンオーバー（反則によりボールが相手チームに渡ること）だった。さらにジョンソンは、こぼれ球に飛びつくという「縁の下の力持ち」行為でも点を加えた（＋一）。最後に、彼はこの想像上のゲームで合計三三分間プレーした。

プラスの得点は（一一＋八＋一二＋二＋一）で、合計三四だ。それから、ターンオーバーの五を引いて（三四－五）、二九になる。最後に、二九をプレー時間の三三分で割る。

二九÷三三＝〇・八七九

マジックのCBE数は八七九となる。この数字が選手の全試合で計算され、その平均CBEをシーズン中に一パーセント改善するよう選手は求められる。ライリーは各選手の現在のCBEを本人の過去のパフォーマンスと比べるだけでなく、リーグの他の選手とも比較した。ライリーによれば、「チームメンバーを、リーグ内の同じポジションで似たような役割をしているライバル選手と並べて、ランク付けしたのです」

スポーツライターのジャッキー・マクマランはこう記している。「ライリーは毎週、黒板に大きな太文字でリーグ内のトップ選手の名前を書き、自分のチームの対応する選手と比べました。まじめで信頼できる選手はたいてい六〇〇点台で、エリート選手は少なくとも八〇〇点でした。一三八回のトリプル・ダブル（得点数、リバウンド、アシストなどのうち三部門で二桁の数字をあげること）

を叩きだしたマジック・ジョンソンは、よく一〇〇〇点を超えていました」

レイカーズはまた、CBEデータの年次比較表を作って、前年比の進歩も重視した。ライリーはこう語った。「一九八六年一一月の合計を出し、次に一九八五年一一月の合計を出して、選手たちに前シーズンの同じ時期より出来がいいか悪いかを見せました。それから、一九八六年一二月のパフォーマンスの数値が、一一月に比べてどうなっているかを見せたのです」

レイカーズがCBEを公表したのは一九八六年一〇月だった。八カ月後、彼らはNBA優勝を果たした。翌年、パット・ライリーはチームを二〇年ぶりの連続優勝というタイトルに導いた。のちに、彼はこう語った。「どんな活動でも、努力を続けることがもっとも大事なのです。成功する方法とは、正しいやり方を学び、いつも同じようにすることです」[5]

CBEプログラムは、見直しと考察の力を示す最高の例だ。レイカーズにはすでに才能があった。CBEは、すでに持っているものを最大限に引き出す助けとなり、習慣を低下させずに向上させた。見直しと考察は、あらゆる習慣の長期的な改善を可能にする。ミスに気づかせ、改善できる道を探すのに役立つからだ。見直さなければ、わたしたちは言い訳をしたり、正当化したり、自分に嘘をついたりしがちだ。昨日と比べてよくできているのか悪いのか、判断する方法もない。

どの分野のトップパフォーマーも、さまざまな形で見直しと考察を行っている。また、その方法は複雑でなくてもいい。ケニアの陸上競技選手エリウド・キプチョゲは史上最高のマラソン選手のひとりで、オリンピックの金メダリストである。[6] 彼は今でも練習が終わるたびにメモを取り、その日のトレーニングを振りかえって、改善できる点を探すという。同じように、金メダリストの水泳選手ケイティ・レデッキーは、自分の体調を一から一〇の数字で表して記録し、摂取した栄養やよく眠れたかどうかもメモしている。また、他の選手が出したタイムも記録する。毎週末にコーチがそのメモに目を通し、コメントを書き加えるそうだ。[7]

アスリートだけではない。コメディアンのクリス・ロックは新しいネタを作るとき、まず小さなナイトクラブへ何十回も行って、何百ものジョークを試すという。[8] ノートパソコンをステージに持っていき、どのジョークがうまくいったか、どこを直す必要があるか記録していく。それで残った数個のすばらしいジョークが、彼の新しいショーの土台となる。

また、「決断日記」をつけている重役や投資家をわたしは知っている。この日記に、毎週行った大きな決断と、その決断をした理由、期待している結果を記録する。月末か年末に自分の選択を振りかえり、どこが正しくて、どこが間違っていたかを見直すという。*

改善とは習慣を身につけるだけではなく、微調整することでもある。見直しと考察によって、時間を正しいことに使えるし、必要なときには軌道修正できる。パット・ライリーが毎晩、選手の努力を修正したように。あなたも効果がなくなった習慣を続けたくはないだろう。

個人的には、わたしは主にふたつの形で見直しと考察を行っている。毎年一二月に「年一回の見直し」をし、その年について考察する。[9] 記事を何本投稿したか、何回トレーニングをしたか、新し

* 決断日記をつけることに興味ある方のために、テンプレートを作成した。以下のサイトの習慣日記のところに入っているのでご覧いただきたい。https://jamesclear.com/habit-journal

い場所へ何カ所行ったかなどを数えあげて、その年の習慣を記録する。[*] それから、三つの質問に答えることで、自分が進歩したかどうかよく考える。

一、今年、何がうまくいったか?
二、今年、何がうまくいかなかったか?
三、何を学んだか?

六カ月後、夏がやってくると、「誠実（integrity）レポート」を書く。みんなと同じように、わたしもたくさんのミスをする。誠実レポートによって、どこが間違っているかがわかり、正しい方向へ軌道修正することができる。わたしはこのレポートを、自分の基本的価値観に立ちかえり、それに沿って生きているかどうか考える機会として用いている。それは、自分のアイデンティティーや、なりたいタイプの人になるにはどう努力すればいいかについて、熟考するときだといえるだろう。[**]

毎年、わたしの誠実レポートでは、次の三つの質問に答えることにしている。

一、わたしの生活や仕事を導いている基本的価値観は何か?

[*] わたしの昨年の「年一回の見直し」を以下のサイトでご覧いただける。https://jamesclear.com/annual-review
[**] わたしの昨年の「誠実レポート」を以下のサイトでご覧いただける。https://jamesclear.com/integrity

二、今、どのような誠実さを持って生活や仕事をしているか？
三、どうしたら、将来もっと高い基準を設けられるか？

このふたつのレポートには大して時間がかからない。毎年ほんの数時間くらいだが、自分を磨くための大切な時である。よく注意していないと、しだいにコースから外れてしまうものだが、それを防いでくれる。また、望ましいアイデンティティーに立ちかえって、なりたいタイプの人になるには習慣がどのように役立つか考えるようにと、毎年思い出させてくれる。そして、いつ習慣をレベルアップして新しい挑戦をするべきか、また、いつ立ちどまって基本に集中するべきかを教えてくれる。

振りかえって見直すことで、全体像を見ることもできる。日々の習慣はしっかり組みこまれているので強力だ。でも日々の選択を気にしすぎるのは、鏡に映る自分を三センチくらいの距離から見ているようなものだ。あらゆる欠点が目について、全体像が見えなくなる。返ってくる反応が多すぎる。逆に、習慣を見直さないのは、鏡をまったく見ないようなものだ。シャツの染みや歯についた食べ物のような、簡単に直せるはずの欠点にも気づかない。返ってくる反応がないからだ。定期的に見直して考察することは、会話できるくらいの距離で鏡を見るようなものである。すると、全体像を見失うことなく、変えるべき重要な点を見つけることができる。山脈全体を眺めて、ひとつひとつの山頂や谷にこだわらないようにしよう。

最後に、見直しと考察は、行動変化のもっとも大切な側面に立ちかえるための理想的な時間を与えてくれる。その側面とは、アイデンティティーである。

あなたの成長を妨げる信念を打ち破る方法

はじめのうちは、習慣の繰りかえしが、望ましいアイデンティティーの証拠を積み上げるのに欠かせない。ところが、新しいアイデンティティーをやっと手に入れたとき、その同じ信念が次のレベルへの成長を妨げることがある。このように足を引っぱるのは、アイデンティティーが一種の「プライド」を作りあげているからだ。そのプライドのせいで、自分の弱点を否定するようになり、本当の成長が妨げられる。これが、習慣作りのもっとも大きなマイナス面のひとつである。

その考えが自分にとって神聖なものであるほど、つまり自分のアイデンティティーに深く結びついているほど、批判から固く守ろうとするものだ。この例は、あらゆる分野で見られる。革新的な教育方針を無視して、自分で実証済みの授業プランに固執する教師。「自分のやり方」にこだわるベテランの経営者。年下の同僚の考えをはねつける外科医。刺激的なファーストアルバムを出したあとマンネリ化するバンド。ひとつのアイデンティティーに頑(かたく)なにしがみつくほど、それを超えて成長するのが難しくなる。

解決法は、アイデンティティーのひとつの側面だけに、あなたの人となりの大部分を占めさせないことだ。投資家のポール・グレアムの言葉を借りれば、「アイデンティティーを小さく保つ」ことである。[10] ひとつの信念だけで自分を定義したら、人生で試練が起きたときに、適応できるものがほとんどなくなるだろう。ポイントガード〔バスケットで得点もあげるガードのポジション〕や会社の共同経営者でいることにすべてを注いでいたら、人生からその一面がなくなったとき、あなたは打ちのめされてしまう。もし完全菜食主義者で、健康状態のために食事を変えなければならなくなったら、あなたはアイデンティティーの危機に直面するだろう。ひとつのアイデンティティーに頑なにしがみつきすぎると、壊れやすくなる。そのひとつのものを失えば、自分自身を失ってしまう。

わたしは若い頃、アスリートであることがアイデンティティーの大半を占めていた。そして野球選手をやめたあと、自分探しに苦しんだ。自分をひとつの姿に定義するために全生活を注いでいたのに、それがなくなったら、いったい今の自分は誰なのだろう？

退役軍人や元起業家が同じような感覚を持つという。もしアイデンティティーが「わたしはりっぱな軍人だ」という信念に包まれていたら、軍務が終わったとき、何が起こるだろう。また、多くの社長のアイデンティティーは、「わたしはＣＥＯだ」とか「わたしは創業者だ」というようなものだ。もし起きている時間をすべてビジネスに使っていたら、会社を売却してしまったあとに、どう感じるのだろう。

このようなアイデンティティーの喪失を和らげるカギは、もし役割が変わっても、アイデンティティーの重要な側面を保てるように、自分を再定義することだ。

- 「わたしはアスリートだ」を「わたしは精神的に強くて、肉体的な挑戦が好きなタイプの人間

だ」に変える

- 「わたしはりっぱな軍人だ」を「わたしは自制心があり、頼りになり、チームで働くことに長けているタイプの人間だ」に変える
- 「わたしはCEOだ」を「わたしはものを創りあげるタイプの人間だ」に変える

効果的に選べば、アイデンティティーは柔軟性を持ち、壊れずにすむ。水が障害物をよけて流れるように、あなたのアイデンティティーも環境の変化に逆らわずにうまく適応するだろう。

次に挙げる『道徳経』〔老子の作とされる中国の古典〕からの引用が、この考えを要約している。

人は柔らかく、しなやかに生まれ
死ねば、堅くこわばる。
植物は柔らかく、しなやかに生え
枯れれば、乾いてもろくなる。
それゆえ、堅くて融通の利かない者は
みな死の弟子である。
柔らかくて従順な者は
みな命の弟子である。
堅くこわばる者は破れるであろう。

柔らかくしなやかな者は勝つであろう。

――老子

習慣は多くの益をもたらすが、そのマイナス面は、まわりの状況が変わっているときでさえ、それまでの考え方や行動パターンにわたしたちを閉じこめてしまうことだ。永遠に変わらないものなど何もない。人生は絶えず変化している。だから定期的にチェックして、それまでの習慣や信念が、まだ自分の役に立っているかどうか見なければいけない。

自己認識の欠如は毒である。見直しと考察が、その解毒剤となる。

本章のまとめ

- 習慣のプラス面は、考えずに行動できることである。マイナス面は、小さなミスに注意を払わなくなることだ。
- 習慣＋計画的な練習＝熟練
- 見直しと考察というプロセスによって、自分のパフォーマンスを経時的に意識できる。
- ひとつのアイデンティティーに頑なにしがみつくほど、それを超えて成長するのが難しくなる。

結論

Conclusion

成果を保つコツ

古代ギリシャの寓話で、「ソリテス・パラドックス」として知られているものがある。[*] これは、小さな行動を何度も繰りかえすことの効果について教えてくれる。このパラドックスのひとつの例は次のようなものである。一枚の硬貨が人を裕福にできるだろうか？　もし人に一〇枚の硬貨をあげても、その人が裕福だとはいえない。でも、もう一枚あげたらどうだろう？　さらに、もう一枚あげたら？　もう一枚では？　ある時点までくると、一枚の硬貨が人を裕福にできないなら、誰も裕福にはなれないと認めなければならないだろう。[1]

最小習慣（アトミックハビッツ）でも同じことがいえる。小さな変化で生活をすっかり変えられるだろうか？　できそうにないと、あなたは答えるだろう。でも、もうひとつ変化させたらどうだろう？　さらに、もうひ

＊　ソリテスの語源はギリシャ語のソロスで、山や堆積という意味である。

とつ変化させたら？　もうひとつでは？　ある時点で、自分の生活は小さな変化によって一変したと認めざるをえないだろう。

習慣変化の究極の目標は、単に一パーセントの改善ではなく、何千もの改善である。それは最小習慣を積み上げた山であり、それぞれが仕組み全体の基本単位となる。

はじめのうちは、小さな改善など無意味に見えるかもしれない。仕組みの重さでかき消されてしまうからだ。一枚の硬貨で裕福になれないように、一分の瞑想や毎日一ページの読書のようなわずかひとつの良い変化が、目立った違いをもたらすとは思えない。

ところが、小さな変化を積み上げていくと、しだいに人生の天秤が動きはじめる。ひとつひとつの改善は、ひと粒の砂を天秤のプラスのほうへ加えていって、物事を自分の有利なほうへ傾けていくようなものだ。もし続けていけば、ついには転換点を迎える。すると突然、良い習慣を続けるのが楽になる。仕組みの重みが不利にではなく、有利に働くからだ。

本書のなかで、トップの業績を誇る人たちの話をいくつも見てきた。オリンピックの金メダリスト、受賞歴のあるアーティスト、ビジネスリーダー、救命医、有名コメディアン。彼らはみな、技術を習得して各分野のトップに到達するために、小さな習慣の科学を使っていた。本書で取りあげた人やチームや会社はすべて、直面した状況こそちがうが、結局は同じ方法で進歩してきた。その方法とは、小さくて持続可能で、たゆむことのない改善への取り組みである。

成功は到達すべき目標でも、ゴールラインでもない。改善の仕組みであり、果てしなく改良しつづけるプロセスである。第1章で、わたしはこう述べた。「もしあなたが習慣を変えられずに困って

行いやすい	行いにくい
はっきりしている…………	目立たない
魅力的………………………	つまらない
易しい………………………	難しい
満足できる…………………	満足できない

良い習慣をはっきりさせ、魅力的にし、易しくし、満足できるものにして、行いやすいほうへ寄せていこう。一方、悪い習慣を目立たなくし、つまらなくし、難しくし、満足できないものにして、行いにくいほうへ集めよう。

いるなら、問題はあなたにあるのではない。仕組みに問題がある。悪い習慣を何度も繰りかえしてしまうのは、あなたが変えたくないからではなく、変えるための仕組みが間違っているからだ」

本書を終えるにあたって、この状況が逆になっていることを願っている。あなたは行動変化の四つの法則によって、良い仕組みを築き、良い習慣を形成するための対策と戦略を手に入れた。ときには習慣を忘れてしまうことがあるから、「はっきりさせる」必要がある。また、始めたくないときには「魅力的にする」必要がある。習慣が難しすぎると感じることも多いので、その場合は「易しくする」。そして、続ける気になれないときには、「満足できるものにする」ことが大切だ。

これは持続的なプロセスである。ゴールラインはない。恒久的な解決もない。改善したいと思うたびに、行動変化の四つの法則を、次の障害にぶつかるまで回していけばいい。はっきりさせよう。魅力的にしよう。易しくしよう。満足できるものにしよう。つねに一パーセントよくなる方法を探しながら、ぐるぐる回していこう。

いつまでも成果を得つづける秘訣は、改善するのをやめないことだ。やめないだけで、驚くほどのものを築くことができる。仕事をやめなければ、驚くほどのビジネスを築ける。トレーニングをやめなければ、驚くほどの身体になれる。学習をやめなければ、驚くほどの知識が身につく。貯蓄をやめなければ、驚くほどの財産になる。親切にするのをやめなければ、驚くほどの友情が生まれる。小さな習慣はただ加算されるのではない。複利で大きくなっていく。

これが最小習慣の力だ。小さな変化が驚くべき成果をもたらす。

付録

APPENDIX

次に読むべきものは？

What Should You Read Next?

本書に時間を割いてくれたことを心より感謝している。あなたに読んでもらえて本当にうれしく思う。次に読むべきものを探しているなら、ぜひ提案させていただきたい。

本書を楽しんでもらえたなら、わたしの他の作品も気に入っていただけるかもしれない。わたしの最新の記事は、無料のメールマガジンで毎週お送りしている。購読者には、わたしの最新の本やプロジェクトについても、まっさきにお知らせしている。また、わたしの著作に加えて、他の作家によるさまざまなテーマの本から、気に入ったものを選んだ読書リストを毎年お送りしている。

ご希望の方は次のサイトでご登録いただける。

https://jamesclear.com/newsletter

四つの法則からわかること

Little Lessons from the Four Laws

本書のなかで、人間の行動における四つのステップのモデルを紹介した。きっかけ、欲求、反応、報酬である。この枠組みは、新しい習慣の身につけ方を教えてくれるだけでなく、人間の行動についての興味深い洞察を示してくれる。

問題の段階		解決の段階	
一、きっかけ	二、欲求	三、反応	四、報酬

本章では、このモデルからわかるいくつかの知識（および、少々の常識）をまとめた。これらの例を挙げる目的は、この枠組みが、人間の行動を表すのに幅広く役立つことを示すためだ。このモデルを理解したら、あらゆるところでその例を見いだせるだろう。

願望のまえに気づきがある。 欲求は、きっかけに意味を与えたときに起こる。脳は今の状況を表現するために感情や感覚を作りだしている。つまり、あなたが機会に気づいたあとで欲求は起こる。**幸福とは要するに、願望がない状態である。**きっかけを見ても、自分の状態を変えたいと思わないなら、今の状態に満足しているということだ。幸福とは喜び（楽しみや満足）の達成ではなく、願望がないことである。それは、ちがうふうに感じたいという衝動がまったくないときに訪れる。幸福とは、自分の状況をもう変えたくないときに感じる状態のことだ。

でも、幸福はいつしか消え去る。新しい願望がつねに現れるからだ。キャド・バドリスが言うように「幸福とは、ひとつの願望が満たされたときから、新しい願望が生まれるまでの期間である」[1]。同じように、苦しみとは、状況を変えたいと望むときから、それを得るまでの期間だ。

わたしたちが追い求めているのは喜びという考えである。わたしたちは心のなかで作り出した喜びのイメージを求めている。行動するときは、そのイメージを得たらどうなるのかわからない（満足できるのかさえわからない）。満足感はあとからやってくる。オーストリアの神経科医ビクトール・フランクルはこれについて、幸福は追求できないものであり、結果として起こるのみだ、と語った。[2]願望は追究できる。そして、喜びが行動の結果として起こる。

観察したものを問題に変えなければ平和である。あらゆる行動の第一歩は観察だ。あなたはきっかけや、ちょっとした情報や、出来事に気づく。見たものに基づいて行動したくなければ、あなたは平和である。

欲求とは、すべて解決したいと思うことだ。観察しても欲求がなければ、何も解決する必要を感じない。願望が暴れることもない。状況を変えたいとも望まない。あなたの心は解決すべき問題を生み出さない。ただ観察しているだけだ。

大きな理由があれば、どんなことも乗り越えられる。ドイツの哲学者で詩人のフリードリッヒ・ニーチェは、有名な言葉を記している。「生きる理由がある者は、どんな生き方にも耐えられる」[3]。この言葉には、人間の行動についての重要な真実が含まれている。あなたの動機や願望（つまり、なぜ行動するのかという理由）が大きければ、難しいときでも行動するだろう。大きな欲求は大きな行動を促す――たとえ抵抗が強くても。

好奇心を持つことは、利口であるよりもいい。やる気と好奇心を持つことは、利口であるよりもいい。行動につながるからだ。利口であることは行動を促さないので、それ自体では結果をもたらさない。行動を促すものは願望であって、知性ではない。起業家のナバル・ラビカントはこう語っている。「何かをする秘訣は、まず願望を育てることだ」

感情が行動を起こさせる。どの決断も、ある程度は感情的な決断だ。どれほど論理的な理由があろうと、感情のせいで行動したくなっただけである。実際、脳の感情中枢にダメージを受けた人は、行動する理由がたくさんあっても行動しようとしない。行動を促す感情がないからだ。だからこそ、反応の*まえ*に欲求がある。まず感情が起こり、それから行動が起こる。

感情的になった*あと*に合理的かつ論理的になれる。脳の主なモードは感じることである。考えることは二番目だ。脳内で最初に反応する、早くて無意識な部分は、感覚と予測に最適化されている。二番目の遅くて意識的な部分が、「考える」部位である。

心理学者はこれをシステム一（感覚とすばやい判断）と、システム二（合理的な分析）と呼んでいる。感覚が先にやってきて（システム一）、合理性はあとから現れる（システム二）。[4]ふたつが足並みを揃えるとうまく働くが、そうでない場合は、非論理的で感情的な考えに陥ってしまう。

反応は感情に従いやすい。わたしたちの思考や行動は、魅力的だと思うものに根ざしており、必ずしも論理的ではない。ふたりの人が同じ事実に気づいても、ちがった反応をするのは、その事実をそれぞれの感情フィルターを通して見ているからだ。これが、理性に訴えるより、感情に訴えるほうが効果的な理由である。[5]もしある話題で誰かが感情的になったら、もうデータには興味を示さないだろう。感情が賢明な意思決定を脅かすのは、このためである。

いいかえれば、理性的な反応は有益で、願望を満たすと考えられることが多い。平静な状態で物事に取り組めば、感情よりもデータに基づいて反応することができる。

苦しみは進歩をもたらす。あらゆる苦しみの源は、状態を変えたいという願望だ。これは、あらゆる進歩の源でもある。状態を変えたいという願望は、行動する力となる。人に強いて改善を追究させ、新しい技術を開発させ、より高いレベルへ到達させようとする。欲求があれば、不満だが衝き動かされる。欲求がなければ、満足するが、野心もない。

行動は、どれほど求めているかを表す。もし何かを優先していると言いながら、実際に行動しないのなら、本当は欲しくないのだろう。そろそろ自分と正直に語りあうときだ。あなたの行動を見れば、本当にやる気があるかどうかがわかる。

報酬は犠牲の向こうにある。反応（エネルギーの犠牲）は、つねに報酬（多くの資産）に先立つ。「ランナーズハイ」は、一生懸命走ったあとにのみやってくる。報酬は、エネルギーを使ったあとに来るものだ。

自制が難しいのは満足できないからである。報酬は欲求を満たす結果である。そのため自制は効きにくい。願望を抑えてもなかなか消えないからだ。誘惑に抵抗すれば、欲求を満たすことはない。ただ無視するだけだ。そして欲求が過ぎさる余地を作りだす。自制するには、願望を満たさず、手放すことが必要である。

期待によって満足が決まる。欲求と報酬の隔たりによって、行動後にどれくらい満足できるかが決まる。期待と結果の差が良いもの（うれしい驚き）だったら、今後もその行動を繰りかえすだろう。その差が悪いもの（失望や不満）だったら、もう行動しないだろう。

たとえば、一〇〇ドル得られると期待していて、一〇〇ドル手に入ったら、とてもうれしいだろう。逆に一〇〇ドル期待していて、一〇ドルしか手に入らなければ、がっかりする。あなたの期待によって、満足は変化する。期待度が高いと、たいていは失望する。期待度が低いと、たいていは喜べる。あり得そうな結果と欲望がだいたい同じなら、満足できるだろう。

満足＝結果－欲望[6]

これは、哲学者セネカの有名な言葉にある知恵だ。「貧しさは持たないことではなく、もっと欲しがることである」[7]。もし結果より欲望が大きければ、あなたはいつも不満である。絶えず解決より問題を重視しているからだ。

幸福は相対的なものだ。わたしが記事を投稿しはじめたとき、三カ月かかって一〇〇〇人の購読者を得た。その節目に達したとき、両親とガールフレンドに報告して、お祝いをした。わたしは興奮し、やる気満々になった。数年後、一〇〇〇人の人が毎日登録していることに気がついた。でも、誰かに話そうとも思わず、何も感じなかった。以前より九〇倍の速さで結果を得ているのに、少しもうれしくなかった。数日たってはじめて、ほんの数年前には夢物語のようだった出来事を祝おうともしないなんて、どれほど愚かなことか気がついた。

失敗の痛みは期待の高さと相関関係にある。望みが高いと、結果が気に入らないことに傷つく。欲しいものを手に入れようとして失敗すると、もともとそれほど欲しいと思っていなかったものを手に入れ損ねるより、苦しく感じる。だからこそ、「高望みはしたくない」と人は言う。

行動の前後に感覚がある。行動するまえに、行動へと導く感覚がある――欲求だ。行動したあとに、これからも繰りかえすよう教える感覚がある――報酬である。

きっかけ＞欲求（感覚）＞反応＞報酬（感覚）

どう感じるかが、どう行動するかに影響する。そして、どう行動するかが、どう感じるかに影響する。

願望は行動を起こす。喜びは持続させる。欲望と嗜好は、行動のふたつの原動力だ。欲しくなければ、行動する理由がない。願望と欲求は行動を起こすものだ。でも、それが楽しくなければ、繰りかえす理由はない。喜びと満足が行動を持続させる。やる気を感じれば、あなたは行動する。成功を感じれば、あなたは繰りかえす。

希望は経験とともに小さくなり、受容に置きかわる。最初に機会が訪れたとき、こうなるだろうという希望がある。期待（欲求）は、明るい見通しにのみ基づいている。二回目では、期待は現実に根ざしている。プロセスがどのように働くか理解しはじめ、希望はしだいに、正しい予想とあり得る結果の受容へと置きかわっていく。

これが、最新の一攫千金の技や減量法に絶えず手を出してしまう理由である。新しいプランは希望をもたらしてくれる。期待の基になる経験がないからだ。新しい戦略は無限に希望を持てるので、古いものより魅力的である。アリストテレスが記したように、「若者はだまされやすい。すぐに希望を持つからだ」[8]。おそらく、こう変えたほうがいいだろう。「若者はだまされやすい。希望しか持たないからだ」。期待の基になる経験がないためである。はじめのうちは、あなたにあるのは希望だけなのだ。

ビジネスへの応用

How to Apply These Ideas to Business

わたしはここ何年かのうちに、フォーチュン五〇〇に載る大会社や成長中の新興企業で、効果的に経営し、より良い商品を生み出すために、小さな習慣の科学をどのように応用したらいいかについて講演してきた。そのもっとも実践的な戦略の多くを、付録として短い章にまとめてある。本書で述べた主旨への補足として、非常に役立つことと思う。

＊本章は以下のサイトでダウンロードしていただける。
https://jamesclear.com/atomic-habits/business

育児への応用

How to Apply These Ideas to Parenting

読者からもっともよく訊かれる質問のひとつが、「子どもにこれをさせるには、どうしたらいいですか?」というようなものだ。本書の考え方は、あらゆる人間の行動に広く適用できるようになっているので（ティーンエージャーも人間だ）、本文中に役立つ戦略がたくさんあるはずだ。とはいえ、育児ならではの試練もいくつかある。付録の章として、とくに育児に応用する方法についての短い手引きをまとめた。

＊本章は以下のサイトでダウンロードしていただける。
https://jamesclear.com/atomic-habits/parenting

謝辞

Acknowledgment

本書の執筆にあたり、多くの人にたいへんお世話になった。誰よりもまず、妻のクリスティに感謝しなければならない。彼女は執筆中ずっと欠かせない存在だった。本を書く際に可能なあらゆる役割を担ってくれた。妻、友人、ファン、批評家、編集者、リサーチャー、セラピスト。彼女がいなければ、本書がこのように仕上がらなかったといっても過言ではない。存在すらしなかったかもしれない。わたしたちの人生のすべてがそうであるように、ふたりで一緒に作りあげたからだ。

次に、家族に感謝している。本書におけるサポートや励ましだけでなく、どんなプロジェクトに取り組んでいても、わたしを信じてくれることにお礼を言いたい。わたしは長年、両親や祖父母、兄弟たちに支えられてきた。とくに父と母に、わたしが愛していることを伝えたい。自分の両親が最高のファンでいてくれるのは、どれほどうれしいことだろう。

第三に、アシスタントのリンジー・ナッコルズに感謝の言葉を送りたい。これまでの彼女の仕事ぶりは言葉で言い表せないほどだ。小さなビジネスを起ち上げるのに要りそうなことを、ほとんどすべて引き受けてくれた。ありがたいことに、彼女のスキルと才能は、わたしの頼りない経営態度よりずっとパワフルだ。本書のいくつかの箇所は、わたしの作品であると同時に彼女の作品でもある。彼女の助力に深く感謝している。

本書の内容や文章に関しては、感謝すべき人たちが大勢いる。まずはじめに、名前を挙げなければ申し訳ないほど、多くのことを教わった人たちがいる。レオ・バボータ、チャールズ・デュヒッグ、ニール・エヤル、B・J・フォッグは、習慣についてのわたしの考えに深い影響を与えてくれた。彼らの仕事やアイデアが、本文の随所で見つかることだろう。本書を楽しんでもらえたなら、彼らの著作も読むことをお勧めする。

執筆の各段階で、多くの優秀な編集者から有益なアドバイスをいただいた。最初の段階をともに歩んでくれ、必要なときには厳しい叱責をくれたピーター・ガザーディに謝意を表する。ブレイク・アトウッドとロビン・デラボウのふたりにも、心より恩義を感じている。彼らはとんでもなく長くて読みにくいわたしの初稿を、引き締まった読みやすい原稿に直してくれた。そして、わたしの文章に気品と詩的要素を加味してくれたアン・バーングローバーの才能に感謝したい。

原稿の初期のバージョンを読んでくれた多くの人たちにお礼を述べたい。ブルース・アモンズ、ダーシー・アンセル、ティム・バラード、ビシャル・バードワージ、シャーロット・ブランク、ジェローム・バート、シム・キャンベル、アル・カルロス、ニッキー・ケース、ジュリー・チャン、ジェイソン・コリンズ、デブラ・クロイ、ロジャー・ドゥーリー、チアゴ・フォルテ、マット・ガーランド、アンドルー・ギラー、ランディ・ギッフェン、ジョン・ギガンティ、アダム・ギルバート、ステファン・ギエネ、ジェレミー・ヘンドン、ジェイン・ホーバース、ジョアキム・ジャンソン、ジョシュ・コーフマン、アン・カバナー、クリス・クラウス、ジーク・ロペズ、ケイディ・メイコン、サイド・マドソン、キエラ・マグラス、エイミー・ミッチェル、アンナ・モイズ、ステーシー・モリス、タラ・ニコール・ネルソン、テイラー・ピアゾン、マックス・シャンク、トレイ・シェルトン、ジェイソン・シェン、ジェイコブ・ザンジェリディス、アリ・ゼルマナウ。みなさんの感想から、本書は多大な恩恵を受けている。

本書の出版を実現してくれたエイブリー・アンド・ペンギン・ランダムハウスのチームには心より感謝している。発行者メーガン・ニューマンには、とくに深い謝意を表したい。彼女は、絶えず締め切りを延期するわたしにかぎりなく忍耐してくれた。さらに、誇れる本を作るのに必要な場を与え、わたしのアイデアをいつも支持してくれた。わたしが伝えたい内容を保ちつつ、みごとに文章を直してくれたニーナ。自分ではとても届かない多くの人々に本書のメッセージを伝えてくれたリンジー、フェアリン、ケイシー、PRH（ペンギン・ランダムハウス）チームの他のメンバーたち。本書のために美しい表紙カバーをデザインしてくれたピート・ガーセウ。みなさん、本当にありがとう。

そして、わたしの代理人リサ・ディモーナ。出版にいたる各段階で、アドバイスと洞察を与えてくれたことに心から感謝している。

たくさんの友人や家族たちにもお礼を言いたい。彼らは「本はうまくいってるかい？」と訊いてくれ、わたしがいつものように「なかなか進まないんだ」と答えると、励ましの言葉をかけてくれた――どうもありがとう。どんな作家でも執筆中に行き詰まるときがあるが、優しい一言さえあれば、明日も頑張ろうという気になれる。

お礼を言い忘れている人がきっとまだいるだろうが、わたしの考えに深い影響をくれた人たちのリストを、https://jamesclear.com/thanks のサイト内で今後も更新していくつもりだ。

そして最後は、読者の皆さんに感謝の言葉を送りたい。人生は短いのに、あなたはそのなかの貴重な時間を割いて本書を読んでくださった。本当にありがとう。

二〇一八年五月

1909).

4. Daniel Kahneman, *Thinking, Fast and Slow* (New York: Farrar, Straus and Giroux, 2015)／ダニエル・カーネマン『ファスト＆スロー：あなたの意思はどのように決まるか？』早川書房、2012年。
5. 「もし説得したいなら、理屈ではなく、興味に訴えよ」(ベンジャミン・フランクリン)
6. これは、デビット・マイスターのサービス業の法則の5番目とよく似ている。満足＝知覚－期待。
7. Lucius Annaeus Seneca and Anna Lydia Motto, *Moral Epistles* (Chico, CA: Scholars Press, 1985).
8. これが本当にアリストテレスの言葉かどうか今も議論されている。数世紀来、この引用句は彼の言葉だとされているが、わたしはこの語句の出典を見つけられなかった。

4. Larry Bird, Earvin Johnson, and Jackie MacMullan, *When the Game Was Ours* (Boston: Houghton Mifflin Harcourt, 2010).
5. Pat Riley and Byron Laursen, "Temporary Insanity and Other Management Techniques: The Los Angeles Lakers' Coach Tells All," *Los Angeles Times Magazine*, April 19, 1987, http://articles.latimes.com/1987-04-19/magazine/tm-1669_1_lakers.
6. Cathal Dennehy, "The Simple Life of One of the World's Best Marathoners," *Runner's World*, April 19, 2016, https://www.runnersworld.com/elite-runners/the-simple-life-of-one-of-the-worlds-best-marathoners. "Eliud Kipchoge: Full Training Log Leading Up to Marathon World Record Attempt," Sweat Elite, 2017, http://www.sweatelite.co/eliud-kipchoge-full-training-log-leading-marathon-world-record-attempt/.
7. Yuri Suguiyama, "Training Katie Ledecky," American Swimming Coaches Association, November 30, 2016, https://swimmingcoach.org/training-katie-ledecky-by-yuri-suguiyama-curl-burke-swim-club-2012/.
8. Peter Sims, "Innovate Like Chris Rock," *Harvard Business Review*, January 26, 2009, https://hbr.org/2009/01/innovate-like-chris-rock.
9. クリス・ギルボーに感謝の意を表したい。わたしが「年１回の見直し」を始めたのは、彼が以下のサイトで毎年公開している年1回の見直しに触発されたからだ。https://chrisguillebeau.com.
10. Paul Graham, "Keep Your Identity Small," February 2009, http://www.paulgraham.com/identity.html.

結論

1. Desiderius Erasmus and Van Loon Hendrik Willem, *The Praise of Folly* (New York: Black, 1942), 31. グレッチェン・ルービンに敬意を表する。その著書『人生を変える習慣のつくり方』で初めてこのたとえ話を読み、元の話をたどっていった。詳細は以下を参照されたい。Gretchen Rubin, *Better Than Before* (New York: Hodder, 2016)／グレッチェン・ルービン『人生を変える習慣のつくり方』文響社、2016年。

四つの法則からわかること

1. Caed (@caedbudris),「幸福とは、ひとつの願望が満たされたときから、新しい願望が生まれるまでの期間である」Twitter, November 10, 2017, https://twitter.com/caedbudris/status/929042389930594304. ＊リンク切れ
2. フランクルの元の引用文は以下である。「成功を目指してはいけない。成功を目指せば目指すほど、失敗するだろう。成功とは、幸福と同じく追求できないものだからだ。それは結果として起こるべきものである。しかも、自分よりも偉大な目的のために個人的に献身したときの思いがけない副作用、または、自分以外の人に身を捧げたときの副作用としてのみ起こるものだ」。詳細は以下の文献を参照されたい。Viktor E. Frankl, *Man's Search for Meaning: An Introduction to Logotherapy* (Boston: Beacon Press, 1962)／ヴィクトール・E・フランクル『意味による癒し：ロゴセラピー入門』春秋社、2004年。
3. Friedrich Nietzsche and Oscar Levy, *The Twilight of the Idols* (Edinburgh: Foulis,

楽しみと創造の心理学』世界思想社、2010年。
20. Scott Adams, "Career Advice," Dilbert Blog, July 20, 2007, http://dilbertblog.typepad.com/the_dilbert_blog/2007/07/career-advice.html.

第19章

1. Steve Martin, *Born Standing Up: A Comic's Life* (Leicester, UK: Charnwood, 2008).
2. Steve Martin, *Born Standing Up: A Comic's Life* (Leicester, UK: Charnwood, 2008), 1.
3. Nicholas Hobbs, "The Psychologist as Administrator," *Journal of Clinical Psychology* 15, no. 3 (1959), doi:10.1002/1097-4679(195907)15:33.0.co; 2-4; Gilbert Brim, *Ambition: How We Manage Success and Failure Throughout Our Lives* (Lincoln, NE: IUniverse.com, 2000); Mihaly Csikszentmihalyi, *Finding Flow: The Psychology of Engagement with Everyday Life* (New York: Basic Books, 2008)／M.チクセントミハイ『フロー体験入門：楽しみと創造の心理学』世界思想社、2010年。
4. Robert Yerkes and John Dodson, "The Relation of Strength of Stimulus to Rapidity of Habit Formation," *Journal of Comparative Neurology and Psychology* 18 (1908): 459-482.
5. Steven Kotler, *The Rise of Superman: Decoding the Science of Ultimate Human Performance* (Boston: New Harvest, 2014)／スティーヴン・コトラー『超人の秘密：エクストリームスポーツとフロー体験』早川書房、2015年。この本のなかで、コトラーはこう引用している。「Chip Conley, AI, September 2013.（ミハリー）チクセントミハイによる計算では、本当の比率は1対96である」
6. Niccolo Machiavelli, Peter Bondanella, and Mark Musa, *The Portable Machiavelli* (London: Penguin, 2005).
7. C. B. Ferster and B. F. Skinner, "Schedules of Reinforcement," 1957, doi:10.1037/10627-000. 詳細は以下を参照されたい。B. F. Skinner, "A Case History in Scientific Method," *American Psychologist* 11, no. 5 (1956): 226, doi:10.1037/h0047662.
8. 「マッチングの法則」により、報酬スケジュールの速さが行動に影響を及ぼすことがわかる。" Matching Law," Wikipedia, https://en.wikipedia.org/wiki/Matching_law.

第20章

1. K. Anders Ericsson and Robert Pool, *Peak: Secrets from the New Science of Expertise* (Boston: Mariner Books, 2017), 13／アンダース・エリクソン、ロバート・プール『超一流になるのは才能か努力か？』文藝春秋、2016年。
2. Pat Riley and Byron Laursen, "Temporary Insanity and Other Management Techniques: The Los Angeles Lakers' Coach Tells All," *Los Angeles Times Magazine*, April 19, 1987, http://articles.latimes.com/1987-04-19/magazine/tm-1669_1_lakers.
3. マクマランの本には、ライリーがCBEプログラムを始めたのは1984〜1985年のＮＢＡシーズンだと書かれている。調べたところ、レイカーズはそのときに各選手の統計値を記録しはじめたが、本書で述べたような形でＣＢＥプログラムを使ったのは1986〜1987年のシーズンが初めてだった。

2013), 99-100／スーザン・ケイン『内向型人間の時代：社会を変える静かな人の力』講談社、2013年。
12. W. G. Graziano and R. M. Tobin, "The Cognitive and Motivational Foundations Underlying Agreeableness," in M. D. Robinson, E. Watkins, and E. Harmon-Jones, eds., *Handbook of Cognition and Emotion* (New York: Guilford, 2013), 347-364.
13. Mitsuhiro Matsuzaki et al.," Oxytocin: A Therapeutic Target for Mental Disorders," *Journal of Physiological Sciences* 62, no. 6 (2012), doi:10.1007/sl2576-012-0232-9; Angeliki Theodoridou et al., "Oxytocin and Social Perception: Oxytocin Increases Perceived Facial Trustworthiness and Attractiveness," *Hormones and Behavior* 56, no. 1 (2009), doi:10.1016/j.yhbeh.2009.03.019; Anthony Lane et al., "Oxytocin Increases Willingness to Socially Share One' s Emotions," *International Journal of Psychology* 48, no. 4 (2013), doi:10.1080/00207594.2012.677540; Christopher Cardoso et al., "Stress-Induced Negative Mood Moderates the Relation between Oxytocin Administration and Trust: Evidence for the Tend-and-Befriend Response to Stress?" *Psychoneuroendocrinology* 38, no. 11 (2013), doi:10.1016/j.psyneuen.2013.05.006.
14. J. Ormel, A. Bastiaansen, H. Riese, E. H. Bos, M. Servaas, M. Ellenbogen, J. G. Rosmalen, and A. Aleman, "The Biological and Psychological Basis of Neuroticism: Current Status and Future Directions," *Neuroscience and Biobehavioral Reviews* 37, no. 1 (2013), doi:10.1016/j.neubiorev.2012.09.004. PMID 23068306; R. A. Depue and Y. Fu, "Neurogenetic and Experiential Processes Underlying Major Personality Traits: Implications for Modelling Personality Disorders," *International Review of Psychiatry* 23, no. 3(2011), doi:10.3109/09540261.201 l.599315.
15.「たとえば、誰もが報酬に反応する脳システムを持っているが、特定の報酬に対する反応の強さは人によってちがう。そして、反応レベルの平均値は性格特性と関係がありそうだ」。詳細は以下を参照されたい。Colin G. Deyoung, "Personality Neuroscience and the Biology of Traits," *Social and Personality Psychology Compass* 4, no. 12 (2010), doi:10.1111/j. l 751-9004.2010.00327.x.
16. 大規模な無作為の臨床試験による研究により、低炭水化物ダイエットと低脂肪ダイエットでは、体重減少の差がないとわかっている。多くの習慣と同様に、ずっと続けるなら、同じ目標に使えるさまざまな方法がある。詳細は以下を参照されたい。Christopher D. Gardner et al., "Effect of Low Fat vs Low-Carbohydrate Diet on 12-Month Weight Loss in Overweight Adults and the Association with Genotype Pattern or Insulin Secretion," *Journal of the American Medical Association* 319, no. 7 (2018), doi:10.1001/jama.2018.0245.
17. M. A. Addicott et al., "A Primer on Foraging and the Explore/Exploit Trade-Off for Psychiatry Research," *Neuropsychopharmacology* 42, no. 10 (2017), doi:10.1038/npp.2017.108.
18. Bharat Mediratta and Julie Bick, "The Google Way: Give Engineers Room," *New York Times*, October 21, 2007, https://www.nytimes.com/2007/10/21/jobs/2lpre.html. ＊リンク切れ
19. Mihaly Csikszentmihalyi, *Finding Flow: The Psychology of Engagement with Everyday Life* (New York: Basic Books, 2008)／M.チクセントミハイ『フロー体験入門：

espn.com/olympics/summer08/fanguide/athlete?athlete=29547l; "Hicham El Guerrouj," ESPN, 2008, http://www.espn.com/oly/summer08/fanguide/athlete?athlete=29886.

4. David Epstein, *The Sports Gene: Inside the Science of Extraordinary Athletic Performance* (St. Louis, MO: Turtleback Books, 2014)／デビッド・エプスタイン『スポーツ遺伝子は勝者を決めるか？：アスリートの科学』早川書房、2014年。
5. Alex Hutchinson, "The Incredible Shrinking Marathoner," *Runner' s World*, November 12, 2013, https://www.runnersworld.com/sweat-science/the-incredible-shrinking-marathoner.
6. Alvin Chang, "Want to Win Olympic Gold? Here' s How Tall You Should Be for Archery, Swimming, and More," *Vox*, August 9, 2016, http://www.vox.com/2016/8/9/12387684/olympic-heights.
7. Gabor Mate, "Dr. Gabor Mate—New Paradigms, Ayahuasca, and Redefining Addiction," *The Tim Ferriss Show*, February 20, 2018, https://tim.blog/2018/02/20/gabor-mate/.
8. 「あらゆる特性は遺伝する」は少し誇張になるが、それほど言いすぎでもない。家庭や文化の影響だとはっきりしている具体的な行動特性、たとえば、話す言語、信じる宗教、支持する政党などはもちろん遺伝しない。だが、潜在的な才能や気性を示すような行動特性、たとえば、語学に堪能だとか、信仰心があるとか、進歩的か保守的かなどは遺伝する。一般的知能は遺伝するし、性格の五大因子も遺伝する……これは経験への開放性、誠実性、外向性か内向性、敵対心か協調性、神経症的傾向の五つである。驚くほど特殊な特性も遺伝することがわかっている。たとえば、ニコチンやアルコールへの依存性、テレビを観る時間、離婚しやすい傾向などだ。Thomas J. Bouchard, "Genetic Influence on Human Psychological Traits," *Current Directions in Psychological Science* 13, no. 4 (2004), doi:10.1111/j.0963-7214.2004.00295.x; Robert Plomin, *Nature and Nurture: An Introduction to Human Behavioral Genetics* (Stamford, CT: Wadsworth, 1996) ／R・プロミン『遺伝と環境：人間行動遺伝学入門』培風館、1994年; Robert Plomin, "Why We' re Different," Edge, June 29, 2016, https://soundcloud.com/edgefoundationinc/edge2016-robert-plomin.
9. Daniel Goleman, "Major Personality Study Finds That Traits Are Mostly Inherited," *New York Times*, December 2, 1986, http://www.nytimes.com/1986/12/02/science/major-personality-study-finds-that-traits-are-mostly-inherited.html?pagewanted=all.
10. ロバート・プロミンとは2016年8月9日に電話で話しあった。
11. Jerome Kagan et al., "Reactivity in Infants: A Cross-National Comparison," *Developmental Psychology* 30, no. 3 (1994), doi:10.1037//0012-1649.30.3.342; Michael V. Ellis and Erica S. Robbins, "In Celebration of Nature: A Dialogue with Jerome Kagan," *Journal of Counseling and Development* 68, no. 6 (1990), doi:10.1002/j.1556-6676.1990.tb01426.x; Brian R. Little, *Me, Myself, and Us: The Science of Personality and the Art of Well-Being* (New York: Public Affairs, 2016)／ブライアン・R・リトル『自分の価値を最大にするハーバードの心理学講義』大和書房、2016年; Susan Cain, *Quiet: The Power of Introverts in a World That Can' t Stop Talking* (London: Penguin,

かぎり、大丈夫だ。以下を参照。Phillippa Lally et al., "How Are Habits Formed: Modelling Habit Formation in the Real World," *European Journal of Social Psychology* 40, no. 6 (2009), doi:10.1002/ejsp.674.

8. 「一回の失敗はアクシデントだ。二回の失敗は、新しい習慣の始まりになる」この文をどこかで読んだか、似たような文を言い換えたのだと思う。でも、必死で出典を探したが見つからなかった。もしかしたらわたしが思いついたのかもしれないが、いちばん考えられるのは、世間に知られていない天才の言葉だということだ。
9. このグッドハートの法則は、じつはイギリス人の人類学者マリリン・ストラザーンによって定義されたものである。''' Improving Ratings' : Audit in the British University System," *European Review* 5 (1997): 305-321, http://conferences.asucollegeoflaw.com/sciencepublicsphere/files/2014/02/Strathern1997-2.pdf. グッドハートは1975年ごろにこのアイデアを進展させ、1981年に正式に著書に書いたと、自ら報告している。Charles Goodhart, "Problems of Monetary Management: The U.K. Experience," in Anthony S. Courakis (ed.), *Inflation, Depression, and Economic Policy in the West* (London: Rowman and Littlefield, 1981), 111-146.

第17章

1. Roger Fisher, "Preventing Nuclear War," *Bulletin of the Atomic Scientists* 37, no. 3 (1981), doi:10.1080/00963402.1981. 11458828.
2. Michael Goryl and Michael Cynecki, "Restraint System Usage in the Traffic Population," *Journal of Safety Research* 17, no. 2 (1986), doi:10.1016/0022-4375(86)90107-6.
3. ニューハンプシャー州だけが例外である。そこでは、シートベルトは子どもだけに義務づけられている。"New Hampshire," Governors Highway Safety Association, https://www.ghsa.org/state-laws/states/new%20hampshire, accessed June 8, 2016.
4. "Seat Belt Use in U.S. Reaches Historic 90 Percent," National Highway Traffic Safety Administration, November 21, 2016, https://www.nhtsa.gov/press-releases/seat-belt-use-us-reaches-historic-90-percent.
5. ブライアン・ハリスとは、2016年10月24日にEメール交換をした。
6. Courtney Shea, "Comedian Margaret Cho' s Tips for Success: If You' re Funny, Don' t Do Comedy," *Globe and Mail*, July 1, 2013, https://www.theglobeandmail.com/life/comedian-margaret-chos-tips-for-success-if-youre-funny-dont-do-comedy/article12902304/?service=mobile. *リンク切れ
7. Thomas Frank, "How Buffer Forces Me to Wake Up at 5:55 AM Every Day," College Info Geek, July 2, 2014, https://collegeinfogeek.com/early-waking-with-buffer/.

第18章

1. "Michael Phelps Biography," Biography, https://www.biography.com/people/michael-phelps-345192, last modified March 29, 2018.
2. Doug Gillan, "El Guerrouj: The Greatest of All Time," IAFF, November 15, 2004, https://www.iaaf.org/news/news/el-guerrouj-the-greatest-of-all-time.
3. マイケル・フェルプスとヒシャム・エルゲージの身長と体重は、2008年夏季オリンピックの選手プロファイルより引用した。" Michael Phelps," ESPN, 2008, http://www.

ない。だから、現在の自分は夢を完全に打ち負かすことができる」。詳細は以下を参照されたい。Daniel Goldstein, "The Battle between Your Present and Future Self," TEDSalon NY20ll, November 2011, video, https://www.ted.com/talks/daniel_goldstein_the_battle_between_your_present_and_future_self.

20. Walter Mischel, Ebbe B. Ebbesen, and Antonette Raskoff Zeiss, "Cognitive and Attentional Mechanisms in Delay of Gratification," *Journal of Personality and Social Psychology* 21, no. 2 (1972), doi:10.1037/h0032198; W. Mischel, Y. Shoda, and M. Rodriguez, "Delay of Gratification in Children," Science 244, no. 4907 (1989), doi:10.ll26Iscience.2658056; Walter Mischel, Yuichi Shoda, and Philip K. Peake, "The Nature of Adolescent Competencies Predicted by Preschool Delay of Gratification," *Journal of Personality and Social Psychology* 54, no. 4 (1988), doi:10.1037110022-3514.54.4.687; Yuichi Shoda, Walter Mischel, and Philip K. Peake, "Predicting Adolescent Cognitive and Self-Regulatory Competencies from Preschool Delay of Gratification: Identifying Diagnostic Conditions," *Developmental Psychology* 26, no. 6 (1990), doi:10.1037//0012-1649.26.6.978.

第16章

1. 2015年4月1日、トレント・ディアズミッドがEメールをくれた。
2. Benjamin Franklin and Frank Woodworth Pine, *Autobiography of Benjamin Franklin* (New York: Holt, 1916), 148／『フランクリン自伝』岩波文庫、1957年。
3. 友人のネイサン・バリーに敬意を表する。彼が最初に「毎日を作ろう」というモットーによってインスピレーションを与えてくれた。
4. Benjamin Harkin et al., "Does Monitoring Goal Progress Promote Goal Attainment? A Metaanalysis of the Experimental Evidence," *Psychological Bulletin* 142, no. 2 (2016), doi:10.1037/bul0000025.
5. Miranda Hitti, "Keeping Food Diary Helps Lose Weight," WebMD, July 8,2008, http://www.webmd.com/diet/news/20080708/keeping-food-diary-helps-lose-weight; Kaiser Permanente, "Keeping a Food Diary Doubles Diet Weight Loss, Study Suggests," Science Daily, July 8, 2008, https://www.sciencedaily.com/releases/2008/07/080708080738.htm; Jack F. Hollis et al., "Weight Loss during the Intensive Intervention Phase of the Weight-Loss Maintenance Trial," *American Journal of Preventive Medicine* 35, no. 2 (2008), doi:10.1016/j.amepre.2008.04.013; Lora E. Burke, Jing Wang, and Mary Ann Sevick, "Self-Monitoring in Weight Loss: A Systematic Review of the Literature," *Journal of the American Dietetic Association* 111, no. 1 (2011), doi:10.1016/j.jada.2010.10.008.
6. この行は、グレッグ・マキューンの言葉を言いかえたものだ。彼はこう記している。「研究によれば、人間のモチベーションのあらゆる形のなかで、もっとも効果的なものは進歩であることがわかっている」。Greg McKeown, Essentialism: *The Disciplined Pursuit of Less* (Currency, 2014)／グレッグ・マキューン『エッセンシャル思考：最少の時間で成果を最大にする』かんき出版、2014年。
7. 実際、研究によって、習慣を一度ミスすることは、それがいつ起ころうと、長期的に習慣を身につける確率に実質上なんの影響も与えないことがわかっている。元に戻す

https://www.thoughtco.com/history-of-bubble-and-chewing-gum-1991856.

8. Jennifer P. Mathews, *Chicle: The Chewing Gum of the Americas, from the Ancient Maya to William Wrigley* (Tucson: University of Arizona Press, 2009), 44-46.
9. "William Wrigley, Jr.," *Encyclopcedia Britannica*, https://www.britannica.com/biography/William-Wrigley-Jr, accessed June 8, 2018.
10. Charles Duhigg, *The Power of Habit: Why We Do What We Do in Life and Business* (New York: Random House, 2014), chap. 2／チャールズ・デュヒッグ『習慣の力〔新版〕』早川書房、2019年。
11. Sparkly_alpaca, "What Are the Coolest Psychology Tricks That You Know or Have Used?" Reddit, November 11, 2016, https://www.reddit.com/r/AskReddit/comments/5cgqbj/what_are_the_coolest_psychology_tricks_that_you/d9wcqsr/.
12. Ian Mcdougall, Francis H. Brown, and John G. Fleagle, "Stratigraphic Placement and Age of Modern Humans from Kibish, Ethiopia," *Nature* 433, no. 7027 (2005), doi:10.1038/nature03258.
13. ある研究によれば、人間の脳が今の大きさになったのは約30万年前である。もちろん進化が止まることはなく、脳の形は有意義に進化しつづけてきた。そして現代の大きさと形になったのは、10万年前から３万5000年前のあいだである。Simon Neubauer, Jean-Jacques Hublin, and Philipp Gunz, "The Evolution of Modern Human Brain Shape," *Science Advances* 4, no. 1 (2018):eaao5961.
14. このテーマ独自の研究で、「遅延報酬社会」と「即時報酬社会」という言葉が使用された。James Woodburn, "Egalitarian Societies," *Man* 17, no. 3 (1982), doi : 10.2307/2801707. わたしが即時報酬環境と遅延報酬環境の違いについて初めて聞いたのは、マーク・リアリーからである。Mark Leary, *Understanding the Mysteries of Human Behavior* (Chantilly, VA: Teaching, 2012).
15. ここ数世紀の急速な環境変化は、わたしたちの生物的な適応能力を超えている。人間集団のなかで有意義な遺伝子変異が選ばれるには、平均して２万5000年かかる。詳細は以下の文献を参照されたい。Edward O. Wilson, *Sociobiology* (Cambridge, MA: Belknap Press, 1980), 151／エドワード・O・ウィルソン『社会生物学』思索社、1983年。
16. Daniel Gilbert, "Humans Wired to Respond to Short-Term Problems," interview by Neal Conan, *Talk of the Nation*, NPR, July 3, 2006, https://www.npr.org/templates/story/story.php?storyId=5530483.
17. 不合理な行動と認識の偏りというテーマは、近年よく聞かれるようになった。しかし、全体として不合理に見える多くの行動も、即時的結果を考慮すれば合理的な原因があるものだ。
18. Frederic Bastiat and W. B. Hodgson, *What Is Seen and What Is Not Seen: Or Political Economy in One Lesson* (London: Smith, 1859).
19. 行動経済学者ダニエル・ゴールドスタインに敬意を表する。彼はこう語った。「現在の自分と未来の自分との闘いは不公平なものである。つまり、率直にいえば、現在の自分は存在する。コントロール可能だ。今、力を持っている。強くてりっぱな腕を持ち、ドーナツを口に入れることができる。しかし、未来の自分は周囲にさえいない。離れた未来にいる。それは弱い。弁護士さえいない。未来の自分を支持する人は誰もい

jeab.2004.82-317.

第14章

1. Adèle Hugo and Charles E. Wilbour, *Victor Hugo, by a Witness of His Life* (New York: Carleton, 1864).
2. Gharad Bryan, Dean Karlan, and Scott Nelson, "Commitment Devices," *Annual Review of Economics* 2, no. 1 (2010), doi:10.1146/annurev.economics.l02308.124324.
3. "Nir Eyal: Addictive Tech, Killing Bad Habits & Apps for Life Hacking-#260," interview by Dave Asprey, Bulletproof, November 13,2015, https://blog.bulletproof.com/nir-eyal-life-hacking-260/.
4. Peter Ubel, "The Ulysses Strategy," *The New Yorker*, December 11, 2014, https://www.newyorker.com/business/currency/ulysses-strategy-self-control.
5. "John H. Patterson-Ringing Up Success with the Incorruptible Cashier:' Dayton Innovation Legacy, http://www.daytoninnovationlegacy.org/patterson.html, accessed June 8, 2016.
6. James Clear (@james_clear),「未来に何度も利益をもたらす一回の行動とは何か？」Twitter, February 11, 2018, https://twitter.com/james_clear/status/962694722702790659
7. Alfred North Whitehead, *Introduction to Mathematics* (Cambridge, UK: Cambridge University Press, 1911), 166／ホワイトヘッド『数学入門』松籟社、1983年。
8. "GWI Social," GlobalWeblndex, 2017, Q3, https://cdn2.hubspot.net/hubfs/304927/Downloads/GWI%20Social%20Summary%20Q3%202017.pdf.

第15章

1. "Population Size and Growth of Major Cities, 1998 Census," Population Census Organization, http://www.statpak.gov.pk/depts/pco/statistics/pop_major_cities/pop_major_cities.html. *リンク切れ
2. Sabiah Askari, *Studies on Karachi: Papers Presented at the Karachi Conference 2013* (Newcastle upon Tyne, UK: Cambridge Scholars, 2015).
3. Atul Gawande, *The Checklist Manifesto: How to Get Things Right* (Gurgaon, India: Penguin Random House, 2014)／アトゥール・ガワンデ『アナタはなぜチェックリストを使わないのか?：重大な局面で"正しい決断"をする方法』晋遊舎、2011年。
4. この箇所は、2018年5月28日にスティーブン・ルビーと交換したEメールからの引用である。
5. Stephen P. Luby et al., "Effect of Handwashing on Child Health: A Randomised Controlled Trial," *Lancet* 366, no. 9481 (2005), doi:l0.1016/s0140-6736(05)66912-7.
6. Anna Bowen, Mubina Agboatwalla, Tracy Ayers, Timothy Tobery, Maria Tariq, and Stephen P. Luby. "Sustained improvements in handwashing indicators more than 5 years after a cluster-randomised, community-based trial ofhandwashing promotion in Karachi, Pakistan," *Tropical Medicine & International Health* 18, no. 3 (2013): 259-267. https://www.ncbi.nlm.nih.gov/pmc/articles/PMC4626884/.
7. Mary Bellis, "How We Have Bubble Gum Today," ThoughtCo, October 16,2017,

www.newyorker.com/magazine/2014/11/10/better-time.

5. 「引き算による足し算」は、反転として知られている大きな原則である。反転については、https://jamesclear.com/inversionで以前に書いたことがある。「才能を求めるより、愚かさを避けるほうが易しい」理由について書くことで、このテーマのアイデアが生まれた。よって、シェイン・パリッシュに負うところが大きい。Shane Parrish, “Avoiding Stupidity Is Easier Than Seeking Brilliance,” Farnam Street, June 2014, https://www.fs.blog/2014/06/avoiding-stupidity.
6. Owain Service et al., “East: Four Simple Ways to Apply Behavioural Insights,” Behavioural Insights Team, 2015, http://38r8om2xjhhl25mw24492dir.wpengine.netdna-cdn.com/wp-content/uploads/2015/07/BIT-Publication-EAST_FA_WEB.pdf.
7. オズワルド・ナックルズは仮名である。本人の要望により仮名を使用した。
8. Saul_Panzer_NY, “[Question] What One Habit Literally Changed Your Life?” Reddit, June 5, 2017, https://www.reddit.com/r/getdisciplined/comments/6fgqbv/question_what_one_habit_literally_changed_your/diieswq.

第13章

1. Twyla Tharp and Mark Reiter, *The Creative Habit: Learn It and Use It for Life: A Practical Guide* (New York: Simon and Schuster, 2006)／トワイラ・サープ『クリエイティブな習慣：右脳を鍛える32のエクササイズ』白水社、2007年。
2. Wendy Wood, “Habits Across the Lifespan,” 2006, https://www.researchgate.net/publication/315552294_Habits_Across_the_Lifespan.
3. Benjamin Gardner, “A Review and Analysis of the Use of ‘Habit’ in Understanding, Predicting and Influencing Health-Related Behaviour,” *Health Psychology Review* 9, no. 3 (2014), doi:10.1080117437199.2013.876238.
4. 史上最高の路上写真家のひとり、アンリ・カルティエ＝ブレッソンに敬意を表する。彼が「決定的瞬間」という言葉を作ったのだが、その用途はまったくちがう。ちょうどいい瞬間に、すばらしい画像をとらえるという意味だ。
5. デビッド・アレンに敬意を表する。彼の２分間ルールは「２分間以内でできることは、今すぐしよう」ということだ。詳細は以下の文献を参照されたい。David Allen, *Getting Things Done* (New York: Penguin, 2015)／デビッド・アレン『ストレスフリーの整理術：はじめてのGTD』二見書房、2015年。
6. 作家のカル・ニューポートは、シャットダウンの儀式を採用している。それは、一日の仕事の終わりにEメールの受信箱をチェックし、明日のやることリストを準備して、「シャットダウン完了」と言うことだ。詳細は以下の文献を参照されたい。Cal Newport, *Deep Work* (Boston: Little, Brown, 2016)／カル・ニューポート『大事なことに集中する：気が散るものだらけの世界で生産性を最大化する科学的方法』ダイヤモンド社、2016年。
7. Greg McKeown, *Essentialism: The Disciplined Pursuit of Less* (New York: Crown, 2014), 78／グレッグ・マキューン『エッセンシャル思考：最少の時間で成果を最大にする』かんき出版、2014年。
8. Gail B. Peterson, “A Day of Great Illumination: B. F. Skinner's Discovery of Shaping,” *Journal of the Experimental Analysis of Behavior* 82, no. 3 (2004), doi:10.1901/

が繰りかえし脳に送られるとき、あとに続く持続的効果があり、そのため未来に信号が送られやすくなることを発見した。
4. Donald O. Hebb, *The Organization of Behavior: A Neuropsychological Theory* (New York: Wiley, 1949)／D・O・ヘッブ『行動の機構：脳メカニズムから心理学へ』岩波書店、2011年。
5. S. Hutchinson, "Cerebellar Volume of Musicians," *Cerebral Cortex* 13, no. 9 (2003), doi:10.1093/cercor/13.9.943.
6. A. Verma, "Increased Gray Matter Density in the Parietal Cortex of Mathematicians: A Voxel-Based Morphometry Study," *Yearbook of Neurology and Neurosurgery* 2008 (2008), doi:10.1016/s0513-5117(08)79083-5.
7. Eleanor A. Maguire et al., "Navigation-Related Structural Change in the Hippocampi of Taxi Drivers," *Proceedings of the National Academy of Sciences* 97, no. 8 (2000), doi:10.1073/pnas.070039597; Katherine Woollett and Eleanor A. Maguire, "Acquiring 'the Knowledge' of London' s Layout Drives Structural Brain Changes," *Current Biology* 21, no. 24 (December 2011), doi:10.1016/j.cub.2011.11.018; Eleanor A. Maguire, Katherine Woollett, and Hugo J. Spiers, "London Taxi Drivers and Bus Drivers: A Structural MRI and Neuropsychological Analysis," *Hippocampus* 16, no. 12 (2006), doi:10.1002/hipo.20233.
8. George Henry Lewes, *The Physiology of Common Life* (Leipzig: Tauchnitz, 1860).
9. ブライアン・イーノが、創作インスピレーションに満ちた見事なオブリーク・ストラテジーズ・カードセットで同じことを述べている。この文を書いたとき、わたしはカードのことを知らなかった！　すばらしい考えばかりだ。
10. Phillippa Lally et al., "How Are Habits Formed: Modelling Habit Formation in the Real World," *European Journal of Social Psychology* 40, no. 6 (2009), doi:l0.1002/ejsp.674.
11. ヘルマン・エビングハウスが、1885年の著書『記憶について：実験心理学への貢献』で、学習曲線について初めて述べた。Hermann Ebbinghaus, *Memory: A Contribution to Experimental Psychology* (United States: Scholar Select, 2016)／ヘルマン・エビングハウス『記憶について：実験心理学への貢献』誠信書房、1978年。

第12章

1. Jared Diamond, *Guns, Germs, and Steel: The Fates of Human Societies* (New York: Norton, 1997)／ジャレド・ダイアモンド『銃・病原菌・鉄：一万三〇〇〇年にわたる人類史の謎』草思社、2000年。
2. ディーパック・チョプラが「最少努力の法則」という言葉を使って、ヨガにおける7つの精神法則のひとつを説明している。その概念と、わたしがここで述べた原則とは無関係である。
3. この比喩は、ジョシュ・ウェイツキンがティム・フェリスとのインタビューで語ったアイデアに少し手を加えたものである。" The Tim Ferriss Show, Episode 2: Josh Waitzkin," May 2, 2014, audio, https://soundcloud.com/tim-ferriss/the-tim-ferriss-show-episode-2-josh-waitzkin.
4. James Surowiecki, "Better All the Time," *New Yorker*, November 10, 2014, https://

4. わたしはストレングス&コンディショニングコーチのマーク・ワッツに感謝している。彼が最初にこのシンプルな考え方を教えてくれた。
5. RedheadBanshee, "What Is Something Someone Said That Forever Changed Your Way of Thinking," Reddit, October 22, 2014, https://www.reddit.com/r/AskReddit/comments/2jzn0j/what_is_something_someone_said_that_forever/clgm4s2.
6. WingedAdventurer, "Instead of Thinking 'Go Run in the Morning,' Think 'Go Build Endurance and Get Fast.' Make Your Habit a Benefit, Not a Task," Reddit, January 19, 2017, https://www.reddit.com/r/selfimprovement/comments/5ovrqf/instead_of_thinking_go_run_in_the_morning_think/?st=izmz9pks&sh=059312db.
7. Alison Wood Brooks, "Get Excited: Reappraising Pre-Performance Anxiety as Excitement with Minimal Cues," *PsycEXTRA Dataset*, June 2014, doi:10.1037/e578192014-321; Caroline Webb, *How to Have a Good Day* (London: Pan Books, 2017), 238／キャロライン・ウェッブ『最高の自分を引き出す脳が喜ぶ仕事術』草思社、2016年、「ウェンディー・ベリー・メンデスとジェレミー・ジェイミソンは数多くの研究を行った。それにより、速い鼓動と呼吸を『パフォーマンスを助けるもの』と捉えると決めたとき、人は良いパフォーマンスができるとわかった」
8. Ed Latimore (@EdLatimore),「妙なことに気づいた。書いているときにヘッドホンをつけるだけで集中力が増すんだ。音楽もかけなくていい」Twitter, May 7, 2018, https://twitter.com/EdLatimore/status/993496493171662849. ＊リンク切れ

第11章

1. この話は、デビッド・ベイルズとテッド・オーランド著『アーティストのためのハンドブック：制作につきまとう不安との付き合い方』(フィルムアート社、2011年)の29ページからの引用である。2016年10月18日のＥメール交換で、オーランドは元の話を説明してくれた。「ええ、『アーティストのためのハンドブック：制作につきまとう不安との付き合い方』のなかの『陶磁器の話』はたしかに本当です。いくらか脚色していますけれどね。本当の元話は、ジェリー・ユルズマン教授がフロリダ大学でこれから写真を学ぶ学生たちを鼓舞するために語った切り出しの話題です。本に書くとき、ジェリーが話してくれた場面を忠実に描きました。ただし、探究する表現手段を写真から陶芸に変えたのです。たしかに、話題の表現手段を写真のままにしておく方が簡単だったでしょう。でも、デビッド・ベイルズ(共著者)もわたしも写真家ですし、当時は本文に関係する表現手段の幅をつねに広げようとしていたのです。おもしろいと思ったのは、どんな芸術様式であろうと、この話の教訓はあらゆる芸術領域で(さらにいうなら、芸術以外の分野でも)等しく真実だということです」同メールの後半では、「あなたの近刊書で、『陶磁器』の段落を転載していただいて結構です」とあった。結局、わたしは陶磁器の話と、ユルズマンの写真の学生たちについての元話の事実を組み合わせて脚色し、出版した。David Bayles and Ted Orland, *Art & Fear: Observations on the Perils (and Rewards) of Artmaking* (Santa Cruz, CA: Image Continuum Press, 1993),29／デビッド・ベイルズ, テッド・オーランド『アーティストのためのハンドブック：制作につきまとう不安との付き合い方』フィルムアート社、2011年。
2. Voltaire, *La Begueule. Conte Moral* (1772)
3. 長期増強は、1966年にテリエ・レモによって発見された。正確にいえば、一連の信号

Network over 32 Years," *Yearbook of Pediatrics* 2009 (2009), doi:10.l016/s0084-3954(08)79134-6.

4. Amy A. Gorin et al., "Randomized Controlled Trial Examining the Ripple Effect of a Nationally Available Weight Management Program on Untreated Spouses," *Obesity* 26, no. 3 (2018), doi:10.1002/oby.22098.
5. Mike Massimino, "Finding the Difference Between 'Improbable' and 'Impossible,' " interview by James Altucher, *The James Altucher Show*, January 2017, https://jamesaltucher.com/2017/01/mike-massimino-i-am-not-good-enough. ＊リンク切れ
6. Ryan Meldrum, Nicholas Kavish, and Brian Boutwell, "On the Longitudinal Association Between Peer and Adolescent Intelligence: Can Our Friends Make Us Smarter?," *PsyArXiv*, February 10,2018, doi:1O.17605/0SF.I0/TVJ9Z.
7. Harold Steere Guetzkow, *Groups, Leadership and Men: Research in Human Relations (*Pittsburgh, PA: Carnegie Press, 1951), 177-190.
8. 追跡研究により、ひとりのサクラがグループに同意しなければ、被験者は線の長さがちがうという本当の意見をかなり言えるようになるとわかった。群れに反対する意見を持つとき、支持者がいれば意見を主張しやすい。社会規範に立ち向かう力が必要なときは、仲間を見つけよう。詳細は以下の文献を参照されたい。Solomon E. Asch, "Opinions and Social Pressure," *Scientific American* 193, no. 5 (1955), doi:10.1038/scientificamericanI155-31; and William N. Morris and Robert S. Miller, "The Effects of Consensus-Breaking and Consensus-Preempting Partners on Reduction of Conformity," *Journal of Experimental Social Psychology* 11, no. 3 (1975), doi:10.1016/s0022-1031(75)80023-0.
   75パーセントの被験者が少なくとも一度はまちがった選択をした。とはいえ、実験全体の反応の総数から考えれば、約３分の２は正しかった。いずれにせよ重要なことは、集団圧力によって、わたしたちの正しい決断をする能力が大きく変えられるということだ。
9. Lydia V. Luncz, Giulia Sirianni, Roger Mundry, and Christophe Boesch. "Costly culture: differences in nut-cracking efficiency between wild chimpanzee groups." *Animal Behaviour* 137 (2018): 63-73.

第10章

1. よく似た例をツイッターのアカウントで見つけた。simpolism (@simpolism)「この喩えを広げてみよう。もし社会が人間の身体だったら、行政は脳だ。人間は動機に気づかない。『なぜ食べるのか？』と訊かれたら『食べものがおいしいから』と言い『生き残るのに食物が必要だから』とは答えないだろう。行政の食物とは何だろう？（ヒント　薬は食物？）」Twitter, May 7, 2018, https://twitter.com/simpolism/status/993632142700826624.
2. Antoine Bechara et al., "Insensitivity to Future Consequences following Damage to Human Prefrontal Cortex," *Cognition* 50, no. 1-3 (1994), doi:10.1016/0010-0277(94)90018-3.
3. "When Emotions Make Better Decisions — Antonio Damasio," August 11, 2009. https://www.youtube.com/watch?v=lwupK2WNOI ＊リンク切れ

watch?v=PMotykwOSIk. ＊リンク切れ
15. 研究者はのちに、エンドルフィンとオピオイドも喜びの反応に関係することを発見した。詳細は以下を参照されたい。V. S. Chakravarthy, Denny Joseph, and Raju S. Bapi, What Do the Basal Ganglia Do? A Modeling Perspective," *Biological Cybernetics* 103, no. 3 (2010), doi:l0.1007/s00422-01O-0401-y.
16. Wolfram Schultz, "Neuronal Reward and Decision Signals: From Theories to Data," *Physiological Reviews* 95, no. 3 (2015), doi:1O.1152/physrev.00023.2014, fig. 8; Fran Smith, "How Science Is Unlocking the Secrets of Addiction," *National Geographic*, September 2017, https://www.nationalgeographic.com/magazine/2017/09/the-addicted-brain.
17. ドーパミンはあなたに求めさせ、探索させ、行動させる。「ドーパミンに励起された中脳辺縁系の探求システムは、腹側被蓋領域から生じ、採食、探索、調査、好奇心、興味、期待を促す。ドーパミンは、ネズミ（または人間）が周囲を探索するたびに放出される……。ネズミを見ていると、わたしが探究システムをくすぐったとき、ネズミが探索したり、匂いを嗅いだりするのですぐにわかる」。詳細は以下を参照されたい。Karin Badt, "Depressed? Your 'SEEKING' System Might Not Be Working: A Conversation with Neuroscientist Jaak Panksepp," Huffington Post, December 6, 2017, http://www.huffingtonpost.com/karin-badt/depressed-your-seeking-sy_b_3616967.html.
18. Wolfram Schultz, "Multiple Reward Signals in the Brain," *Nature Reviews Neuroscience* 1, no. 3 (2000), doi:l0.1038/35044563.
19. ケント・バーリッジとは、2017年3月8日に話をした。
20. Hackster Staff, "Netflix and Cycle!," Hackster, July 12, 2017, https://blog.hackster.io/netflix-and-cycle-1734d0179deb.
21. "Cycflix: Exercise Powered Entertainment," Roboro, July 8, 2017, https://www.youtube.com/watch?v=-nc0irLB-iY.
22. Jeanine Poggi, "Shonda Rhimes Looks Beyond ABC' s Nighttime Soaps," *AdAge*, May 16, 2016, http://adage.com/article/special-report-tv-upfront/shonda-rhimes-abc-soaps/303996.
23. Jon E. Roeckelein, *Dictionary of Theories, Laws, and Concepts in Psychology* (Westport, CT: Greenwood Press, 1998), 384.

第9章

1. Harold Lundstrom, "Father of 3 Prodigies Says Chess Genius Can Be Taught," *Deseret News*, December 25, 1992, https://www.deseretnews.com/article/266378/FATHER-OF-3-PRODIGIES-SAYS-CHESS-GENIUS-CAN-BE-TAUGHT.html?pg=all.
2. Peter J. Richerson and Robert Boyd, *Not by Genes Alone: How Culture Transformed Human Evolution* (Chicago: University of Chicago Press, 2006).
3. Nicholas A. Christakis and James H. Fowler, "The Spread of Obesity in a Large Social Network over 32 Years," *New England Journal of Medicine* 357, no. 4 (2007), doi:10.l056/nejmsa066082. J. A. Stockman, "The Spread of Obesity in a Large Social

5. Steven Witherly, *Why Humans Like Junk Food* (New York: IUniverse, 2007).
6. Michael Moss, *Salt, Sugar, Fat: How the Food Giants Hooked Us* (London: Allen, 2014)／マイケル・モス『フードトラップ：食品に仕掛けられた至福の罠』日経BP社、2014年。
7. これはもともと、ステファン・ギエネの記事からの引用である。"Why Are Some People 'Carboholics'?" July 26, 2017, http://www.stephanguyenet.com/why-are-some-people-carboholics. 引用の脚色については、2018年4月のEメール交換で承諾を得た。
8. 「ドーパミンの重要性は偶然に発見された。1954年、マギル大学のふたりの神経科学者ジェームズ・オールズとピーター・ミルナーは、電極をネズミの脳の中心に深く埋めこむことにした。電極の正確な位置はかなり偶然によるものだった。当時、心の地図はまだ謎だったからだ。しかし、オールズとミルナーは幸運だった。差しこんだ位置は、側坐核（NAcc）のすぐ横だった。側坐核は喜びの感情を生じる部位である。あなたがチョコレートを食べたり、ポップソングを聞いたり、好きなチームがワールドシリーズで優勝するのを見たりするとき、側坐核の働きで幸せを感じることができる。だがオールズとミルナーは、喜びが多すぎると命取りになることにすぐ気がついた。数匹のネズミに電極を埋めこみ、それぞれの電線に少量の電流を流して、側坐核を絶えず刺激しつづけた。すると、ネズミはあらゆるものへの興味を失った。食べることも飲むこともしない。求愛行動も一切ない。ネズミはケージの隅にうずくまり、自分の喜びに呆然となっていた。数日のうちに、ネズミはみな死んだ。渇き死んだのである」詳細は以下の文献を参照されたい。Jonah Lehrer, *How We Decide* (Boston: Houghton Mifflin Harcourt, 2009)／ジョナ・レーラー『一流のプロは「感情脳」で決断する』アスペクト、2009年。
9. James Olds and Peter Milner, "Positive Reinforcement Produced by Electrical Stimulation of Septal Area and Other Regions of Rat Brain," *Journal of Comparative and Physiological Psychology* 47, no. 6 (1954), doi:10.1037/h0058775.
10. Qun-Yong Zhou and Richard D. Palmiter, "Dopamine Deficient Mice Are Severely Hypoactive, Adipsic, and Aphagic," *Cell* 83, no. 7 (1995), doi:10.1016/0092-8674(95)90145-0.
11. Kent C. Berridge, Isabel L. Venier, and Terry E. Robinson, "Taste Reactivity Analysis of 6-Hydroxydopamine-Induced Aphagia: Implications for Arousal and Anhedonia Hypotheses of Dopamine Function," *Behavioral Neuroscience* 103, no. 1 (1989), doi:l0.1037//0735-7044.103.1.36.
12. Ross A. Mcdevitt et al., "Serotonergic versus Nonserotonergic Dorsal Raphe Projection Neurons: Differential Participation in Reward Circuitry," *Cell Reports* 8, no. 6 (2014), doi:10.1016/j.celrep.2014.08.037.
13. Natasha Dow Schüll, *Addiction by Design: Machine Gambling in Las Vegas* (Princeton, NJ: Princeton University Press, 2014), 55.
14. ドーパミン主導のフィードバックループという言葉を初めて聞いたのは、チャマス・パリハピティヤからだった。詳細は以下を参照されたい。" Chamath Palihapitiya, Founder and CEO Social Capital, on Money as an Instrument of Change," Stanford Graduate School of Business, November 13, 2017, https://www.youtube.com/

2. “Excerpts from President’s Message on Drug Abuse Control,” *New York Times*, June 18, 1971, https://www.nytimes.com/1971/06/18/archives/excerpts-from-presidents-message-on-drug-abuse-control.html.
3. Lee N. Robins, Darlene H. Davis, and David N. Nurco, “How Permanent Was Vietnam Drug Addiction?” *American Journal of Public Health* 64, no. 12 (suppL) (1974), doi:10.2105/ajph.64.12_suppL38.
4. Bobby P. Smyth et al., “Lapse and Relapse following Inpatient Treatment of Opiate Dependence,” *Irish Medical Journal* 103, no. 6 (June 2010).
5. Wilhelm Hofmann et al., “Everyday Temptations: An Experience Sampling Study on How People Control Their Desires,” *PsycEXTRA Dataset* 102, no. 6 (2012), doi:l0.1037/e634112013-146.
6. 「わたしたちが考える典型的な自制のモデルは、一方に天使、他方に悪魔がいて、ふたりが最後まで戦うというものだ……。意志の強い人はこの戦いに勝てる人だと、わたしたちは考えがちである。実際は、本当に自制できる人は最初からこのような戦いをしない」詳細は以下を参照されたい。Brian Resnick, “The Myth of Self-Control,” *Vox*, November 24, 2016, https://www.vox.com/science-and-health/2016/11/3/13486940/self-control-psychology-myth.
7. Wendy Wood and Dennis Rünger, “Psychology of Habit,” *Annual Review of Psychology* 67, no.1 (2016), doi:l0.l146/annurev-psych-122414-033417.
8. “The Biology of Motivation and Habits: Why We Drop the Ball,” *Therapist Uncensored*, 2000, http://www.therapistuncensored.com/biology-of-motivation-habits, accessed June 8, 2018.
9. Sarah E. Jackson, Rebecca J. Beeken, and Jane Wardle, “Perceived Weight Discrimination and Changes in Weight, Waist Circumference, and Weight Status,” *Obesity*, 2014, doi:10.1002/oby.20891.
10. Kelly McGonigal, *The Upside of Stress: Why Stress Is Good for You, and How to Get Good at It* (New York: Avery, 2016), xv／ケリー・マクゴニガル『スタンフォードのストレスを力に変える教科書』大和書房、2015年。
11. Fran Smith, “How Science Is Unlocking the Secrets of Addiction,” *National Geographic*, September 2017, https://www.nationalgeographic.com/magazine/2017/09/the-addicted-brain.

第8章

1. Nikolaas Tinbergen, *The Herring Gull’s World* (London: Collins, 1953)／N・ティンバーゲン『セグロカモメの世界』思索社、1975年; “Nikolaas Tinbergen,” *New World Encyclopedia*, http://www.newworldencyclopedia.org/entry/Nikolaas_Tinbergen, last modified September 30, 2016.
2. James L. Gould, *Ethology: The Mechanisms and Evolution of Behavior* (New York: Norton, 1982),36-41.
3. Steven Witherly, *Why Humans Like Junk Food* (New York: IUniverse, 2007).
4. “Tweaking Tastes and Creating Cravings,” *60 Minutes*, November 27,2011. https://www.youtube.com/watch?v=a7Wh3uq1yTc. ＊リンク切れ

ence 274, no. 5295 (1996), doi:10.1126/science.274. 5295. 2110.
9. この話は、1973年にデンマークのコレコレでの会議でドネラ・メドウズに伝えられた。詳細は以下を参照されたい。Donella Meadows and Diana Wright, *Thinking in Systems: A Primer* (White River Junction, VT: Chelsea Green, 2015), 109／ドネラ・H・メドウズ『世界はシステムで動く：いま起きていることの本質をつかむ考え方』英治出版、2015年。
10. 実際の見積もりは8パーセントだったが、いろいろな使い方によるので、年に5～10パーセントの節約というのが妥当な推測だろう。Blake Evans-Pritchard, "Aiming to Reduce Notes 281 Cleaning Costs," *Works That Work*, Winter 2013, https://worksthatwork.com/1/urinal-fly.
11. 「刺激制御を含むテクニックは、不眠症患者の治療に役立ってきた。手短にいえば、寝つきの悪い人に、疲れたら部屋へ行ってベッドに横になるように言う。もし寝つけなかったら、起きて別の部屋へ行くよう指示する。奇妙なアドバイスだが、時間をかけて何度も繰りかえし、ベッドと『寝る時間だ』という意識を結びつけ、他の活動（読書や、ただ横になることなど）とは結びつけないことによって、被験者が早く寝つけるようになることがわかった。成功するきっかけが作られたため、ベッドに入るとほぼ自動的に眠れるようになった」。詳細は以下を参照されたい。Charles M. Morin et al., "Psychological and Behavioral Treatment of Insomnia: Update of the Recent Evidence (1998-2004)," *Sleep* 29, no. 11 (2006), doi:l0.l093/sleep/29.11.1398; and Gregory Ciotti, "The Best Way to Change Your Habits? Control Your Environment," Sparring Mind, https://www.sparringmind.com/changing-habits.
12. S. Thompson, J. Michaelson, S. Abdallah, V. Johnson, D. Morris, K. Riley, and A. Simms, *'Moments of Change' as Opportunities for Influencing Behaviour: A Report to the Department for Environment, Food and Rural Affairs* (London: Defra, 2011), http://randd.defra.gov.uk/Document.aspx?Document=MomentsofChangeEV-0506FinalReportNov2011(2).pdf.
13. さまざまな研究により、環境が変わると行動を変えやすいことがわかっている。たとえば、生徒がテレビを観る習慣を変えるのは転校したときだ。Wendy Wood and David T. Neal, "Healthy through Habit: Interventions for Initiating and Maintaining Health Behavior Change," *Behavioral Science and Policy* 2, no. 1 (2016), doi:l0.l353/bsp.2016.0008; W. Wood, L. Tam, and M. G. Witt, "Changing Circumstances, Disrupting Habits," *Journal of Personality and Social Psychology* 88, no. 6 (2005), doi:10.1037/0022-3514.88.6.918
14. おそらくこれが、行動変化に成功した36パーセントが転居と関係のある理由だろう。Melissa Guerrero-Witt, Wendy Wood, and Leona Tam, "Changing Circumstances, Disrupting Habits," *PsycEXTRA Dataset* 88, no. 6 (2005), doi:10.1037/e529412014-144.

第7章

1. Lee N. Robins et al., "Vietnam Veterans Three Years after Vietnam: How Our Study Changed Our View of Heroin," *American Journal on Addictions* 19, no. 3 (2010), doi:10.llll/j.1521-0391.2010.00046.x.

13. Denis Diderot, "Regrets for My Old Dressing Gown," trans. Mitchell Abidor, 2005, https://www.marxists.org/reference/archive/diderot/1769/regrets.htm.
14. Juliet Schor, *The Overspent American: Why We Want What We Don't Need* (New York: HarperPerennial, 1999).
15. この章で、わたしは「習慣の積み上げ」という言葉を、新しい習慣を古い習慣につなげるという意味で使った。このアイデアについては、B・J・フォッグに負うところが大きい。フォッグは彼の作品で、この方法に対して「アンカリング」という言葉を使っている。古い習慣が新しい習慣をつなぎとめる「アンカー（錨）」として働くからだ。どちらの言葉を使おうと、非常に効果的な戦略だと思う。フォッグの作品と小さな習慣メソッドについては、以下を参照されたい。https://www.tinyhabits.com.
16. Dev Basu (@devbasu),「物を買うときは、ひとつ増えたら、ひとつ減らすようにしよう」Twitter, February 11, 2018, https://twitter.com/devbasu/status/962778141965000704.

第6章

1. Anne N. Thorndike et al., "A 2-Phase Labeling and Choice Architecture Intervention to Improve Healthy Food and Beverage Choices," *American Journal of Public Health* 102, no. 3(2012), doi:10.2105/ajph.2011.300391.
2. 多くの研究により、生理的に空腹でなくても、食物を見ただけで空腹を感じられることがわかっている。ある研究者によれば、「食事行動は主に、背景的な食物によるきっかけへの自動的反応の結果である」。詳細については、以下を参照されたい。D. A. Cohen and S. H. Babey, "Contextual Influences on Eating Behaviours: Heuristic Processing and Dietary Choices," *Obesity Reviews* 13, no. 9 (2012), doi:10.1111/j.1467-789x.2012.01001.x; and Andrew J. Hill, Lynn D. Magson, and John E. Blundell, "Hunger and Palatability: Tracking Ratings of Subjective Experience Before, during and after the Consumption of Preferred and Less Preferred Food," *Appetite* 5, no. 4 (1984), doi:10.1016/s0195-6663(84)80008-2.
3. Kurt Lewin, *Principles of Topological Psychology* (New York: McGraw-Hill, 1936)／レヴィン『トポロギー心理学の原理』生活社、昭和17年。
4. Hawkins Stern, "The Significance of Impulse Buying Today," *Journal of Marketing* 26, no. 2 (1962), doi:10.2307/1248439.
5. Michael Moss, "Nudged to the Produce Aisle by a Look in the Mirror," *New York Times*, August 27, 2013, https://www.nytimes.com/2013/08/28/dining/wooing-us-down-the-produce-aisle.html?_r=0.
6. 人は食物に何度もさらされるほど、それを買って食べようとする。T. Burgoine et al., "Associations between Exposure to Takeaway Food Outlets, Takeaway Food Consumption, and Body Weight in Cambridgeshire, UK: Population Based, Cross Sectional Study," *British Medical Journal* 348, no. 5 (2014), doi:10.1136/bmj.g1464.
7. Timothy D. Wilson, *Strangers to Ourselves: Discovering the Adaptive Unconscious* (Cambridge, MA: Belknap Press, 2004), 24／ティモシー・ウィルソン『自分を知り、自分を変える：適応的無意識の心理学』新曜社、2005年。
8. B. R. Sheth et al., "Orientation Maps of Subjective Contours in Visual Cortex," *Sci-*

第5章

1. Sarah Milne, Sheina Orbell, and Paschal Sheeran, "Combining Motivational and Volitional Interventions to Promote Exercise Participation: Protection Motivation Theory and Implementation Intentions," *British Journal of Health Psychology* 7 (May 2002): 163-184.
2. Peter Gollwitzer and Paschal Sheeran, "Implementation Intentions and Goal Achievement: A Meta-Analysis of Effects and Processes," *Advances in Experimental Social Psychology* 38 (2006): 69-119.
3. Katherine L. Milkman, John Beshears, James J. Choi, David Laibson, and Brigitte C. Madrian, "Using Implementation Intentions Prompts to Enhance Influenza Vaccination Rates," *Proceedings of the National Academy of Sciences* 108, no. 26 (June 2011): 10415-10420.
4. Katherine L. Milkman, John Beshears, James J. Choi, David Laibson, and Brigitte C. Madrian, "Planning Prompts as a Means of Increasing Preventive Screening Rates," *Preventive Medicine* 56, no. 1 (January 2013): 92-93.
5. David W. Nickerson and Todd Rogers, "Do You Have a Voting Plan? Implementation Intentions, Voter Turnout, and Organic Plan Making," *Psychological Science* 21, no. 2 (2010): 194-199.
6. "Policymakers around the World Are Embracing Behavioural Science," *The Economist*, May 18, 2017, https://www.economist.com/news/international/21722163-experimental-iterative-data-driven-approach-gaining-ground-policymakers-around.
7. Edwin Locke and Gary Latham, "Building a Practically Useful Theory of Goal Setting and Task Motivation: A 35-Year Odyssey," *American Psychologist* 57, no. 9 (2002): 705-717, doi:10.1037//0003-066x.57.9.705.
8. Hengchen Dai, Katherine L. Milkman, and Jason Riis, "The Fresh Start Effect: Temporal Landmarks Motivate Aspirational Behavior," *PsycEXTRA Dataset*, 2014, doi:lO.l037/e513702014-058.
9. Jason Zweig, "Elevate Your Financial IQ: A Value Packed Discussion with Jason Zweig," interview by Shane Parrish, *The Knowledge Project*, Farnam Street, audio, https://www.fs.blog/2015/10/jason-zweig-knowledge-project.
10. 「習慣の積み上げ」という言葉を思いついたのは、同名の著書があるＳ・Ｊ・スコットのおかげである。わたしの理解するところでは、彼の概念は少しちがうようだが、わたしはこの言葉が気に入っているし、本章で使うのにふさわしいと思った。それ以前にも、コートニー・カーバーやジュリアン・スミスのような作家が「習慣の積み上げ」という言葉を使っているが、やはり文脈がちがう。
11. "Denis Diderot," *New World Encyclopedia*, http://www.newworldencyclopedia.org/entry/Denis_Diderot, last modified October 26, 2017.
12. *Encyclopredia Britannica*, vol. 8 (1911), s.v. "Denis Diderot." ディドロの真紅のローブは友人からの贈り物だと言われることが多い。でも、贈り物だったという話や、ローブを贈った友人について書かれた文献を見つけられなかった。もし、ローブの取得法を専門とする歴史学者をご存じなら、ぜひご紹介いただきたい。そうすれば、ディドロの有名な真紅のローブの出所について、謎を解明できるだろう。

第4章

1. この話を最初に聞いたのは、ダニエル・カーネマンからだったが、2017年3月30日、ゲーリー・クラインからのEメールによって確かめた。クラインは彼の著書でもこの話を書いているが、引用の仕方が少しちがっている。Gary A. Klein, *Sources of Power: How People Make Decisions* (Cambridge, MA: MIT Press, 1998),43-44.
2. Gary A. Klein, *Sources of Power: How People Make Decisions* (Cambridge, MA: MIT Press, 1998),38-40.
3. ゲッティ・クーロス〔古代ギリシャの青年の裸体像〕の話は、マルコム・グラッドウェル著『第1感：「最初の2秒」の「なんとなく」が正しい』（光文社、2006年）に書かれた有名な例である。当初は古代ギリシャのものだと信じられていた彫像が、1000万ドルで購入された。その彫像を巡る論争が起こったのは、のちにひとりの専門家が一目で偽物だと鑑定したときだった。
4. Siddhartha Mukherjee, "The Algorithm Will See You Now," *New Yorker*, April 3, 2017, https://www.newyorker.com/magazine/2017/04/03/ai-versus-md.
5. ドイツの医師ヘルマン・フォン・ヘルムホルツが、脳は「予測マシン」であるという考えを生みだした。
6. Helix van Boron, "What' s the Dumbest Thing You' ve Done While Your Brain Is on Autopilot," Reddit, August 21, 2017, https://www.reddit.com/r/AskReddit/comments/6vlt91/whats_the_dumbest_thing_youve_done_while_your/dlxa5y9. ＊リンク切れ
7. SwordOfTheLiama, "What Strange Habits Have You Picked Up from Your Line of Work," Reddit, January 4, 2016, https://www.reddit.com/r/AskReddit/comments/3zckq6/what_strange_habits_have_you_picked_up_from_your/cyI3nta. ＊リンク切れ
8. SwearlmaChick, "What Strange Habits Have You Picked Up from Your Line of Work," Reddit, January 4, 2016, https://www.reddit.com/r/AskReddit/comments/3zckq6/what_strange_habits_have_you_picked_up_from_your/cyI681q. ＊リンク切れ
9. このユングからの引用は有名だが、出典を見つけるのは難しかった。おそらくこの一節の言葉だろう。「心理学の法則によれば、内的状況が意識によるものではない場合、運命として外側で起こっている。つまり、個人が分裂しないままで、しかも内面の相反するものを意識しないとき、世界は必然的に矛盾を呈し、対立した二半に引き裂かれる」。詳細は以下の文献を参照されたい。C. G. Jung, *Aion: Researches into the Phenomenology of the Self* (Princeton, NJ; Princeton University Press, 1959), 71／C・G・ユング『ユング・コレクション4（別タイトル：アイオーン）』人文書院、1990年。
10. Alice Gordenker, "JR Gestures," *Japan Times*, October 21, 2008, https://www.japantimes.co.jp/news/2008/10/21/reference/jr-gestures/#.WvIG49Mvzu1.
11. Allan Richarz, "Why Japan' s Rail Workers Can' t Stop Pointing at Things," *Atlas Obscura*, March 29, 2017, https://www.atlasobscura.com/articles/pointing-and-calling-japan-trains.

イデンティティーを徐々に更新し拡大していけば、まったく新しいが馴染みのある人に生まれ変わったと感じるだろう。習慣ごとに、票決ごとに、ゆっくりと新しいアイデンティティーに慣れていく。最小習慣と段階的な改善は、アイデンティティーを失わずに変化させるカギである。

第3章

1. Peter Gray, *Psychology*, 6th ed. (New York: Worth, 2011), 108-109.
2. Edward L. Thorndike, "Animal Intelligence: An Experimental Study of the Associative Processes in Animals," *Psychological Review: Monograph Supplements* 2, no. 4 (1898), doi:10.1037/h0092987.
3. これはソーンダイクからの引用を短縮したものである。元の文章は「特定の状況で満足できる効果をもたらす反応は、その状況で起こりやすくなる。不満足な効果をもたらす反応はその状況で起こりにくくなる」。詳細は以下の文献を参照されたい。Peter Gray, *Psychology*, 6th ed. (New York: Worth, 2011), 108-109.
4. Charles Duhigg, *The Power of Habit: Why We Do What We Do in Life and Business* (New York: Random House, 2014) , 15／チャールズ・デュヒッグ『習慣の力〔新版〕』早川書房、2019年; Ann M. Graybiel, "Network-Level Neuroplasticity in Cortico-Basal Ganglia Pathways," *Parkinsonism and Related Disorders* 10, no. 5 (2004), doi:10.1016/j.parkreldis. 2004.03.007.
5. Jason Hreha, "Why Our Conscious Minds Are Suckers for Novelty," Revue, https://www.getrevue.co/profile/jason/issues/why-our-conscious-minds-are-suckers-for-novelty-54131, accessed June 8, 2018.
6. John R. Anderson, "Acquisition of Cognitive Skill," *Psychological Review* 89, no. 4 (1982), doi:1O.1037/0033-295X.89.4.369.
7. Shahram Heshmat, "Why Do We Remember Certain Things, But Forget Others," *Psychology Today*, October 8, 2015, https://www.psychologytoday.com/us/blog/science- choice/201510/why-do-we-remember-certain-things-forget-others. ＊リンク切れ
8. William H. Gladstones, Michael A. Regan, and Robert B. Lee, "Division of Attention: The Single-Channel Hypothesis Revisited," *Quarterly Journal of Experimental Psychology Section* A 41, no. 1 (1989), doi:l0.l080/14640748908402350.
9. Daniel Kahneman, *Thinking, Fast and Slow* (New York: Farrar, Straus and Giroux, 2015) ／ダニエル・カーネマン『ファスト＆スロー：あなたの意思はどのように決まるか？』早川書房、2012年。
10. John R. Anderson, "Acquisition of Cognitive Skill," *Psychological Review* 89, no. 4 (1982), doi:lO.l037/0033-295X.89.4.369.
11. Antonio R. Damasio, *The Strange Order of Things: Life, Feeling, and the Making of Cultures* (New York: Pantheon Books, 2018)／アントニオ・ダマシオ『進化の意外な順序：感情、意識、創造性と文化の起源』白揚社、2019年。Lisa Feldman Barrett, *How Emotions Are Made* (London: Pan Books, 2018).

にできるようになる。この効果が積み重なっていく」Twitter, April 10, 2018, https://twitter.com/mmay3r/status/983837519274889216.

17. 新しいアイデアを学べば、古いアイデアの価値が増すという考え方は、パトリック・オショーネシーから最初に教わった。「知識が増えていく理由はこうだ。未来にもう一冊の本を開くことで、4割の価値だった古い知識が10割の価値になり得る」http://investorfieldguide.com/reading-tweet-storm.
18. "How to Live a Longer, Higher Quality Life, with Peter Attia, M.D.," Investor's Field Guide, March 7, 2017, http://investorfieldguide.com/attia.
19. Matt Moore, "NBA Finals: A Rock, Hammer and Cracking of Spurs' Majesty in Game 7," CBS Sports, June 21, 2013, https://www.cbssports.com/nba/news/nba-finals-a-rock-hammer-and-cracking-of-spurs-majesty-in-game-7.
20. この図は、以下のツイッターからインスピレーションを得た。「直線対指数関数のからくり」by @MlichaelW. May 19, 2018. https://twitter.com/MlichaelW/status/997878086132817920. *リンク切れ
21. このパラグラフは、ミスター・マーセアのアカウントのツイートからインスピレーションを得た。「すべての習慣はひとつの決断から始まる」https://twitter.com/mistermircea.
22. クロスフィットのコーチ、ベン・ベルジェロンに敬意を表する。この箇所は、2017年2月28日の彼との会話からインスピレーションを得た。
23. この行は、アルキロコスの「期待ばかり追わずに、訓練から取りくむべし」という言葉に触発されたものだ。

第2章

1. サイモン・シネックに敬意を表する。彼の「黄金サイクル」の枠組みは、形は同じだが、述べているテーマがちがう。詳細は以下を参照されたい。Simon Sinek, *Start with Why: How Great Leaders Inspire Everyone to Take Action* (London: Portfolio/Penguin, 2013), 37／サイモン・シネック『WHYから始めよ！：インスパイア型リーダーはここが違う』日本経済新聞出版社、2012年。
2. ここでは、読みやすいように会話の形で引用したが、もとはクラークが書いたものである。以下を参照。Brian Clark, "The Powerful Psychological Boost that Helps You Make and Break Habits," Further, November 14, 2017, https://further.net/pride-habits.
3. Christopher J. Bryan et al., "Motivating Voter Turnout by Invoking the Self," *Proceedings of the National Academy of Sciences* 108, no. 31 (2011): 12653-12656.
4. Leon Festinger, *A Theory of Cognitive Dissonance* (Stanford, CA: Stanford University Press, 1957)／フェスティンガー『認知的不協和の理論：社会心理学序説』誠信書房、1965年。
5. 厳密には、「イデンティデム（繰りかえす）」は後記ラテン語の言葉である。「アイデンティティー」の語源について教えてくれたjamesclear.comの読者タマール・シッポニーに感謝する。彼女は『アメリカ・ヘリテッジ英語辞典』で調べてくれた。
6. これが、最小習慣が効果的な変化の形である、もうひとつの理由である。もしアイデンティティーがあまりに早く変わったら、自分を失ったように感じるだろう。でも、ア

4. Matt Slater, "Olympics Cycling: Marginal Gains Underpin Team GB Dominance," BBC, August 8, 2012, https://www.bbc.com/sport/olympics/19174302.
5. Tim Harford, "Marginal Gains Matter but Gamechangers Transform," Tim Harford, April 2017, http://timharford.com/2017/04/marginal-gains-matter-but-gamechangers-transform.
6. Eben Harrell, "How 1% Performance Improvements Led to Olympic Gold," *Harvard Business Review*, October 30, 2015, https://hbr.org/2015/10/how-1-performance-improvements-led-to-olympic-gold; Kevin Clark, "How a Cycling Team Turned the Falcons Into NFC Champions," The Ringer, September 12, 2017, https://www.theringer.com/nfl/2017/9/12/16293216/atlanta-falcons-thomas-dimitroff-cycling-team-sky.
7. 厳密にいえば、イギリス人選手は2008年のオリンピックで、ロードレースとトラックレースのメダルの57パーセントを獲得した。ロードレースとトラックレースで合わせて14個の金メダルを取ることができる。イギリス人選手はそのうち８個を獲得した。
8. "World and Olympic Records Set at the 2012 Summer Olympics," Wikipedia, December 8, 2017, https://en.wikipedia.org/wiki/World_and_Olympic_records_set_at_the_2012_SummerOlympics#Cycling.
9. Andrew Longmore, "Bradley Wiggins," *Encyclopaedia Britannica*, https://www.britannica.com/biography/Bradley-Wiggins, last modified April 21, 2018.
10. Karen Sparks, "Chris Froome," *Encyclopaedia Britannica*, https://www.britannica.com/biography/Chris-Froome. last modified October 23,2017.
11. "Medals won by the Great Britain Cycling Team at world championships, Olympic Games and Paralympic Games since 2000," British Cycling, https://www.britishcycling.org.uk/gbcyclingteam/article/Gbrst_gb-cyclingteam-GB-Cycling-Team-Medal-History-0?c=EN#K0dWAPjq84CV8Wzw.99, accessed June 8, 2018. ＊リンク切れ
12. 起業家で作家のジェイソン・シェーンには事前に目を通してもらった。この章を読んだあと、彼はこう言った。「増加が直線的だったら、3.65倍になるだろう。でも指数関数だから、実際はその10倍も改善する」April 3, 2018.
13. 習慣の効果が時とともに増えることについては、多くの人が言及してきた。このテーマについてのお気に入りの記事や著書をここに挙げよう。Leo Babauta, "The Power of Habit Investments," Zen Habits, January 28, 2013, https://zenhabits.net/bank; Morgan Housel, "The Freakishly Strong Base," Collaborative Fund, October 31, 2017, http://www.collaborativefund.com/blog/the-freakishly-strong-base; Darren Hardy, *The Compound Effect* (New York:Vanguard Press, 2012).
14. 習慣について最初にこのように説明してくれたのは、ジェイソン・フレイハであることを記しておきたい。Jason Hreha (@jhreha),「習慣は諸刃の剣である」Twitter, February 21, 2018, https://twitter.com/jhreha/status/966430907371433984. ＊リンク切れ
15. サム・オルトマンがこう語っている。「小さな生産性向上を50年続ければ、大きな価値になる」"Productivity," Sam Altman.April 10, 2018, http://blog.samaltman.com/productivity.
16. Michael (@mmay3r),「生産性の基礎は習慣である。自動的になるほど、そのあと自由

注
Notes

本書の各章における注釈、参考文献、引用についての詳細なリストをここに収めた。ほとんどの読者にはこのリストで満足していただけると思う。とはいえ、科学文献は時とともに変化するので、本書の参考文献も更新が必要になるかもしれない。さらに、わたしが本書のどこかでミスをしたということも十分にあり得る。たとえば、あるアイデアを別の人のものだと書いたり、誰かの功績だと記すべきところで記していなかったりするかもしれない（もし、そういう箇所に気づいたら、james@jamesclear.com までEメールを送っていただきたい。できるだけ早く修正したいと思う）。

以下の注釈に加えて、更新した注釈と修正箇所の完全なリストを、わたしのサイト https://jamesclear.com/atomic-habits/endnotes でご覧いただける。

はじめに

1. 幸運についてはどうなのかと、疑問を感じるだろうか？　たしかに幸運も重要だ。習慣だけが成功に影響するわけではない。でも、コントロールできるなかでは、もっとも大きな要因だろう。そして、唯一効果のある自己改善法は、自分でコントロールできるものに集中することだ。

2. Naval Ravikant (@naval),「すばらしい本を書くには、まず自分がその本どおりにならなければならない」Twitter, May 15, 2018, https://twitter.com/naval/status/996460948029362176.
3. B. F. Skinner, *The Behavior of Organisms* (New York: Appleton-Century-Crofts, 1938).
4. Charles Duhigg, *The Power of Habit: Why We Do What We Do in Life and Business* (New York: Random House, 2014)／チャールズ・デュヒッグ『習慣の力〔新版〕』早川書房、2019年。

第1章

1. Matt Slater, "How GB Cycling Went from Tragic to Magic," BBC Sport, April 14, 2008, http://news.bbc.co.uk/sport2/hi/olympics/cycling/7534073.stm.
2. Tom Fordyce, "Tour de France 2017: Is Chris Froome Britain' s Least Loved Great Sportsman?" BBC Sport, July 23, 2017, https://www.bbc.com/sport/cycling/40692045.
3. Richard Moore, *Mastermind: How Dave Brailsford Reinvented the Wheel* (Glasgow:BackPage Press, 2013).

■著者紹介

ジェームズ・クリアー（James Clear）

「習慣」「意思決定」「継続的改善」を専門とし、書籍の執筆だけでなく、講演も多数おこなっている。その著作はニューヨーク・タイムズ紙、タイム誌、アントレプレナー誌に掲載され、テレビ番組『CBS ディスモーニング』でも紹介された。公式ウェブサイトの閲覧数は毎月数百万回にのぼり、メルマガも300万人超に購読されている。定期的に「フォーチュン500」に名を連ねる大企業で講演をおこなう著者が提唱する方法は、NFL（米ナショナル・フットボールリーグ）、NBA（米国プロバスケットボール協会）、MLB（メジャーリーグ・ベースボール）でも採用されている。さらに、オンライン講座「ハビッツ・アカデミー」の受講者は、指導者、管理職、コーチ、教師をはじめ１万人以上。生活や仕事上でよりよい習慣を身につけたいと考えている個人や組織のための最高の養成講座となっている。ウエートリフティングや写真が趣味という著者は、現在、妻とともにオハイオ州コロンバスに在住している。

公式ウェブサイト　jamesclear.com

■訳者紹介

牛原眞弓（うしはら・まゆみ）

神戸大学文学部卒。訳書に『レスター先生の生徒たち』（未知谷）、『英語で読むクマのプーさん』『英語で読むトム・ソーヤーの冒険』『英語で読むアラジン』（以上、IBCパブリッシング）などがある。

翻訳協力／株式会社リベル

本書の感想をお寄せください。

お読みになった感想を下記サイトまでお送りください。
書評として採用させていただいた方には、
弊社通販サイトで使えるポイントを進呈いたします。

https://www.panrolling.com/execs/review.cgi?c=ph

2019年11月4日　初版第1刷発行
2020年6月2日　第2刷発行
2020年10月3日　第3刷発行
2021年3月5日　第4刷発行
2021年11月5日　第5刷発行
2022年5月6日　第6刷発行
2023年6月5日　第7刷発行
2024年2月5日　第8刷発行
2024年4月6日　第9刷発行
2024年6月12日　第10刷発行
2024年11月12日　第11刷発行
2025年1月12日　第12刷発行

フェニックスシリーズ ㉑

ジェームズ・クリアー式 複利で伸びる1つの習慣

著　者　ジェームズ・クリアー
訳　者　牛原眞弓
発行者　後藤康徳
発行所　パンローリング株式会社
〒160-0023　東京都新宿区西新宿7-9-18　6階
TEL 03-5386-7391　FAX 03-5386-7393
http://www.panrolling.com/
E-mail　info@panrolling.com
装　丁　パンローリング装丁室
組　版　パンローリング制作室
印刷·製本　株式会社シナノ

ISBN978-4-7759-4215-4
落丁・乱丁本はお取り替えします。

また、本書の全部、または一部を複写・複製・転訳載、および磁気・光記録媒体に入力することなどは、著作権法上の例外を除き禁じられています。

本文 ©Ushihara Mayumi ／ 図表 ©Pan Rolling　2019 Printed in Japan

好評発売中

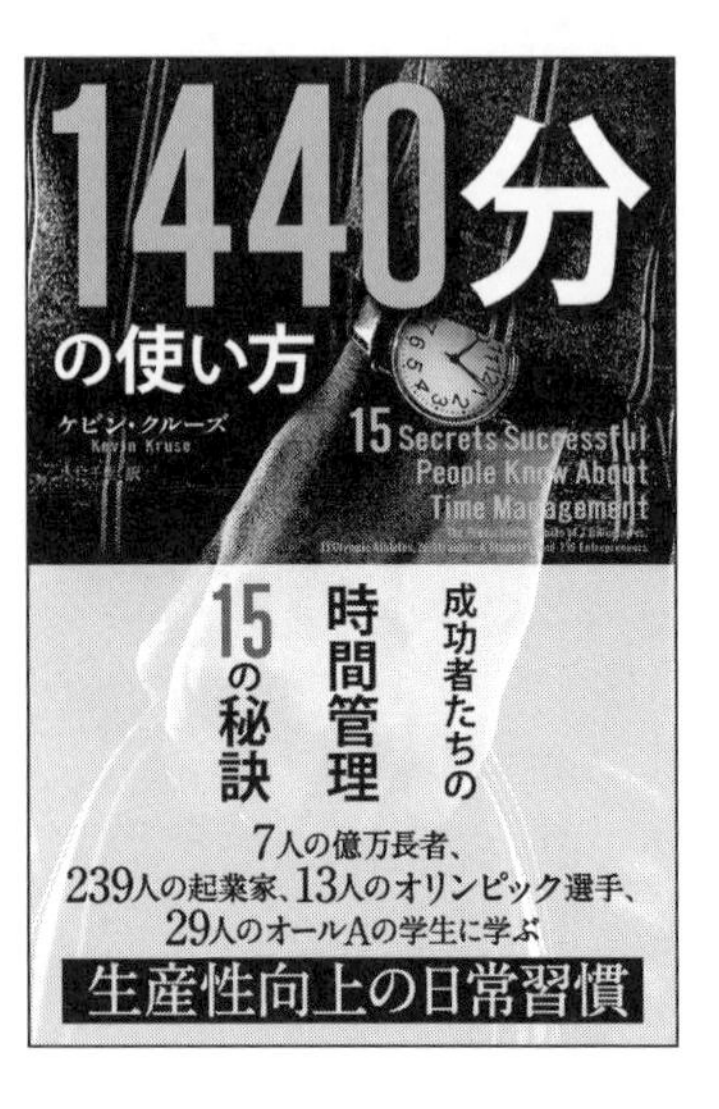

1440分の使い方

成功者たちの時間管理15の秘訣

ケビン・クルーズ【著】
ISBN 9784775941812　264ページ
定価：本体価格 1,500円＋税

7人の億万長者、239人の起業家、13人のオリンピック選手、29人のオールAの学生に学ぶ生産性向上の日常習慣

「ノートは手書きでとる」「メールは一度しか触らない」「ノーと言う」「日々のテーマを決める」など具体的ノウハウから、「最重要課題の見極め方」「先延ばし癖を克服する極意」「桁外れの利益を得るための思考法」まで15の秘訣が、あなたの人生に輝きを取り戻してくれるだろう。

複利効果の生活習慣

健康・収入・地位から、自由を得る

ダレン・ハーディ【著】
ISBN 9784775942284　232ページ
定価：本体価格 1,500円＋税

成功を実現するための
“魔法の効果”＝複利

本書が示す方程式は「良い選択＋努力＋習慣化＋複利効果＝目標達成」。日々良い選択を心がけ、行動に移し、習慣化することが、時間はかかっても着実な成長につながる。とくに生活習慣の普段の積み重ねを複利効果で増やすことで、成長そして成功への過程をスピードアップするというものだ。生活習慣やその効果を高めるヒントにしてほしい。